高校德育成果文库

GaoXiao DeYu
ChengGuo WenKu

文明之路
福建师范大学文明校园创建纪实

李宝银 主编

光明日报出版社

图书在版编目（CIP）数据

文明之路：福建师范大学文明校园创建纪实 / 李宝银主编 . -- 北京：光明日报出版社，2018.12
ISBN 978－7－5194－4713－7

Ⅰ.①文… Ⅱ.①李… Ⅲ.①高等学校—精神文明建设—概况—福州 Ⅳ.①G641.6

中国版本图书馆 CIP 数据核字（2018）第 235072 号

文明之路——福建师范大学文明校园创建纪实
WENMING ZHILU——FUJIAN SHIFAN DAXUE WENMING XIAOYUAN CHUANGJIAN JISHI

主　　编：李宝银	
责任编辑：章小可	责任校对：赵鸣鸣
封面设计：中联学林	责任印制：曹　净

出版发行：光明日报出版社
地　　址：北京市西城区永安路 106 号，100050
电　　话：010－67014267（咨询），63131930（邮购）
传　　真：010－67078227，67078255
网　　址：http://book.gmw.cn
E - mail：zhangxiaoke@gmw.cn
法律顾问：北京德恒律师事务所龚柳方律师

印　　刷：三河市华东印刷有限公司
装　　订：三河市华东印刷有限公司
本书如有破损、缺页、装订错误，请与本社联系调换，电话：010－67019571

开　　本：170mm×240mm	
字　　数：260 千字	印　　张：16.5
版　　次：2019 年 4 月第 1 版	印　　次：2019 年 4 月第 1 次印刷
书　　号：ISBN 978－7－5194－4713－7	
定　　价：95.00 元	

版权所有　　翻印必究

2015年2月28日,学校被中央文明委授予第四届全国文明单位荣誉称号

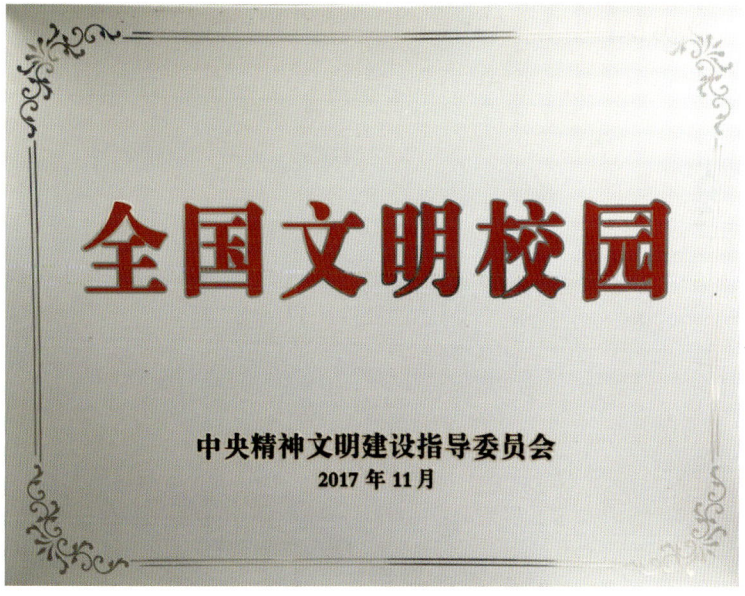

2017年11月17日,学校被中央文明委授予第一届全国文明校园荣誉称号

1998年,文明校园建设责任书签订仪式

1998年11月,文明校园建设表彰大会

1999年12月,文明校园建设汇报演出暨冬季音乐会

1999年12月5日,省第七届高校文明校园总评汇报会

2001年6月13日,2001年度文明校园建设总结暨表彰大会

2004年3月10日,植树节活动

2005年5月16日,全国精神文明建设工作先进单位考评汇报会

2006年9月18日,校精神文明建设总结表彰大会

2008年6月4日,省委文明办来校调研校园文明建设

2008年6月16日,校精神文明建设评估汇报会

2010年9月30日，校级精神文明建设先进集体和先进个人评选动员部署大会

2011年3月25日，校2009－2010年度精神文明建设总结暨迎评动员大会

2012年12月19日，福建省废旧商品回收利用宣传进校园活动

2013年7月15日，省级生态文明教育基地考评小组莅校考评

2013年11月4日，全国文明单位培育对象复查实地考评

2014年1月8日,全国高校共青团新媒体工作研讨推进会

2014年3月12日,"美丽师大·美丽心灵"2014年学雷锋志愿服务之清洁家园活动

2014年6月17日,学校首届道德模范颁奖典礼在旗山大会堂举行

2015年7月9日,"全国文明单位"揭牌仪式

2015年7月9日,宣传思想工作暨精神文明建设表彰大会

2015年11月18日,学校与金洲社区开展文明共建 文化共享结对帮扶启动仪式

2016年6月17日,举行电影《扶郎花开》首映式

2016年9月14日,全校宣传思想工作暨创建全国文明单位工作推进会议

2016年10月20日,第五届全国文明单位初评汇报会

2016年10月26日,第二届文明礼仪知识竞赛

2017年3月29日,福建师范大学举行"推行'八不'行为规范
做文明有礼师大人"活动启动仪式暨现场推进会

2017年4月1日,"我们的节日·清明"主题活动

2017年7月21日,第一届全国文明校园考评

2017年12月19日,首届文明家庭表彰座谈会

2018年6月5日,2018年文明委工作会议

2018年11月22日,宣传思想工作暨精神文明建设表彰大会

2018年12月11日,学生宿舍文化建设现场会

校党委书记李宝银与青年学生早餐会

王长平校长与青年学生面对面

编委会

主　　　编：李宝银
副 主 编：郑文灿　马小敏
编　　　委：梁　军　李玉莲　周至杰
　　　　　　乐华斌　颜　郡

序

改革开放40年的伟大实践积累了十分宝贵的历史经验，对于我们在新的历史起点上继续前行，有着重大现实意义和深远历史意义。站在改革开放40周年新的历史起点上，出版《文明之路——福建师范大学文明校园创建纪实》一书，对于福建师范大学精神文明建设工作而言意义重大。

自1995年校文明委成立以来的20多年，是福建师范大学历史上十分不平凡的一个时期，学校精神文明建设不断取得新成果，呈现出良好发展态势。连续六届获省级文明学校称号；2005年，获得全国精神文明建设工作先进单位荣誉称号；2015年，荣获第四届全国文明单位称号；2017年，荣获第一届全国文明校园称号。20多年来，我校涌现出全国模范职工之家、全国师德建设先进集体、全国民主管理先进单位等全国性和省级集体荣誉，涌现出全国劳动模范、全国模范教师、全国优秀教师、全国师德标兵、大学生十大年度人物、中国大学生自强之星、省级道德模范、"感动福建"年度人物等一批先进个人。这些荣誉的取得，是全校师生员工长期以来坚持不懈、团结奋斗的结果，是长期以来全校上下扎实开展群众性精神文明创建活动的结晶。

坚持党的全面领导是引航文明之路的前提。党的十九大报告强调，党政军民学，东西南北中，党是领导一切的。文明创建的过程中，始终离不开党的领导。为提高精神文明建设的地位，使文明校园建设在原有基础上进一步规范化、制度化，1995年校党委成立了"福建师范大学文明校园建设委员会"，同年9月，根据文明校园建设基本任务，文明委下设教风学风建设、文明道德建设、校园文化建设、校园秩序管理和卫生绿化工作五个领导小组，分工督导全校有关方面的建设活动。1997年正式成立社会主义精神文明建设办公室，作为文明委下设的日常办事机构。此后，根据人事变动情况，校党委共10余次调整校文明委成员名单，坚持和加强以党委书记和校长为主任的校精神文明建设指导委员会对精神文明建设的领导。校党委常委会议等重要会议坚持每年至少一次听取精神文明建设专题汇报。据不完全统计，学校党委常委会议、校长办公会议20多年来共69次研究精神文明建设相关工作。20多年来，校党委始终以发展的、长远的眼光来对待精神文明建设工作，把文明校园建设列入学校改革和发展规划，先后制定4个精神文明建设五年规划、1个全国文明单位创建三年规划，制定和实施220余份精神文明建设相关文件，有步骤有计划地推进学校精神文明建设工作。正是始终坚持党对精神文明建设工作的全面领导，学校才能在文明校园创建之路上阔步前行。

确保全员参与是铺就文明之路的基石。精神文明建设需要广大师生树立主人翁意识，需要凝聚群众的智慧和力量。在1995年"文明校园活动月"、1997年全校性义务劳动、1999年"讲文明、树新风"活动月、2001落实《公民道德建设实施纲要》、2002年整治家属区环境、2004年旗山校区楼群道路等命名、2005年校训征集活动、2006年"八荣八耻"进社区、2007年构建和谐校园活动、2008年中华经典诵读、2011年春季环境卫生整洁行动、2012年学雷锋系列活动、2013年道德讲堂建设、2014年"道德模范"评选、2015年文明共建 文化共享结对帮扶、2016年"三节"宣传月、2017年文明家庭评选，以及每年植树节活动、宿舍文化节、艺术节、科技节、体育节等活动中，广大师生都表现出很高的积极性和责任感。正是有了广大师生的积极参与和共同努力，精神文明创建活动才能成为全校的大事，成为广大师生的自觉行动，才能在实践中得到提高、稳步前进。

抓好评选表彰是拓宽文明之路的载体。20多年来，我校不断积极探索文明校园创建载体建设。1995年，印发了《福建师范大学文明校园建设检查评比办法》，2006年制订了《福建师范大学创建"文明学校"先进学院评估标准》。2010年、2015年、2018年，3次修订完善了《福建师范大学精神文明建设评选管理办法》，进一步规范校级精神文明建设先进集体和先进个人的评选标准和评选办法，同时按照两年（或三年）一届的频度开展评选活动，推动精神文明建设规范化、制度化、常态化、科学化。20多年来，共计召开文明校园建设表彰大会10余次，有效激发广大师生参与文明创建的热情，使文明创建之路越走越宽广。

加强经费投入是夯实文明之路的保障。在学校启动文明学校创建工作之初，由于学校基础条件比较薄弱，学校连续多年每年投入100万元用于开展创建工作。在旗山校区总体建设基本完成，硬件设施得到较大改善的情况下，学校仍然坚持每年将文明建设专项经费列入学校财政预算，保证不低于50万元，在某些年份还追加额外的经费。例如，1998年，学校在经费十分困难的情况下，在保证100万元专项资金之外又追加投入；1999年，千方百计多方筹措资金500多万元，用于改善基础设施；2001年，在100万元的基础上又追加文明校园建设专项经费135万元；2003年，为继续保证经费投入，要求今后在预算时要列出精神文明建设项目，以项目的形式增加投入。这些都为推动和提高精神文明建设水平提供了坚强的物质保障。

因势而变是开创文明之路的关键。"草木百年新雨露，车书万里旧江山",不同的历史时期赋予学校精神文明建设不同的内涵和重点。精神文明从硬件建设开始向软件建设和内涵建设转变,从形态文明向功能文明和素质文明递进,学校牢牢把握精神文明的时代内核,在20多年里历经三次较大转变。1995—2005年是学校精神文明建设的艰苦创建期,学校立足"老大穷"的现状,坚持全员参与、自力更生、艰苦奋斗,从改善硬件的基础性工作做起,打好创卫、绿化美化、维修维护、思想道德教育、宣传工作五大战役。2005—2015年是学校精神文明建设的成长收获期,2005年,学校主体搬迁到旗山校区之后,山水学村的校园规划和建设已初具雏形,学校不断加强新校区校园和人文景观建设,并着眼于塑造师生良好精神风貌,加强软件建设,持续提升师生思想道德水平。2015年至今是学校精神文明建设的开拓创新期,内涵建设成为现在及未来发展的重点。2015年学校被中央文明委授予第四届全国文明单位荣誉称号,实现了几代师大人的梦想。2017年,学校入选第一届全国文明校园(福建省高校唯一)。上高位难,持高位更难,如何保持住"全国文明"这份至高荣誉,是压力,更是动力。面向新形势、立足新起点,将来很长一段时期,我们要从广度和深度上加大创建力度,持续提升精神文明创建的内涵和品质。

"望远方知风浪小,凌空始觉海波平",站在改革开放40周年的新的历史起点上,我们总结经验、提炼精华,以历史的眼光审视昨天,以开放的姿态迎接明天。《文明之路——福建师范大学文明校园创建纪实》就是在这样的背景下成书的。书稿约30.8万字,由创建经验、主任访谈、先进典型三个部分组成,详实的史料、客观地勾画了学校20年多来精神文明创建的发展脉络,记录了一代又一代师大人开拓进取的坚实脚步。一篇篇领导讲话、重要文件、媒体报道、采访稿、事迹材料,一件件学校大事,犹如一颗颗绚烂的珍珠串联起学校文明创建之路,也为今人和后人了解学校文明创建的历史提供了一份内容充实、鲜活生动的卷宗,更表达了对以往为学校精神文明建设做出贡献的一代又一代师大人的敬意!"不待扬鞭自奋蹄,昂首阔步写新篇",文明创建工作开启新征程,文明创建工作永远在路上,我们希冀福建师范大学在未来的文明之路走得更远更辉煌。

目录

第一部分　创建经验

一　领导讲话 ··· 3
在全校文明校园建设总结表彰暨动员大会上的讲话(2000 年 3 月 21 日)·········
··· 苏玉泰 3
在福建师范大学精神文明建设指导委员会 2009 年工作会议上的讲话(2009 年 11 月 18 日)·· 张金栋 8
在迎接全国文明单位培育对象考评和新一届省级文明学校初评工作部署会上的讲话(2013 年 10 月 23 日) ······································· 罗　莹 14
在学校宣传思想工作会议暨精神文明建设表彰大会上的讲话(2015 年 7 月 9 日)
··· 黄汉升 19
聚精会神抓创建，再接再厉谱新篇——在创建第一届全国文明校园工作汇报会上的讲话(2017 年 7 月 21 日) ····································· 林和平 29
在第二届全国文明校园创建暨 2019 年度学校安全工作部署会上的讲话(2019 年 3 月 29 日) ·· 李宝银 38
二　重要文件 ··· 46
关于开展道德讲堂建设活动的通知(闽师委综〔2013〕17 号) ············· 46
关于印发福建师范大学"道德讲堂"考评标准的通知(闽师文委〔2013〕2 号)······
··· 53

关于开展福建师范大学首届"道德模范"评选活动的通知（闽师委综〔2014〕25号） ………………………………………………………………… 56
关于印发福建师范大学全国文明单位创建规划（2015—2017年）的通知（闽师委综〔2015〕42号） ……………………………………………………… 58
中共福建师范大学委员会关于印发福建师范大学文明家庭评选标准和评选办法的通知（闽师委综〔2017〕28号） ……………………………………… 66
关于印发《在全校推行"八不"行为规范 做文明有礼的师大人主题活动实施方案》的通知（闽师文委〔2017〕1号） ………………………………… 70
关于印发福建师范大学深化群众性精神文明创建活动实施方案的通知（闽师文委〔2017〕2号） …………………………………………………… 77
关于印发《福建师范大学精神文明建设评选管理办法》的通知（闽师委综〔2018〕17号） …………………………………………………………… 83
关于印发福建师范大学精神文明建设指导委员会2019年工作要点的通知（闽师文委〔2019〕1号） ……………………………………………… 112

三 媒体报道 …………………………………………………… 118

【中国教育报】"山水学村"绽放璀璨文明花——福建师范大学加强精神文明建设结硕果 ………………………………………………………… 118
【中国教育报】福建师范大学：文明之风扑面来 ……………………… 124
【中国教育报】高校精神文明建设须厘清五大关系 …………………… 130
【福建日报】让文明创建有意义也有意思 ……………………………… 131
【福建日报】锻造师者"匠心" …………………………………………… 136
【精神文明导刊】福建师范大学坚持"四高"标准创建文明校园 ……… 137
【福建师范大学校报】文明花开繁似锦——我校创建全国文明单位纪实 …… 140
【福建师范大学校报】荣获全国文明单位是我校建设高水平大学的重要里程碑——访校党委书记黄汉升教授 ………………………………… 146

第二部分　主任访谈

筚路蓝缕，文明创建开启制度化——访福建师范大学第一任文明办主任陈汤禄 ………………………………………………………………………………… 153

积极行动，文明创建从基础走向引领——访福建师范大学第一任文明办副主任陈炳钦 ……………………………………………………………………… 157

八年探索，文明创建转战仓旗两校区——访福建师范大学第二任文明办主任俞子平 …………………………………………………………………………… 162

精雕细琢，只为厚积薄发圆梦想——访福建师范大学第三任文明办主任范庆洪 …………………………………………………………………………………… 166

继往开来，文明创建永远在路上——访福建师范大学第四任文明办主任郑文灿 …………………………………………………………………………………… 171

第三部分　先进典型

一　道德模范 …………………………………………………………………… 179
福建师范大学首届道德模范名单 ……………………………………………… 179
福建师范大学首届道德模范名片 ……………………………………………… 180
部分道德模范先进事迹 ………………………………………………………… 186
　楚玉春：亲情是我奔跑的动力和希望 ……………………………………… 186
　献身教育　老而弥坚——记文学院离休教师陈钟英 ……………………… 189
　执着追求　百年守望——记教育学院离休教师高时良 …………………… 192
　爱心洒满平凡路——记图书馆教师曾庆先 ………………………………… 196
　用成功报效祖国　用真情谱写赞歌——记光电与信息工程学院教师谢树森 …………………………………………………………………………… 199
　用美德和智慧传递青春正能量——记经济学院研究生许倩倩同学 ……… 203
　爱心洒满助残路——记体育科学学院吴爱英同学 ………………………… 206
福建师范大学首届道德模范提名奖名单 ……………………………………… 209
二　文明家庭 …………………………………………………………………… 211
福建师范大学首届"文明家庭"名单 ………………………………………… 211

福建师范大学首届"文明家庭"简介 ·················· 212
部分福建师范大学首届"文明家庭"先进事迹 ·················· 217
 敦厚家风　四代承续　教育世家谱写和谐篇章——记文学院齐裕焜、郑汀教授家庭 ·················· 217
 红烛生辉　世纪深情——记地理科学学院陈逢珍、陈汤禄家庭 ·················· 220
 献身教育,艺术即为爱——记音乐学院陈俊玲、林忠东家庭 ·················· 223
 家庭和睦事业兴　尊老育幼有良经——记机关党委陈颖、魏稼家庭 ·················· 227
福建师范大学首届"文明家庭"提名奖名单 ·················· 230

三　感动福建人物 ·················· 232

福建师大支教团:甘肃漳县奉献五年 ·················· 232
朱鹤健:博导玩泥巴玩出中国第一 ·················· 235
周大昱:嫁人要嫁周大昱这样的人 ·················· 238
徐云丽、林莉:福清女排姐妹花　闪耀里约 ·················· 239
楚玉春:带着爸爸上学　她扛起一个家 ·················· 241

第一部分 01
创建经验

旧邦新命，继往开来。在改革开始40周年这一新的历史起点上，回顾和梳理学校20多年来精神文明建设工作的探索和实践，旨在以史鉴今，为即将开启的新的改革探索积累更多可供借鉴的宝贵经验。

我们精选了6篇领导讲话，这些讲话凝聚了前后六任党委书记对学校文明校园建设的思考和总结。既有在学校文明委工作会议上的讲话，又有在评估工作汇报会上的讲话；既有总结表彰暨动员讲话，又有迎评工作部署讲话。6篇不同场合下的讲话高屋建瓴、内涵丰富、鼓舞人心，极具指导意义。

我们摘录了9份近五年来文明创建的相关文件。其中，既有涵括全局的规范性指导性文件，如全国文明单位创建三年规划、文明委工作要点、精神文明建设评选管理办法等，使得文明创建工作有计划、有重点、有部署、有创新；又有开展精神文明建设的实践性文件，如开展推行"八不"行为规范 做文明有礼的师大人主题活动、道德讲堂建设活动，评选表彰道德模范、文明家庭等，努力从能够办得到、做得好的事情做起，把学校精神文明建设不断推向前进。

我们遴选了8篇在《中国教育报》《福建日报》《精神文明建设导刊》《福建师范大学校报》等校内外媒体报道我校文明创建的经验和做法。其中既有《高校精神文明建设须厘清五大关系》这类理论文章，也有《坚持"四高"标准创建文明校园》这类经验总结文章；既有《文明花开繁似锦——我校创建全国文明单位纪实》，也有《荣获全国文明单位是我校建设高水平大学的重要里程碑——访校党委书记黄汉升教授》这样的采访文章。通过内容丰富、体裁各异的新闻报道及时反映我校文明校园创建工作，进一步提升学校的影响力和美誉度。

一　领导讲话

在全校文明校园建设总结表彰暨动员大会上的讲话

校党委书记　苏玉泰

（2000年3月21日）

老师们、同学们、同志们：

学校在通过省文明校园初评的基础上，采取了强有力的措施，切实加大文明校园的创建力度。在校党委、行政的统一领导下，各级党组织积极主动抓，持之以恒，创造性地开展工作，广大党员干部和全校师生员工积极参与、埋头苦干，使校园环境发生了可喜变化。校容校貌整洁幽雅，教风学风不断好转，德育和思想政治工作进一步加强，有力地促进了教学、科研和素质教育的深入进行，以优异成绩顺利通过了省第七届文明校园建设的总评，闯出了一条老校大校穷校创建文明校园的新路子，这项成绩的取得凝聚着每一位师大人的心血和汗水，是全校党员干部和师生员工同心同德、群策群力、艰苦奋斗、无私奉献的结晶。在此，我代表校党委向获得表彰的先进单位表示热烈祝贺！向在座的师生代表，并通过你们向全校师生员工表示衷心的感谢和崇高的敬意！

同志们，我校在精神文明建设方面虽然取得了很大成绩，但我们也必须清醒地看到，与兄弟学校取得的成绩相比，与广大师生员工对我们的要求和期望相比，还有许多不足之处和需要提高的地方。我们不能骄傲自满，更不能有丝毫的松懈。"文明校园"光荣称号来之不易，我们要认识到，文明校园建设是一项长期的艰巨的系统工程,不能满足于阶段性的成果。目前我校的改革和发展正面临着新的机遇和挑战,我们要通过文明校园的建设把大家的思想统一起来,把大家的智慧集中起来,把大家的力量凝聚起来,推动学校各项事业的全面发展。为此,我们要发扬艰苦奋斗、连续作战的精神,面向新形势,立足新起点,增创新优势,赢得新发展。我们要从广度和深度上加大创建力度,继续把我校文明校园建设长期不懈地抓下去,推上一个新台阶。最近,江泽民总书记批示:"宣传思想工作和精神文明建设,事关建设有中国特色社会主义事业的大局,要经常讲,反复讲。"在《关于教育问题的谈话》中又强调,坚持以经济建设为中心不动摇,同时要切实抓好精神文明建设,否则经济建设最终也搞不上去。我们要牢记江总书记的批示,坚持"两手抓,两手都要硬"的方针,团结奋斗,再接再厉,坚韧不拔,再创佳绩,迎接新世纪。一方面要认真总结文明校园建设的经验,好的办法、好的措施要坚持和发扬,同时要探索适应新形势发展需要的新办法、新措施。刚才,校党委副书记郑传芳同志代表党委对去年的文明校园建设工作做了全面的回顾,并对今年的工作做了全面的部署,我表示非常赞同。下面,我再提几点意见:

一、狠抓理论学习,大力加强思想政治工作和师德建设

我们要始终坚持把学习邓小平理论放在文明校园建设的首位,有计划、有步骤、有针对性地推进理论武装工作。当前,我们要重点深入学习贯彻江泽民总书记《关于教育问题的谈话》的精神,开展好教育思想和教育观念的大讨论。这是教育战线的头等大事和主要任务。江总书记《关于教育问题的谈话》,从国运兴衰、民族振兴和科教兴国战略以及社会主义现代化建设全局的高度,对教育工作中的一系列重大问题做了深刻精辟的阐述,为我们加快教育改革和发展、全面推进素质教育提供了强大的思想武器。为贯彻落实好《谈话》精神,省委、省政府作了统一部署,省教委已决定集中一段时间(即3月份-6月份)在全省教育系统开展教育思想和教育观念大讨论,全校师生员工要根据省委、省政府、省教委和校党委的统一部署,在认真学习《谈话》的基础上,联系教育工作的实际,联系我校实际,全员参与教育思想和教育观念的大讨论。通过大讨论,澄清各种有悖于全面贯彻党的教育方针的错误观点和模糊认识,端正教育方向,明确教育思想,转变教育观念,改进教育方法,增强全面贯彻党的教育

方针的责任感和自觉性。我们要切实加强学生的思想政治教育、品德教育、纪律教育和法制教育，使广大学生坚定社会主义的理想信念，树立正确的人生观、世界观和价值观。当代青年学生应首要解决信仰和信念问题，这是在新形势下要解决的问题，青年学生应当以合格的素质走向社会，当今社会不是社会向你走来，而是你向社会走去。

要不断加强师德建设。教师是精神文明建设的传播者，是学生健康成长的引路人。教师的思想政治素质和职业道德水平，直接关系着年轻一代的成长。江总书记在谈话中语重心长地指出：教师是"人类灵魂的工程师"，不仅要教好书，还要育好人，各方面都要为人师表。广大教师要通过不断学习，树立正确的价值观、质量观和人才观。进一步提高自身的思想政治素质和职业道德水平。要认真贯彻《教师职业道德规范》，深入持久地开展"教书育人、管理育人、服务育人"和开展"树师表形象、创文明校风、为实现本世纪的宏伟目标做贡献"活动，进一步树立良好的校风、教风和学风，切实加强师德建设，依法管理教师队伍，强化教师培训工作，使广大教师真正做到教书育人、无私奉献、爱岗敬业、为人师表。

同时，我们还要认真学习江总书记关于宣传思想工作和精神文明建设的重要批示、江总书记在广东考察工作所做的重要讲话、《毛泽东、邓小平、江泽民论加强思想政治工作》和《人民日报》评论员文章等一系列重要文件，深刻领会江总书记关于要把中国人的事办好，关键取决于我们党，取决于党的思想、作风、组织、纪律状况和战斗力、领导水平。只要我们党始终成为中国先进社会生产力的发展要求、中国先进文化的前进方向、中国最广大人民的根本利益的忠实代表，我们党就能永远立于不败之地，永远得到各族人民的衷心拥护并带领人民不断前进的论述的精神，大力开展党的基本理论、基本路线、基本纲领的宣传教育；大力开展爱国主义、集体主义、社会主义的宣传教育；大力开展讲学习、讲政治、讲正气的宣传教育；大力开展科学知识、科学思想、科学方法、科学精神的宣传教育，使全校师生员工坚定对马克思主义的信仰，坚定对社会主义的信念，增强对改革开放和现代化建设的信心。我们要借邓小平理论学习这股强劲的东风凝聚人心，形成合力，再动员、再鼓劲，深入扎实地推动我校精神文明建设上新水平。

二、狠抓统一规划，全面实施我校文明校园建设的新规划

今后我校文明校园建设的奋斗目标、指导思想、各阶段的工作任务、具体措施、资金投入等都要有总体的规划和设想。要有全校一盘棋的意识，切实改变校文明校园建设和一些景点建设缺乏统一规划的局面。精神文明建设指导委员会要深入调研，文明办要多做深入细致的调查研究，严密论证，精心规划我校未来5-10年精神文明建设的蓝图。各单位、各部门要根据学校的统一规划做具体的安排，有计划、有步骤地落到实处，使文明校园建设协调一致地向前发展。

三、狠抓文化建设，不断提高文明校园建设的层次和品位

要重视思想道德和文明品格的养成，不断提高师生的文化素质，构建富有我校特色的校园文化。建设高品位的、学术氛围浓厚的文明校园。要继续开展群众性创建活动，深入开展文明单位、文明安全小区、文明楼道、文明家庭和文明窗口等的创建活动。学校和各单位都要加大经费投入，提供必要的物质保障。要建设一批人文景观区和绿化景点，浓厚校园的人文氛围，构建一个庄重幽雅、错落有致、文明美丽、富有特色的"安静、和谐、健康"的校园。

四、狠抓制度落实，切实加强党对精神文明建设的领导

要建立健全组织领导机制、规范管理机制、检查监督机制、评比考核机制和物质保障机制等各种规章制度。事实证明，落实领导责任制是搞好精神文明建设的强有力武器。今后校党政领导还要对片区的文明校园建设负总责，各院系、各单位也要进行任务分解，责任到人，真正形成"层层有人抓，事事有人管，件件抓落实"的良好局面。各单位的党政领导特别是党政一把手，一定要高度重视，亲自挂帅，把精神文明建设列入本单位党政工作的重要议事日程，有部署、有检查、有督促、有落实、有总结、有奖惩。要切实落实检查监督制度，从小事抓起，从禁烟禁酒抓起，以小见大，由虚变实。组织部要在文明校园建设的工作实践中考核干部，把党员干部在精神文明建设中的表现作为考核干部的一项重要指标。同时要通过检查评比，注意挖掘、培育典型，充分发挥先进典型在文明建设中的示范作用和辐射作用。这里我要特别强调抓落实。抓落实很重要，怎么落实呢？一要抓责任制，要抓校领导挂点联系制、单位领导分工负责制、专题项目责任制。一旦分工，就要有职有权，责任到人，全程参

与，包干完成。二要抓管理。朱镕基总理在全国人大会议的工作报告和答记者问中都非常强调管理，我们要大讲特讲管理，加强管理是当务之急，管理出效益，管理出生产力，管理出质量，管理出水平。我们要实行末位批评制，要有压力才会有动力。三是抓办实事。精神文明建设一定要与办实事结合起来，要解决师生普遍关心的热点难点问题。今年要改革检查评比办法，要采取抽查的方法，各领导小组在抽查中发现什么问题要及时让文明办通报。要切实加强舆论监督，要敢于曝光，期限改正，宣传部和文明办要认真研究，拿出办法、加以落实。

五、狠抓稳定工作，深入做好细致的群众思想工作

江总书记指出：抓好稳定工作是今年全党的一件大事。现在，改革进入攻坚阶段，发展到了关键时期，各种深层次的矛盾逐渐暴露。我校也即将开始机构改革和人事、分配等制度改革，存在一些不稳定因素，影响着学校的安定稳定。要搞好文明校园建设，就必须要保持学校的稳定，必须大力加强新形势下群众的思想工作。各级组织和领导要有预见性，善于发现苗头和预向性问题，有针对性地制定工作预案。要强调严格管理，严在当严处，爱在细微中。要深入群众，深入实际，要继续关心广大教职工的生活，做具体的思想工作，不要只停留在一般的号召上。要改进工作方法，依法化解各种矛盾和纠纷，把问题解决在萌芽状态。

同志们，精神文明建设是一项十分复杂艰巨的系统工程，我们责任在身，任重道远。让我们高举邓小平理论伟大旗帜，同心同德，埋头苦干，努力坚持，再创佳绩，为把一个文明洁净、充满生机活力的师大带入新世纪而努力奋斗！

在福建师范大学精神文明建设指导委员会 2009年工作会议上的讲话

校党委书记、校文明委主任　张金栋

（2009年11月18日）

同志们：

今天，我们在这里召开新一届校文明委委员会议。这次文明委委员调整是根据省文明委机构组成原则，结合我校实际做相应调整充实的，目的是进一步加强校文明委的领导，提升校文明委的地位，在全校上下形成合力，齐心协力搞好学校精神文明建设。刚才，黄副书记代表校文明委回顾了1995年以来，我校参加五届省级文明学校考评的工作情况，总结了经验，指出了存在的问题，提出了今后的工作思路，我都同意。借此机会，我就今后进一步加强学校精神文明建设谈三点意见。

一、深刻领会党的十七大和十七届四中全会精神，进一步提高对精神文明建设重要性的认识

社会主义精神文明是中国特色社会主义的重要特征，是我国社会主义现代化建设的重要目标和重要保证。正确认识新形势下精神文明建设的重要性，是新时期加强高校精神文明建设的客观要求，也是我们深化学校精神文明建设面临的首要问题。

党中央历来高度重视加强精神文明建设，早在1979年9月党的十一届四中全会上，就提出我们要在建设高度物质文明的同时，提高全民的教育科学文化水平和健康水平，树立崇高的革命理想和革命道德风尚，发展高尚的丰富多彩的文化生活，建设高度社会主义精神文明。1997年，中央成立了精神文明建设指导委员会，加强了对全国精神文明建设的指导。党的十七大对精神文明建设工作做出了新的部署，提出了新的要求，指出当前和今后一个时期的精神文明建设工作，要高举中国特色社会主义伟大旗帜，坚持以邓小平理论和"三个代表"重要思想为指导，深入贯彻落实科学发展观，积极构建社会主义和谐社会，

为夺取全面建设小康社会新胜利创造良好的思想舆论氛围。要紧紧抓住建设社会主义核心价值体系这条主线，部署和安排精神文明建设的各项工作，采取有效措施，把建设社会主义核心价值体系贯穿到精神文明建设全过程，丰富精神文明建设的思想内涵，提高精神文明建设的工作水平。党的十七届四中全会深刻阐述了进一步推进社会主义经济建设、政治建设、文化建设、社会建设以及生态文明建设，明确提出了加强和改进党的建设的总体要求、目标任务、重要举措，对加强和改进新形势下党的建设做出了战略部署，是指导当前和今后一个时期党的建设和精神文明建设的纲领性文件。我们一定要认真学习，深刻领会党的十七大和十七届四中全会精神，把中央关于精神文明建设的重大部署落实到我们的具体工作中去。

高等学校是社会主义精神文明建设的重要阵地。高校精神文明建设涵盖学校领导班子建设、党建和思想政治工作、教学、科研、校园文化、校容校貌、安全保卫等，是学校事业发展的综合性体现，反映了一所高校的办学水平和师生思想道德素质，是凝聚师生员工齐心协力、共同奋斗的思想基础。加强学校精神文明建设也是贯彻落实科学发展观、构建和谐校园的重要内涵，是引领和促进学校又好又快发展的思想保证和精神动力。全校各级党政领导、师生员工要从夺取全面建设小康社会新胜利、实现中华民族伟大复兴的战略高度，从推进学校事业又好又快发展的高度，进一步增强对精神文明建设重要性、紧迫性和长期性的认识，进一步增强责任感和紧迫感，加强领导，明确要求，制定措施，狠抓落实，齐抓共管，群策群力，把精神文明建设贯穿于学校各项工作的全过程，不断提升我校精神文明建设工作水平，在新的历史起点上开创精神文明建设工作新局面。

二、认真总结参评省级文明学校的经验，进一步健全和完善精神文明建设长效机制

1995年我校启动文明学校创建活动以来，在历届校党委、校行政的高度重视和正确领导下，我校精神文明建设工作坚持正确的导向，紧紧围绕学校工作大局，解放思想、实事求是、与时俱进、贴近实际、贴近生活、贴近师生、扎实工作、奋发进取，呈现出开拓创新、蓬勃发展的良好态势，连续五届获得了省级文明学校荣誉称号；2005年还被评为"全国精神文明建设先进单位"，这

些荣誉的取得是全校师生团结奋斗、努力拼搏的结果,来之不易,我们要加倍珍惜。

当前,我们要认真总结我校参评五届省级文明学校的经验,积极探索新形势下加强学校精神文明建设的新路子,不断开创新局面。精神文明建设工作与其他各项工作一样,必须遵循一定的科学规律,优化机制,循序渐进,不断提升。今后,我们要从以下四个机制入手,进一步健全精神文明建设长效机制:

一是发动师生的参与机制。广大师生员工是学校精神文明建设活动的主体,师生的广泛发动和积极参与是精神文明建设活动取得成效的关键。因此,我们要十分重视动员和组织师生积极参与精神文明建设工作。要引导各单位注重创建过程,以实事工程凝聚师生、以科学思想武装师生、以载体创新吸引师生、以榜样示范带动师生,让师生在参与中受益,在参与中提高,使精神文明建设活动成为提升师生精神境界的过程,成为他们发挥智慧力量和自我提高的过程,只有这样,我们的精神文明建设才能顺利进行,也才能最终取得实效。

二是科学规范的管理机制。建立健全科学规范的管理机制,是不断提升精神文明建设水平的内在要求,是把精神文明建设的各项任务落到实处的重要措施。要按照高水平、规范化、制度化、科学化、常态化管理的要求,建立一套行之有效的创建机制。要把精神文明建设纳入各单位的年度工作目标和考核内容,同评先创优结合起来,同干部的考核、奖励、使用结合起来,只有这样,我们的各项创建工作才能有序进行,已经达到的创建成效才能进一步巩固。要实行公开、公平、公正的考评体系,实行各类先进称号的预申报制度,探索各项创建工作的长效管理,进一步巩固精神文明建设成果,提升精神文明建设水平和层次。后勤管理处、后勤服务集团要进一步提高学生宿舍楼管理水平;学工部要从教育学生养成良好的学习、生活习惯,提高综合素养的角度,加大对学生宿舍内务的管理力度;各学院也要从本单位的实际出发,开展文明年级、文明班级、文明宿舍等创建活动。

三是各方参与的监督机制。长期以来,我们形成了一套具有学校特色的创建机制,但是,在探索有效的监督机制方面我们做得还不够,有的单位评估期间花大力气整理材料,应付检查评估上很有一套,但实际工作落实得不够。今后,我们要积极探索各种有效的监督形式,建立各项通报制度,形成师生监督、校内新闻媒体监督、职能部门的工作监督以及文明办专门监督的格局，提高创建工作的质量。精神文明建设是一项长期性的工作，今后要继续搞好督查落实工作，做到创建工作常抓常新，真正达到常态化管理。不但是精神文明建设日常管理，每届校级精神文明建设先进评选时，文明办都要在校内新闻媒体上公布公示，让广大师生对学校精神文明建设实行更为有效的监督，进一步推动精神文明建设工作。

四是深入基层的调研机制。校文明委要加强对学校精神文明建设工作的领导，深入基层，深入学院，深入师生，深入一线，加强调查研究，及时了解师生的愿望和要求，及时解决矛盾和问题，不断摸索和总结出一些既易于操作，又能吸引广大群众参与的好做法；要把创建的目标、任务、形式同师生的利益结合起来，注重实效，让更多的师生在精神文明建设中得到实惠；要及时发现和总结和推广师生创造的好经验，在调查研究中不断发现好的载体和方法，创新工作思路，提高工作水平。

三、努力开创精神文明建设新局面，为学校事业又好又快发展提供强大的思想保证和精神动力

精神文明建设在学校全局工作中具有十分重要的地位和作用，加强精神文明建设是全校师生的共同责任。学校各级党组织要把精神文明建设摆在更加突出的位置，加强组织领导，加强统筹协调，形成齐抓共管的局面。

今年1月，中共中央政治局常委、中央精神文明建设指导委员会主任李长春同志在中央精神文明建设指导委员会上强调，精神文明建设要以邓小平理论和"三个代表"重要思想为指导，深入贯彻落实科学发展观，按照高举旗帜、围绕大局、服务人民、改革创新的总要求，着力建设社会主义核心价值体系，着力深化精神文明创建活动，努力提高公民文明素质和社会文明程度，促进社会主义文化大发展大繁荣，为继续解放思想、坚持改革开放、推动科学发展、促进社会和谐、夺取全面建设小康社会新胜利营造良好社会环境。要弘扬求真务实的精神，真抓实干，把工作往深里做、往实里做，确保精神文明建设各项任务落到实处。

第一，要加强文明委自身建设。要进一步明确文明委工作职能，理顺工作机制，形成党委统一领导、党政群齐抓共管、文明委组织协调、成员单位各负

其责、全校师生积极参与的精神文明建设的领导体制和工作局面。文明委的主要职能是组织协调。这次校文明委机构和各成员单位的组成人员调整后,人员有变动的单位要相互做好工作上的衔接,以利于更好地发挥组织协调作用。作为文明委成员单位,要积极支持文明办的各项工作,多为文明办开展工作提出合理建议和方案,帮助改进工作方式和工作方法,提高工作水平;文明办也要多与文明委成员单位沟通联系、交流工作,取得各部门的理解和支持,使文明委整体运作能力和协调能力得到加强。校文明委委员会议每年召开1-2次,主要是部署和总结工作,研究和决定重大问题,必要时也可临时召开会议或召开扩大会议。根据文明委年度工作安排的需要,对重大工作还可以建立定期工作例会制度。

第二,要继续整合各方面力量。精神文明建设是一项系统工程,涉及在座各职能部门。文明委是一个协调性机构,开展工作需要各部门、各单位的密切配合。大家要做好年度工作的分解落实,制订好本单位的工作计划。特别是要保持高水平的精神文明建设规范化、制度化、常态化管理,需要相关职能部门以积极主动的姿态,一起承担任务,形成工作合力,保质保量地完成工作任务。文明办要继续发挥协调作用,把文明委成员单位的各种资源整合起来、发挥出来,大家心往一处想,劲往一处使,共同把我校的精神文明建设工作做好。

第三,要紧密围绕学校中心工作。精神文明建设要紧紧围绕学校中心工作来开展,否则就成了无源之水,无本之木。十四年来,我校精神文明建设工作不断取得新成效,其中一个重要的原因是把精神文明建设工作始终贯穿于学校中心工作和大局工作的全过程,不断创新,不断深化,与学校中心工作和大局工作相互促进、相互带动、相得益彰。当前,学校精神文明建设更要紧紧围绕学校中心工作,为学科和人才队伍建设、教学工作、科研工作和服务管理工作等提供强大的精神动力、舆论氛围和思想保证。要进一步弘扬广大师生员工在百年校庆、本科教学工作水平评估和旗山校区建设中表现出来的主人翁精神、奋斗精神和奉献精神,为推进和谐校园建设,提升学校精神文明建设水平和层次,为服务海峡西岸经济区建设做出新的贡献。

第四,要争创全国文明单位。全国文明单位是一个综合性奖项,是精神文明建设最高荣誉称号,是一所学校综合办学实力的体现。争创全国文明单位也是全校师生多年来的奋斗目标,是全校师生员工共同的荣誉、共同的事业。上一届参评全国文明单位时,由于各种原因,我们与这一荣誉失之交臂。当前,争创全国文明单位是我校精神文明建设的一项重要任务,已经摆上工作重要议事日程。为申报下届全国文明单位,从现在开始,我们要科学规划,合理统筹,切实加强领导,精心部署安排,巩固已有成绩,发挥优势,齐心协力,乘势而上,再接再厉,将精神文明建设的各项工作做实、做细、做好,做出特色,做出水平。文明委各职能部门要各司其职,大胆负责,开拓创新。各级领导要进一步增强荣誉感、紧迫感和责任感,坚持做到"认识到位、制度到位、责任到位、措施到位、落实到位",为精神文明创建活动提供良好的条件,并在创建活动中以身作则,率先垂范。各级党组织、共产党员要充分发挥模范带头作用。全校师生员工要同心同德、众志成城,为争创全国文明单位做出自己应有的贡献。

同志们,当前,学校进入新的发展新阶段,我们要高举中国特色社会主义伟大旗帜,以邓小平理论和"三个代表"重要思想为指导,深入贯彻落实科学发展观,以与时俱进的精神和求真务实的作风搞好学校精神文明建设工作,以卓有成效的工作业绩为学校各项事业又好又快发展提供强有力的思想保证和精神动力。

谢谢大家!

在迎接全国文明单位培育对象考评和新一届省级文明学校初评工作部署会上的讲话

校党委书记　罗萤

（2013年10月23日）

同志们：

刚才，文明办负责同志向大家介绍了前一阶段学校迎评各项工作的准备情况和进展程度，并就下一阶段的工作做了安排。下面，我代表校党委、校行政，就迎接全国文明单位考评工作讲四点意见：

一、全面把握创建态势

全国文明单位是中央文明委对各项事业全面协调发展、精神文明建设成效突出、在社会上发挥示范引领作用的单位，给予的一项全国性荣誉，是机关、企业、事业单位各种荣誉称号中综合性最高的荣誉称号，每三年评选表彰一次。2005年、2008年、2011年中央文明办先后组织开展了三届全国文明单位评选，分别评选表彰了1001个、1343个、1794个全国文明单位。福建省现有全国文明单位103个。很遗憾我们学校还不是福建省103个全国文明单位中的一员，这与我们作为省部共建的高校，作为福建省高等教育的发祥地，作为一所百年学府的地位是不相称的。我们曾经两次与这一全国性荣誉失之交臂，今天我们再次迎接评估，既有机遇更有挑战。从外部环境看，据我们初步了解，目前全省共有全国文明单位培育对象80个，其中九地市占67个，省直单位13个。从教育系统看，高校有2个，分别是厦门大学和我校；中小学2个，分别是厦门一中、福州教育学院第一附小；中专1个，是福建经济学校。这么多培育对象不可能全部成为全国文明单位，省委文明办必然要对所有候选单位进行严格的考核。因此，可以说，这是一次竞争十分激烈、标准高、难度大的评选活动。面对激烈的竞争，我们决不能消极迎评，更不能退缩让步。如果让机会轻易地溜走，那就只能等到三年后才能再次申报评比。因此，全校上下一定要切实增强竞争意识，以更加强烈的责任感和紧迫感努力工作，奋力冲刺，打赢创建全国文明单位的这一仗。从学校目前的迎评状态看,本学期以来,我们结合精神文明建设先进评选表彰,多次召开动员会、部署会,相关职能部门、各学院认真对照全国文明单位测评体系的要求,全面推进各项创建工作,经过大家的共同努力,目前各项迎检工作已基本就绪。但是,我们也应该看到,在我们的创建工作中还存在不少问题,有的领导干部在思想认识上仍有差距,还没有自觉担负起责任,主动意识不强,行动迟缓,甚至不了解评估的内容和要求。有的单位虽然挂上"精神文明建设先进集体"的牌子,但在迎评工作中却紧迫感不强,发动还不够,氛围还不浓,师生员工对此次考评知之甚少,有的单位对迎评各项工作的任务落实不够扎实。9月30日迎评材料组分4个组对各学院的材料整理情况进行检查,有个别学院就有敷衍应付的现象。10月16日和21日,学校组织对宿舍进行抽检,有些宿舍脏乱差甚至到惨不忍睹的程度。客观地说,争创全国文明单位的任务仍然十分艰巨。各级党组织、各单位一定要把思想和行动统一到校党委的决策部署上来,把迎评工作摆在重中之重的位置,作为当前的第一件大事紧紧抓在手上,认清创建难度,铆足创建劲头,加大创建力度,发动和带领广大师生员工,扎扎实实地做好迎接省委文明办考核验收的各项工作。

二、准确理解考评办法

从测评的内容看,与以往的文明评估相比,2012年颁布的《全国文明单位测评体系》内容发生了很大的变化,包含学雷锋活动、道德讲堂建设、勤俭节约活动、文明风尚传播、优质服务状况等13个测评项目的50个观测点,更加突出思想道德内涵,重点强调"一堂"(举办道德讲堂)、"一队"(建立志愿服务队伍)、"一桌"(开展文明餐桌行动)、"一牌"(做好思想道德公益广告宣传牌)、"一传播"(开展文明传播志愿服务活动)等"五个一"建设,旨在提升人的思想道德素质。这些活动不仅仅是学生的事,广大教职工也要参与进来,测评体系把教职工参与作为重要的指标予以体现,"志愿服务"明确规定单位员工参与率要不低于30%;要组织教师积极参加道德讲堂活动,前不久机关党委刚刚组织了一场道德讲堂活动,效果很好,所以说,只要认真组织、不要流于形式,有些活动教职工还是欢迎的,还是受教育的,关键在于领导的认识和落实。《测评体系》同时规定,如有"领导班子成员发生严重违纪和违法""员工发生刑事案件""单位发生重大安全生产和食品安全事故""单位员工违反国家计划生育政策"四种情形之一的,两年内不得申报全国文明单位。因此,创建活动绝不是大杂烩、图热闹、走形式,也不是某个部门或者单纯是文明办、后勤部门的事情,而是要通过各部门、各单位的共同努力,通过广大师生的文明行动,一步一步、一分一分积累起来的。

在考评方式上,根据省委文明办的通知要求,按照评估体系,这次考评主要采用材料审核和实地考察两种方式,考评组成员由省委文明办、省直机关文明办组成,考评时间大约一个半小时。考评期间不听取汇报、不在考评单位用餐、不做现场反馈。这次考评与以往的文明学校评估有比较大的不同:一是评估组专家不是来自高校的同行;二是不听取汇报,评估时间大大缩短。但是评估组专家的自主性增大,评估过程随机性、不可控性等因素增加。因此,我们各单位、各部门一定要严阵以待、注重细节,时刻保持着认真细致的工作态度,一丝不苟地提前做好每一项准备工作,做到即使考评组暗访考评都能保证万无一失。

三、集中解决存在问题

在迎评的最后阶段,各牵头单位、各学院决不能有丝毫的自满、厌战、懈怠的情绪,决不能有蒙混过关、敷衍塞责和侥幸心理。我们必须清醒地看到,我们仍然存在着许多薄弱环节和突出问题。大家要抓紧剩下的时间,采取有力的措施,创新工作方法,排除一切干扰,下大力气把影响评估工作的薄弱环节和突出问题解决好。

一要进一步加强校园环境和秩序治理。在校园环境治理上要加大清洁力度,校园环境整洁程度、优美与否是专家组的第一印象分,后勤管理处、后勤服务集团要做好保洁工作,清除花圃中的杂草,擦洗主干道上的果皮箱,彻底清除校内乱张贴的小广告,及时修补校舍破损、墙面脱落。保卫处要全面、彻底排查校园安全隐患,清理废弃自行车,规范校园停车秩序,禁止乱摆摊设点。教务处、学工部、各学院要加强课堂纪律教育和教学秩序的管理,要求师生员工使用文明礼貌用语,杜绝师生缺课、迟到及早退现象。基建处要加快校园有关基建工程建设步伐,督促并确保施工单位在评估期间文明施工。各学院要在本周前再做一次动员,做到师生员工人人皆知,发动师生对所属的办公室、教室、实验室、室内外环境包干区、学生宿舍楼的卫生进行彻底清扫。在这里需要特别强调的是学生宿舍是评估组必检项目,各学院要发挥学生党员和团学干部的带头示范作用,加强内务建设,要求辅导员从下周开始,每天都要深入学生宿舍检查一次内务卫生,书记、副书记也要深入学生宿舍,对做不好的宿舍要进行通报和批评,对在本次迎评过程中涌现出来的好人好事予以通报表扬。学校也将从下周开始组织有关部门对学生宿舍进行随机抽查,并将检查结果列入新一轮文明学院的考评中。

二要进一步提升窗口单位服务质量。直接联系师生、服务师生的窗口,其服务态度、服务质量、服务形象,直接影响师生员工的工作、学习和生活,甚至经常成为影响校园和谐稳定的诱发因素,也是本次评估的重要观测点之一。各有关单位要进一步加强学生办事大厅、财务服务大厅、图书馆以及后勤、保卫相关服务窗口、食堂等场所的建设和管理,充分利用评估前的这段时间,做好文明提示语和相关制度的上墙工作,积极部署,广泛动员,加强对窗口工作人员的教育管理,规范上岗行为,增强服务意识,健全投诉处理机制,推行文明服务用语,切实把服务师生工作做深、做细、做实,不断提高服务师生的质量和水平,以实际行动树立学校的良好形象。

三要进一步加强安全稳定、团结和谐工作。安全稳定、团结和谐历来是学校工作的重中之重,也是文明评估"一票否决"的项目。各单位、各部门一定要以高度的政治敏锐感和责任感,采取有效措施,强化食品卫生管理,做好学生管理和心理健康教育工作,加大校园治安综合治理力度,加强矛盾隐患排查、化解与处置工作,为迎接评估验收工作创造良好环境。

四是进一步做好资料整理等其他各项工作。相关职能部门和各学院要对基础资料和待审材料进行认真盘点,尚未齐全完善的,要迅速组织力量高标准、高质量地补齐补全,切实做到万无一失。这次评估虽然没有安排现场汇报,但是仍然要做好书面汇报材料的准备工作,在完成好各个专项报告的同时,要集中精力组织修改好总报告,使书面汇报材料全面、准确、生动地反映我校两年来精神文明建设的整体水平和明显成效。

四、切实加强组织领导

一要落实领导责任。精神文明建设事关全局,责任大、任务重,各单位、各部门要树立大局意识,决不能把创建工作与本单位的业务工作对立起来,将创建当成负担，看作麻烦，推一推、动一动，不去主动作为、迅速改进。各部门负责人、各学院党委书记是本单位文明创建工作的第一责任人，对本单位迎评工作要负总责，对每一项工作都要提出明确要求，保证件件有落实、有结果、见实效。

二要做好宣传发动。迎接文明评估是一项系统工程，不仅仅是领导层面的事，也不仅仅是职能部门的事，而是全校各单位和全体师生员工的事。各单位要采取多种形式深入宣传，广泛发动，使全校师生员工都能了解文明创建工作的必要性、重要性和紧迫性，都能认识到自己在创建活动中的作用和责任，引导他们从现在做起，从点滴做起，从一言一行做起，更广泛深入地参与创建活动。各级领导干部要率先垂范，以自己的言行带动师生踊跃参与，形成"机关带动基层，领导带动师生，先进带动后进"的迎评格局，确保创建工作全员重视，全员参与，人人投入，人人文明。

三要实施动态管理。有关职能部门、各单位要进一步加大工作督查力度，对看准的突出问题和薄弱环节要抓住不放，一追到底，对存在的重点、难点问题要及时协调解决。学校党委对那些责任心不强、工作不深入、推诿扯皮、工作拖拉，影响全局的，将予以追究责任。评估之后，我们将向评估组了解我校的扣分点，并向全校通报。

同志们，迎接全国文明单位培育对象考评和新一届省级文明学校初评已经到了最后的冲刺阶段。各单位要立即行动起来，全力以赴投入到迎评工作中，齐心协力完成各项任务，确保冲刺全国文明单位成功，以师生认可、专家认定、上级肯定的创建成果向学校第七次党代会献礼！

在学校宣传思想工作会议暨精神文明建设表彰大会上的讲话

校党委书记 黄汉升

（2015年7月9日）

同志们：

今天，我们在这里隆重召开学校宣传思想工作会议暨精神文明建设表彰大会，这次大会既是学校文明建设的总结会、表彰会，也是学校深入贯彻落实习近平总书记系列重要讲话精神，全面贯彻落实中央、省委关于加强和改进高校宣传思想工作有关部署，进一步推动学校宣传思想工作再上新台阶的一次动员会和工作部署会。

刚才，我们隆重表彰了2013—2014年度精神文明建设和2014年新闻宣传工作的先进单位和个人；7位同志分别做了经验介绍，讲得很好。在这里，我代表校党委、校行政，向长期关心和支持我校宣传思想工作和精神文明建设工作的省委文明办、省委教育工委领导表示衷心的感谢！向受表彰的单位和个人表示热烈的祝贺！向辛勤工作在宣传思想战线和精神文明建设战线的老师、同学们致以崇高的敬意！

下面，结合学校工作实际，我代表校党委、校行政讲三点意见。

一、学校精神文明建设创新发展、全面推进，实现了历史性突破

今年是我校精神文明建设取得历史性突破的一年。2月份，学校被中央文明委授予"全国文明单位"荣誉称号，实现了几代师大人一直不懈努力的目标。7月6日，省委隆重召开精神文明建设表彰大会，对包括我校在内的一批精神文明建设先进集体进行表彰。今天会议开始之前，我们分别在仓山校区、旗山校区大门口简约隆重地举行了全国文明单位揭牌仪式。早在20世纪80年代，学校就提出创建"全国文明单位"的目标，我们曾经连续六届荣获省级文明学校称号，曾经被评为全国精神文明建设先进单位、省级生态文明教育基地等荣誉称号，但由于各种因素，却几次与"全国文明单位"这一荣誉失之交臂，今年

我们终于如愿以偿了！这一荣誉的取得，是学校科学发展、和谐发展、特色发展的重要成果，是几代师大人一直不懈努力的辛勤结晶，是全校师生的光荣与骄傲，也必将为学校加快推进高水平大学建设奠定更加坚实的基础；这一荣誉的取得，得益于省委文明办、省委教育工委的正确领导，得益于学校历届党政领导班子的高度重视、常抓不懈，更是全校广大师生员工执着追求、共同努力的结果。

近年来，在省委文明办、省委教育工委的指导帮助下，学校认真贯彻落实中央、省委关于精神文明建设的精神，按照"重在建设"的方针，紧紧围绕学校中心工作和改革发展稳定大局，扎实开展全国文明单位创建工作，取得了明显成效。

一是扎实推进思想理论建设，社会主义核心价值观深入人心。依托校院两级中心组学习平台，邀请教育部和省直机关厅局领导、高校领导专家等为两级中心组做专题辅导报告，切实提升广大领导干部的理论水平和工作能力。积极构建社会主义核心价值观微传播教育体系，深入开展"师大好故事""师大好声音""师大好精神"等十个项目的活动，推动核心价值观具体化、大众化、生活化，相关经验做法在全国、全省党建工作会议和教育部专题研讨会上做了经验交流。在全省高校率先成立校党委讲师团，面向全校师生开展理论宣讲活动，起到了释疑解惑、凝聚共识的积极成效。思想理论课主渠道作用得到有效发挥，荣获1项教育部"思政课教学方法改革示范推广培育项目"，在中宣部、教育部组织的"我的中国梦　我的价值观"视频展播活动中，入选数量占全省高校的四分之一。

二是广泛开展志愿服务活动，奉献友爱、团结互助的良好风尚日益浓厚。推进学雷锋活动常态化，组织学雷锋实践团队到农村基层、城市社区，开展学雷锋主题服务实践，组织开展"雷锋精神在身边""我眼中的雷锋精神"等主题活动，积极营造学习雷锋、争当先进的浓厚氛围，一批集体和个人荣获福建省"雷锋团支部""雷锋班级"等荣誉称号。深入开展志愿服务活动，打造了海外汉语教学志愿者、研究生西部支教团队等若干在国内外具有较大影响的志愿服务品牌。目前全校现有注册志愿者2万2千多人，占师生总数的70%，拥有志愿服务队220支。三年来开展无偿献血、爱心家教、扶老助残等志愿服务活动近600次，参与志愿服务活动达2万多人次。

三是不断深化"讲文明、树新风"创建活动，校园文明程度持续提升。创新文明传播方式，大力推进"五微五阵地"、校官方微信微博等新媒体建设工作，打造了小葵、小联等新媒体品牌，建立了全国高校第一个新媒体人才培养基地，形成了文明风尚传播的规模效应，新媒体工作得到中央、教育部、团中央和省委、省政府领导的肯定和批示。加强道德讲堂建设，深入开展道德经典诵读活动，特别是在全省高校首次开展道德模范评选活动，隆重举行颁奖典礼，在全校上下营造了崇德向善、见贤思齐的浓厚氛围。开展勤俭节约活动，坚决贯彻落实中央八项规定，精简会议文件，简化公务接待，完善出访管理，减少庆典活动，开展"节粮、节水、节电"主题实践活动，推动"三节"活动制度化，组建"三节"学生督导队，每天深入两校区进行日常督查，"人人节约、事事节约、环环节约"的理念正在逐步形成。

四是着力加强校园文化建设，师生精神文化需求得到有效满足。加大活动场所建设力度，共建成并投入使用文化体育活动场所20余万平方米，面向广大师生和社会公众免费开放的场所104个，较好地满足了师生员工不断增长的文体活动场所需求。深入开展"我们的节日"活动，以传统节日和重要节庆日为契机，组织开展了诗会、座谈会、祭奠英烈、民俗游园等形式多样、内容丰富的活动，中华优秀传统文化和传统美德得到进一步继承和弘扬。精心打造校园文化品牌，形成以文化艺术节、科技节、体育节三大节为特色的校园文化格局。大力推广课间操、工间操等健身活动，不断激发广大师生员工参与各类文体活动的热情，师生在奥运会、全国大学生艺术展演、挑战杯大赛等国内外高水平文体竞赛中屡获佳绩。

五是大力推进服务型校园建设，服务师生的能力和水平不断提高。着力构建优质服务体系，在全省高校率先成立教师教学发展中心，进一步提升教师的职业道德、教学技能和教学素养；通过完善"八个一"的心理健康教育工作模式、"九位一体"的家庭经济困难学生资助体系、校院两级就业创业指导服务机制，服务学生成长成才。开展优质服务活动，成立学生发展与服务中心，建立后勤学生维修服务平台，搭建"网上网下"24小时服务平台，定期举办"书记早餐会""校长与青年学生面对面"、校领导接待日、女生成长专线等活动，更好地服务教师的教学科研和学生的成长成才。

六是积极营造"山水学村"生态网络,校园生态环境更加优美。加强校园环境建设,打造以山林生态休闲公园、水体和道路为核心的"山水学村"校园生态网络,形成了点、线、面相结合的校园绿色系统,校园绿化率达40%,基本实现了"春有花、夏有荫、秋有果、冬有绿"的良好生态格局。注重生态文明教育,以生态环境系、生态文明研究所等教学科研机构为依托,充分发挥动植物标本馆优势,利用世界水日、地球日、环境日等契机,开展了形式多样的生态文明宣传教育活动,并对校内外的植物、鸟类、生态环境等进行调研,提出合理化建议,取得了良好的社会效益。

回顾近年来学校精神文明建设的成功实践,我们积累了宝贵的经验。一是必须高举中国特色社会主义伟大旗帜,以邓小平理论和"三个代表"重要思想、科学发展观为指导,深入学习贯彻习近平总书记系列重要讲话精神,始终坚持精神文明建设的正确方向;二是必须紧紧围绕学校工作中心,服从服务于学校改革发展稳定大局,着力推动学校各项事业又好又快发展;三是必须坚持以人为本,贴近实际、贴近生活、贴近师生,发挥师生主体作用,尊重师生首创精神,反映师生利益诉求,不断满足师生日益增长的精神文化需求;四是必须坚持把改革创新作为强大动力,解放思想、更新观念,创新内容形式、创新体制机制、创新方法手段,努力体现时代性、把握规律性、富于创造性,不断增强精神文明建设的针对性、实效性和吸引力、感染力;五是必须建立健全领导体制和工作机制,形成各方面支持参与精神文明建设的强大合力。这些经验来之不易,我们要很好地坚持,并在实践中不断丰富发展。在肯定成绩的同时,我们还要清醒地看到,当前精神文明建设工作还不能完全适应形势的发展,师生员工的积极性、主动性和创造性还没有被充分调动起来,在一些具体的工作上还存在薄弱环节,一些单位的领导对精神文明建设的重视不够、研究不深、投入保障不足。因此,我们既要充分肯定已有成绩,看到校园的文明进步,坚定做好工作的信心,又不能盲目乐观,掉以轻心。大家一定要进一步增强责任感、使命感和紧迫感,以全国文明单位的标准和要求进一步扎实推进文明创建工作,切实把学校的精神文明建设提高到一个新的水平。

二、深刻认识进一步加强和改进学校宣传思想工作的重要意义,突出工作

重点，全面提升学校宣传思想工作水平

党的十八大以来，党中央对宣传思想工作和高校工作的重视程度前所未有。习近平总书记多次就宣传思想工作、高等教育改革发展稳定、青年学生成长成才、教师全面发展等发表重要讲话，做出重要批示。去年10月，中共中央办公厅、国务院办公厅下发了《关于进一步加强和改进新形势下高校宣传思想工作的意见》，对新形势下加强和改进高校宣传思想工作进行了全面部署，今年省委宣传部、省委教育工委也制定了相应的实施意见。中办的《意见》指出：做好高校宣传思想工作，加强高校意识形态阵地建设，是一项战略工程、固本工程、铸魂工程，事关党对高校的领导，事关全面贯彻党的教育方针，事关中国特色社会主义事业后继有人。习近平总书记强调："意识形态工作是党的一项极端重要的工作"，高校作为意识形态工作的前沿阵地"肩负着学习研究宣传马克思主义、培养中国特色社会主义事业建设者和接班人的重大任务"，要"强化思想引领，牢牢把握高校意识形态工作领导权"。习近平总书记关于宣传思想工作的重要论述，党中央关于高校宣传思想工作的一系列决策部署，充分体现了党中央对高校宣传思想工作的高度重视，充分体现了社会主义大学鲜明的意识形态属性，充分体现了做好新形势下高校宣传思想工作重要性和紧迫性。

回顾学校近年来的发展，我们可以看到，学校宣传思想工作始终坚持服务改革发展大局，紧紧围绕学校中心工作确定思路、开展活动、发挥作用，在统一思想、提高认识、振奋精神、凝心聚力、舆论导向、氛围营造等方面发挥了重要作用，为学校改革发展提供了强大的精神动力和坚强的支撑。当前我国改革已经进入攻坚期和深水区，高等教育领域的各种新现象、新问题层出不穷，宣传思想工作的复杂程度越来越高，涉及的领域越来越多，任务也越来越繁重。正确认识新形势下进一步加强和改进学校宣传思想工作的重要性和紧迫性，是今后做好宣传思想工作的客观要求，也是深化宣传思想工作面临的首要问题。

第一，要充分认识到，加强和改进宣传思想工作事关学校人才培养。立德树人是高等教育的根本任务，培养中国特色社会主义合格建设者和可靠接班人是高校的光荣使命。"立什么样的德，树什么样的人"，"培养什么人，怎样培养人"，始终是摆在高校面前的重大课题。要解决好这一系列根本性问题，必须始终抓好宣传思想工作，形成正确的舆论导向，使中国特色社会主义理论、社会主义核心价值观和党的路线、方针、政策深入人心。我们要通过做好宣传思想工作，全面贯彻党的教育方针，牢牢把握正确的办学方向，才能全面落实好立德树人根本任务，从而为国家富强、民族振兴和社会进步培养出对中国特色社会主义深刻认同，富有爱国情操、人民情怀和世界眼光的优秀人才。

第二，要充分认识到，加强和改进宣传思想工作事关学校事业发展。宣传思想工作是高校各项工作的生命线，在学校的改革发展中，承担着引领方向、凝聚人心、推动发展的作用，承担着化解矛盾、理顺情绪、平和心态的作用。当前，学校正处于全面深化改革，建设高水平大学的关键时期，需要通过强有力的宣传思想工作，把师生员工的思想和行动统一到建设高水平大学的目标上来，把师生员工智慧和力量凝聚到实现这一目标的一系列任务上来。广大师生员工尤其是各级领导干部一定要从实现学校发展战略目标的高度，重视宣传思想工作，进一步增强做好宣传思想工作的自觉性和责任感。

第三，要充分认识到，加强和改进宣传思想工作事关学校和谐稳定。当前，我国教育领域正面临深刻变革，与之相适应，学校也已经全面启动综合改革，并且针对人才培养机制、人事管理制度、学科科研管理、资源配置机制、内部治理结构和党的建设制度等6个领域，设定一系列重点改革项目、列出了一揽子具体改革举措，力图在重点领域和关键环节，破除制约发展的体制机制障碍。这些改革措施的出台和实施，必然会引发师生员工思想观念上的碰撞，涉及师生员工切身利益的变动，需要师生员工正确处理全局利益与局部利益、集体利益与个人利益、当前利益与长远利益的关系。能否做好宣传思想工作，促使师生员工转变观念，统一思想，形成共识，事关学校人心的稳定，事关学校改革发展大局。我们一定要准确把握新形势下学校改革发展的特点和规律，不断创新宣传思想工作的内容、方法、手段和机制，为深化改革、加快发展提供坚强的思想政治保障和舆论支持。

第四，要充分认识到，加强和改进宣传思想工作事关办学声誉。习近平总书记强调，讲好中国故事，传播好中国声音，宣传思想工作大有可为。学校宣传思想工作既要贯彻党和国家的政策路线和教育方针，推动学校中心工作顺利开展，也要充分掌握和利用新闻规律、发挥现代传媒的优势，实现"内聚人心，外树形象"的宣传效果。在现代传媒条件下，谁不重视宣传工作，谁就难以提高知名度，就容易失去竞争力。我们要通过大力宣传自己的办学成绩、办学经验，积极展示更多的师大名片，不断扩大学校的影响力，不断提升学校的社会知名度和认可度。

应该说，宣传思想工作涉及学校工作的方方面面，每个领导、每个单位在加强宣传思想工作方面都有不可推卸的责任。但是，面对新形势新任务，一些单位和领导对宣传思想工作重视不够，主动抓宣传思想工作的意识不强，对如何做好宣传思想工作办法不多、措施不力。各单位、各级领导干部一定要充分认识新时期做好学校宣传思想工作和意识形态工作的极端重要性和现实紧迫性，并切实把这项工作抓紧抓好。

当前，要进一步加强和改进学校的宣传思想工作，就是要深入贯彻落实习近平总书记系列重要讲话精神，全面贯彻党的教育方针，强化政治意识、责任意识、阵地意识和底线意识，以立德树人为根本任务，以深入推进中国特色社会主义理论体系进教材进课堂进头脑为主线，以提高教师队伍思想政治素质和育人能力为基础，以加强高校网络等阵地建设为重点，积极培育和践行社会主义核心价值观。前一段时间，经校党委常委会研究通过，学校制定了关于进一步加强和改进新形势下学校宣传思想工作的实施意见，在6月份已经发给各单位负责人。《意见》明确了今后学校宣传思想工作的主要任务、重点工作和保障措施，大家要结合本单位实际认真贯彻落实好。

今天，我就具体工作提五点要求：

一要抓好思想引领，巩固壮大主流思想舆论。要加强理论武装工作，全面落实立德树人根本任务，用中国特色社会主义理论体系武装师生头脑，用社会主义核心价值观凝聚人心。要坚持正确舆论导向，牢牢把握学校发展进步的本质和主流，宣传学校改革发展取得的重大成就和良好局面，更好地唱响主旋律、传播好声音、激发正能量，切实提升学校的知名度和美誉度。要加强新媒体阵地建设，大力推进官方微信、微博、微视建设，进一步加强校电台、电视台和各种宣传阵地建设，办好校报，发挥好小葵、小联的积极作用，全方位提升引领和服务师生的水平。要创新思想政治教育，以解决师生实际问题为切入点，加强网上、网下舆论引导，围绕社会关心、媒体关注、师生关切的热点问题，主动发声、主动回应关切，有针对性地解释疑惑、解决问题、化解矛盾、把握主动权。

二要抓好教学改革，充分发挥课堂主渠道作用。要用好马克思主义理论研究和建设工程重点教材，把工程教材纳入相关专业培养方案和教学计划，教材使用情况作为教学评估的一项重要内容。在这里我特别强调一下，希望各有关学院尽快落实工程重点教材的使用问题，除极个别专业确实由于特殊原因并征得学校同意后，暂时不使用工程重点教材外，原则上相应的课程都要使用工程重点教材。要着力建设高水平马克思主义学院，充分发挥思想政治理论课在传播科学理论、坚定理想信念方面的主渠道作用，加强教材研究和教学协作，不断增强教学效果，使其成为学生"真心喜爱、终身受益、毕生难忘"的精品课程。要深化哲学社会科学教育教学改革，充分挖掘相关课程的思想政治教育资源，充分发挥哲学社会科学的育人功能。

三要抓好阵地管理，积极营造良好育人环境。学校已经在课堂教学管理，哲学社会科学报告会、研讨会的审批，校园网信息发布等校内宣传资源管理和阵地建设方面形成了一系列规章制度，各单位要严格按照要求抓好阵地管理工作。我在这里再强调两个方面：一方面，要强化课堂教学管理，严格贯彻落实"学术研究无禁区，课堂讲授有纪律"的原则，正确区分学术问题和政治问题，正确处理学术研究与课堂教学关系，在事关政治方向和根本原则问题上，旗帜鲜明，立场坚定；进一步加大党政领导听课和教学督导力度，确保课堂教学内容的政治方向和质量。另一方面，要加强网络阵地管理，尤其是新媒体阵地管理。学校制定了《微博、微信公众平台管理办法（试行）》，已经发给大家。各单位要进一步规范微博、微信等新媒体的管理机制和信息发布工作。

四要抓好队伍建设，不断提升教师的育人水平。要加强师德师风教育，突出教师教书育人、立德树人的主导作用，引导广大教师自觉树立"教书育人是教师的第一责任"意识，始终把人才培养放在首位，争当"有理想信念、有道德情操、有扎实学识、有仁爱之心"的新时期好老师。要大力弘扬高尚师德，加强师德的考核、监督和奖惩，将自律和他律有机结合，保证校园始终成为风清气正的精神高地。要坚持严格管理与关心服务相结合，积极帮助教师解决学习、科研、生活中的实际困难，使他们在师大有用武之地、无后顾之忧，切实增强广大教师的政治认同、职业认同和情感认同。

五要抓好学科引领，努力成为学习、研究、宣传马克思主义的示范阵地。习近平总书记强调，高校要成为马克思主义学习、研究、宣传的重要阵地，这是在党的历史上，总书记第一次给教学科研单位的总体、明确的政治定位，也赋予了我们新的使命和职责。我校是福建省唯一具有马克思主义理论一级学科博士点的高校，学校专门成立了马克思主义学院、马克思主义研究院等教学科研机构，曾经被中国人民大学著名经济学家宋涛教授称誉为"南方坚持马克思主义的重要阵地"。我们要认真学习领会习近平总书记对高校提出的新要求，充分发挥学校的学科和人才优势，找准位置、发挥作用、主动作为。特别是要积极参与马克思主义理论与建设工程，强化问题意识和导向，提升研究回答重大问题的能力，努力推出一批有价值、有影响的研究成果。要加强学校智库建设，大力支持马克思主义与哲学社会科学理论体系建设，提升我校哲学社会科学服务社会的能力和水平。要继续以校党委讲师团为依托，创新理论宣讲方式，以卓有成效的宣讲活动，统一思想、汇聚力量、凝聚共识。

三、加强领导，强化责任，确保宣传思想工作和精神文明建设的各项任务落到实处

宣传思想工作、精神文明建设与学校大局大势紧密相连，与学校建设与改革发展息息相关。我们要深入学习领会习近平总书记的系列重要讲话精神，高度重视学校宣传思想工作和精神文明建设工作，牢牢把握意识形态工作的领导权、管理权、话语权，扎扎实实把各项工作落到实处。

一要落实领导责任。学校的各级党委以及领导班子，尤其是党政一把手一定要充分认识新形势下加强和改进学校宣传思想工作和精神文明建设的重大意义，切实担负起政治责任和领导责任。各单位每学期至少要专题研究一次宣传思想工作和精神文明建设工作，每学年开展一次师生思想动态专题调研，切实解决师生存在的实际问题。校党委已经决定把抓宣传思想工作和精神文明建设工作的情况列入二级单位党组织书记抓基层党建工作述职评议的重要内容。

二要注重统筹协调。习近平总书记强调，做好宣传思想工作必须全党动手，树立大宣传的工作理念。学校将成立宣传思想工作领导小组统筹协调全校宣传思想工作，同时建立全校宣传思想工作部门联席会议制度，进一步整合宣传资源，完善宣传工作机制，形成"党委统一领导、党委宣传部统筹协调、各单位

组织实施、广大师生共同参与"的宣传思想工作新格局。校领导要加强对分管部门、联系单位宣传思想工作指导，宣传思想工作部门要加强沟通协调，确保宣传思想工作衔接贯通、落到实处。

三要坚持改革创新。习近平总书记指出："宣传思想工作创新，重点要抓好理念创新、手段创新、基层工作创新。"宣传思想工作要按照习近平总书记"三个创新"要求，把理念创新作为宣传思想工作创新的总开关，以新的思路推动工作的新发展。当前，特别是要主动适应信息技术的迅猛发展，积极探索网络时代宣传思想教育工作的新途径、新方法，构建宣传思想工作新平台，占领信息传播制高点，掌握舆论导向主动权，努力把手段创新作为破解工作难题、提升工作水平的重要保证；要充分认识宣传思想工作的服务对象在教学科研一线，强化服务教学、服务教师、服务育人的理念，不断拓展宣传思想工作的内容、对象和渠道，扩大宣传思想工作的覆盖面和影响力。同时，要进一步完善学校精神文明创建的考评办法，优化考评机制，把文明创建融入各单位教书、服务、管理育人的全过程。

同志们，宣传思想工作和精神文明建设工作事关立德树人根本任务的落实，事关学校改革发展稳定大局，事关学校社会美誉度。在新形势下，我们要深入学习贯彻习近平系列重要讲话精神，认真贯彻落实中央、省委关于加强和改进新形势下高校宣传思想工作和精神文明建设工作文件精神，进一步增强工作的责任感和使命感，牢固树立政治意识、大局意识、责任意识，以更加深刻的认识、更加开阔的视野、更加清晰的思路、更加得力的措施，努力开创我校宣传思想工作和精神文明建设的新局面，为建设高水平大学提供强大正能量！

谢谢大家！

聚精会神抓创建，再接再厉谱新篇
——在创建第一届全国文明校园工作汇报会上的讲话

校党委书记　林和平

（2017 年 7 月 21 日）

考评组各位领导：

首先，我代表福建师范大学，对各位领导莅临我校检查指导文明校园创建工作，表示热烈的欢迎和衷心的感谢！

福建师范大学是教育部与福建省人民政府共建大学、福建省重点建设的高水平大学，也是我国建校最早的师范大学之一，前身是清朝帝师陈宝琛先生 1907 年创办的福建优级师范学堂。经过 110 年的传承创新，学校已发展成为一所人文底蕴深厚、学科门类齐全、师资力量雄厚、办学质量较高、对外交流活跃的知名学府，综合实力稳居全国高校百强、师范院校十强行列。校本部拥有仓山、旗山两个校区，占地约 4000 亩；现有专任教师 1700 多人，全日制普通本科学生 2 万多人、各类研究生 7000 多人；拥有 19 个博士后科研流动站、19 个一级学科博士点、37 个一级学科硕士点、13 种硕士专业学位类别。

近年来，在省委文明办、省委教育工委的指导帮助下，学校认真贯彻落实中央、省委关于精神文明建设的精神，按照"重在建设"的方针，紧紧围绕学校中心工作和改革发展稳定大局，扎实开展文明校园创建工作，积极践行社会主义核心价值观，文明校园建设成效突出。学校连续六届荣获省级文明学校称号，曾被评为全国精神文明建设先进单位、福建省生态文明教育基地，并于 2015 年荣获第四届全国文明单位称号。文明校园建设有力推动了高水平大学建设，2016 年学校进入英国 QS 亚洲大学排名榜 350 强（大陆高校仅 82 所进榜）；跃居中国校友会网大学评价排行榜非"211 工程"大学排行榜首位、师范院校第 9 位、全国高校第 75 位，呈现强校升位的良好态势。

下面，我从三个方面，向大家做汇报。

一、加强组织领导，创建工作基础扎实

校党委历来高度重视文明校园建设，将之作为高水平大学建设的一项硬任务来抓。在实际工作中，我们认真按照《全国文明单位测评体系》和新颁布的《全国高校文明校园测评细则》的要求，坚持"四落实、四有"，即机构落实、制度落实、经费落实、任务落实，保证创建工作有计划、有重点、有检查、有表彰，推动文明校园建设在持续中提升，在创新中拓展。

（一）领导重视，机制健全。成立学校精神文明建设指导委员会和创建全国文明单位工作领导小组，党委书记和校长担任主任（组长），分管校领导任常务副主任，委员会下设办公室，配备2名专职人员，负责组织、协调实施全校精神文明建设工作。各二级单位相应成立组织机构，均由主要领导亲自挂帅，形成了党委统一领导、党政群齐抓共管、文明委组织协调、成员单位各负其责、全校师生积极参与的领导体制和工作机制。为做好本次考评的各项工作，学校常委会专门研究部署迎评工作，校领导先后组织召开2次动员部署会，抓好抓细落实迎评。

（二）抓在日常，形成氛围。坚持把文明校园创建工作与学校中心工作同研究、同部署、同落实。两年多来，校党委常委会上共10次专题研究文明校园创建工作，对中央、省文明委部署的重点工作做出专门安排落实。校文明委每年都制定年度工作计划，学校每次召开新学期工作部署会议，都专门强调和部署文明校园建设工作。校领导经常深入教室、学生宿舍、食堂等一线，督促检查各单位文明校园建设工作，及时发现和整改不文明现象。定期开展文明学院、文明处室、文明家庭、文明楼、文明宿舍、文明餐厅和精神文明建设先进个人评选活动，形成人人参与文明，大家共创文明的校园氛围。

（三）着眼长远、重在提升。加大经费投入力度，文明办每年经费不低于50万元，其他校园文化建设、学校硬环境改善等都另行划拨经费，为精神文明建设深入开展提供经费保障。修订精神文明建设评选管理办法、校园综合管理规定等规章制度，增强文明创建工作考评体系的科学性，促进文明创建工作制度化。发挥高校研究优势，积极开展高校文明校园建设相关理论研究，一批优秀成果在《求是》等理论刊物上发表，并将理论研究成果运用到实际工作中，把创建工作不断引向深入。

二、立足常态长效，创建水平持续提升

（一）加强领导班子建设。1. 发挥党委领导核心作用。一是构建科学的党政会议体系。制定实施《关于坚持和完善党委领导下的校长负责制的实施细则》，进一步明确党委常委会和校长办公会的职责定位、议事范围和议事规则，促进规范执行党委领导下的校长负责制。二是完善集体领导决策机制。出台《关于"三重一大"决策制度的实施办法》，依法落实党委职责和校长职权，凡属重大决策、重要干部任免、重大项目安排和大额度资金的使用，必须经集体讨论做出决定。三是实行学院党政联席会议制度。在全校各学院推行党政联席会议制度，凡是涉及师生员工切身利益和单位发展建设的重要事项，都由党政联席会议讨论决定。2. 落实全面从严治党主体责任。作为全省高校试点单位，率先制定校党委、党委书记、党委班子成员落实全面从严治党主体责任清单。在校院两级中深入开展落实全面从严治党主体责任全程纪实工作，加快推进二级学院目标管理责任制，坚持二级单位党组织书记抓党建述职评议制度、二级单位党政领导班子述职述廉制度等，层层传导责任压力，推动主体责任落地生根。3. 推进党风廉政建设。领导班子认真落实"一岗双责"，坚持党风廉政建设与学校其他重要工作同规划、同部署、同落实、同检查，每年召开全校党风廉政建设工作会议、开展党风廉政建设责任制落实情况专项检查。围绕干部廉洁从政、教师廉洁从教、学生廉洁修身，通过示范教育和警示教育、家规家风教育和校规校训教育等途径，积极开展经常性、有特色的廉洁教育，做优做强校园廉洁文化。深入贯彻落实中央"八项规定"精神和"三严三实"要求，深入治理"四风"问题，出台了国内公务接待办法、公务用车管理办法等规章制度，开展了深化落实中央八项规定精神"1+X"专项督查、公共租赁住房专项清理整顿、办公用房清理调整等工作，推动各类工作有章可循、程序规范、公开透明。

（二）抓好思想道德教育。一是提升课堂教学质量。发挥马克思主义理论学科优势，在全省高校率先建成全国重点马克思主义学院（全国仅21所），高度重视、大力支持、深入实施思想政治理论课教学改革和质量提升工程，切实提升思想道德教育水平。以学生听得懂、喜欢听为目标，构建"以问题为导向的对话式教学模式"，入选教育部"思想政治理论课教学方法改革示范推广培育项目"。深化"形势与政策"课程模块化教学改革，开设"形势大讲堂"系列专题讲座，先后邀请中央宣传部、省委政策研究室、北京大学、湖南大学等党政机关和高校的领导干部、著名学者为本科生上形势与政策课，引导青年学生正确认识意识形态领域的模糊问题，赢得了学生的广泛好评。党委书记、校长带头上思想政治理论课，同时推动领军人才、教学能手、党政领导、先进人物等上思想政治理论课，思政课入选教育部马工程"精彩一课"。深化教学改革研究，每年推出全省思想政治理论课教学改革研究报告、系列实践教学改革成果和教学改革专著。学生在全省"一马当先"马克思主义知识竞赛中，荣获团体和个人双料冠军。二是完善日常教育体系。优化课堂教学、网络教学、实践教学、第二课堂的"四维多层"教学设计，将思想道德教育向课外延伸。充分发挥全省十佳社会科学普及讲坛——"理论名师大讲坛"等平台作用，积极运用微信、微博、QQ等新媒体技术，全方位扩大理论教育传播，实现第一课堂和第二课堂互补、网上网下互动。切实加强易班建设，将思想道德教育内容融入学生生活娱乐。充分利用"五微五阵地"优势，开发"福师大小葵"视频、动漫、折页等红色网络文化产品，增强理论教育传播的吸引力和亲和力。此外，坚持开展校领导接待日、党委书记早餐会、校长与青年学生面对面等活动，落实党员领导干部联系民主党派、统战团体和离退休老同志等制度，通过情况通报、谈心谈话、受理意见诉求等形式，以解决实际问题为抓手，做实、做细、做深广大师生的思想政治工作。

（三）优化校园育人环境。一是加强校园生态环境建设。制定校园环境建设实施方案，按照建设"河与湖相连，湖在景观中，水绕景观流"的立体化校园生态绿化景观的思路，打造绿色、生态、文明的"山水学村"，绿化率达60%，基本实现了"春有花、夏有荫、秋有果、冬有绿"的校园生态格局。近年来学校累计投入近亿元，推动形成绿化、美化、人文化的校园环境，形成旗山大道、溪源江、宝琛广场名贤园、星雨湖沿岸、南区、仓山校区等六大雕塑群。二是不断提升校园文明程度。扎实开展"推进'八不'行为规范 做文明有礼的师大人"主题活动，通过营造浓厚氛围、召开现场会议、选取试点单位、开展先进评选、建立长效机制等多措并举，促进"八不"行为规范内化于心、外化于行。深入开展"节粮、节水、节电"主题教育实践活动，通过评选"十佳节能宿舍""十佳节能达人"等活动,营造"人人节约、事事节约、环环节约"的校园新风。组建"三节"学生督导队,每天深入两个校区进行日常督查,督促相关单位做好整改工作。三是深化平安校园创建工作。建立健全校园安全稳定综合防控机制,积极开展"平安校园"等级创建和学校安全标准化建设,把平安校园建设着力点从打击、防范、管控,进一步拓展到服务、管理、建设等各个环节。2015年以来,共投入2000多万元专项经费,用于保安服务、消防技防建设、改善安保设施装备和加强教育培训等。近年来,我校获得"5A平安校园"、学校安全标准化提升工程"一级达标学校"和"省直平安单位"等荣誉称号。

(四)深化活动阵地管理。1.加强活动阵地建设。大力加强图书馆、档案馆、综合展览馆、小葵馆、动植物标本馆等文博资源建设,以及共青团广场、青春剧场、学术大讲堂、体训馆、体育中心等活动场馆建设。建立校园媒体"中央厨房"制度,推进校报、校电台、学生电视台等传统媒体和微信、微博等新媒体之间的资源共享和功能互补。建设400多平方米公共宣传栏、8个户外电子显示屏,设立65个立式户外标语牌、1100多面"遵德守礼"宣传牌。2.严格活动阵地管理。一是加强课堂教学管理。制定实施教师行为规范、教学事故认定和处理办法等规章制度,严格执行党政领导听课和教学督导制度,将课堂教学的思想政治表现纳入教师教学质量评价体系,确保课堂教学内容的政治方向和质量,确保"课堂讲授有纪律、公开言论守规矩"这一原则落实落地。二是加强对校园各类思想文化阵地的规范管理。修订了举办形势报告会和哲学社会科学报告会、研讨会、讲座、论坛管理暂行办法,严格落实"一会一报""一事一报"制度。修订新闻中心工作管理办法,进一步加强各类校园媒体和各学院记者站的管理,把意识形态的导向要求贯彻到新闻宣传中。加强校内宣传栏、电子显示屏、条幅等宣传阵地的内容审批和管理。严格落实校园网络使用实名登记制度和用网责任制度,加强网络舆情搜集研判,规范师生自媒体管理,编印《网络舆情应对策略与案例》,供各单位应对网络舆情事件参考。成立学校反邪教协会,建立季度隐患排查制度,加强校园巡逻防控,落实学生在校内外举行集体活动的备案审批制度,有效抵制了宗教极端势力向校园渗透。

三、着力改革创新,创建特色突出鲜明

(一)高水平的理论武装。一是强化中心组学习。发挥领导干部示范作用,坚持领导干部先学一步、学深一点，制定实施《关于进一步加强和改进校党委和各单位党委（党总支）中心组学习的意见》，2015年以来举办校党委中心组专题学习28次，编印《思想理论动态》78期，带动全校师生理论学习教育不断深入。因理论学习紧跟热点、紧扣中心、形式多样、实效明显，我校在去年11月作为唯一省属高校在全省党委中心组学习经验交流座谈会上做典型发言。二是建好党委讲师团。在全省高校率先成立党委讲师团，推动宣讲队伍专家化、宣讲对象分众化、宣讲平台网络化、宣讲服务多样化，为各单位理论学习和党校培训提供菜单式服务，2015年以来开展理论宣讲240多场，讲师团中2人入选学习贯彻党的十八届六中全会精神省委宣讲团，3人荣获全国理论宣讲先进个人，2人获评全国优秀社科普及专家。《光明日报》头版头条深入报道我校扎实推进理论武装工作的特色与成效。三是推进学习教育常态化制度化。坚持正面教育，通过"三会一课""先锋论坛""微党课"等载体广泛开展学习研讨，促进理论学习提质增效；坚持学做结合，引导师生党员在学校中心工作中体现作为，成立机关党员志愿服务队和大学生党员实践队，在实践中锤炼党性；坚持立行立改，着力解决了一批师生普遍反映的热点难点问题。我校在全省高校"两学一做"学习教育推进会上做了典型发言。四是创新社会主义核心价值观教育。与学校实际紧密结合，以项目建设为抓手，深入开展"师大好故事"微征文、"师大好声音"微视频征集和展播、"师大好精神"微电影创作和展播、"师大好风尚"随手拍、"师大好榜样"微感言、校训校风大家谈等10个微体系项目，增强核心价值观教育的针对性、生动性和实效性。其中，推出以我校学生、全省道德模范楚玉春为原型的公益微电影《扶郎花开》，获评2016年度国家新闻出版广电总局"弘扬社会主义核心价值观·共筑中国梦"主题原创网络视听优秀作品。

（二）高标准的师德建设。一是加强师德师风教育。在全省高校率先成立教师伦理委员会，制定实施教师伦理规范，推动师德建设从行政推动走向教师自律。在新教师岗前培训中开展思想政治教育、职业理想教育、职业道德教育、法制教育、反腐倡廉教育、学风和学术规范教育。每年举办"优师（youth）行动"暨新教师成长论坛、溪源青年沙龙等活动，做好青年教师的师德教育。持续开展"劳动模范""师德之星""三育人先进个人""十佳青年教师""我最喜爱的好老师"等评选活动,形成师德建设价值导向。实行学术安全培训制度,定期对全体教师特别是新进教师、青年教师、回国留学人员、出国访学教师进行培训。二是开展师德实践活动。从2010年起实施师德建设六项制度,即"学校领导联系班级制度""学院领导联系班级制度""优秀专任教师担任班导师制度""新任教师担任班主任制度""离退休党员担任兼职组织员制度"和"教职工党支部与学生党支部共建制度",相关做法得到教育部网站和《福建日报》等主流媒体的关注和报道。学校于2015年10月成为首批18个"全国师德实践与创新基地"之一。三是强化师德监督考核。坚持把师德规范融入人才引进、课题申报、职称评审、导师遴选等各项工作,实行师德"一票否决"。建立党政领导听课制度、教学督导制度、教师互评制度,完善学生评教机制,建立师德投诉举报平台,做到有诉必查、有查必果、有果必复。在校学术委员会中设立学风建设委员会,专门受理有关学术不端行为的举报和学术纠纷的申诉,进行调查鉴定,裁决学术纠纷,并向校学术委员会提出学风建设事务处理的意见和建议。

(三)高品位的文化建设。一是创建文化校园。弘扬学校百年优秀文化,强化文化育人功能,开展覆盖全学年、形式多样化、参与范围广的"三节三月三季"主题系列文化活动,推动"校园文化"到"文化校园"转变。"三节"即"文化节""体育节""科技节";"三月"即"学雷锋青年志愿服务月""大学生心理健康服务月""学生社团文化巡礼月";"三季"即"新生入学季""社会实践季""毕业离校季"。在良好的校园文化熏陶下,学生得到全面发展,连续三届荣获全国"挑战杯"金奖、连续五年亮相央视"五月的鲜花"舞台。二是培育文化精品。坚持项目带动、品牌提升,凝练和打造了"散文行动""左岸戏剧坊""诵读经典活动""高雅音乐走进学生""'阅水成川'美术作品展"等10个体现学校特点、具有示范性的文化精品项目,促进科学精神与人文精神教育协同提升。以"理论名师大讲坛"为统领,统筹推进"名师讲堂""国学讲堂""艺术讲堂"等10个分讲堂建设,常态化邀请国内外名师大家来校为师生带来文化盛宴,2015年以来共举办271场讲坛活动。倡导"十年磨一剑"的学风,鼓励教师潜心研究、打造精品力作,涌现出《台湾文献汇刊续编》等一批原创性、高质量、有影响的学术成果。三是强化文化引领。发挥高校以文化育人才和以人才兴文化的双重优势，深化中华优秀传统文化和闽文化研究，加强哲学社会科学创新体系建设，引领社会文化发展方向。近两届教育部人文社科成果奖我校的获奖数量，均位居全国高校前20强。2016年，学校共获代表社科领域最高层次的中央"马工程"重大项目、国家社科基金重大项目、教育部哲学社科重大课题攻关项目6项，相当于"十二五"期间学校获得国家级社科重点重大项目的总和。积极服务国家文化战略，全力办好2所孔子学院、1个孔子课堂，均被评为全球先进。主动融入21世纪海上丝绸之路核心区建设，成立印尼研究中心等一批研究机构，加强"一带一路"沿线国家文化研究，为增强国家文化软实力贡献力量。

（四）高质量的文明传播。一是完善"微"体系。加强"五微五阵地"新媒体矩阵建设，构建纵向囊括学校、学院、年级、班级、社团"五个层级"，横向覆盖微博、微信、QQ、微视、易班"五网联动"的思想政治工作"微"体系。校园各类新媒体平台各具特色、影响广泛，2016年学校官方微信影响力多次居全国高校单周微信公众号排行榜的第二位，多条原创图文居全国高校单周微信文章阅读量排行榜第一名。同时抢占当前最流行的直播、知乎平台，直播校园事、身边人；选取全球用户较多的Facebook等新媒体平台，开通账号、推送内容，探索运营"一带一路"等专栏，积极开展中国文化国际传播。二是创新"微"传播。打造"福师大小葵"网络形象，采取微电影、漫画、沙画等学生喜闻乐见的形式，开发了数十种、560余件网络文化产品，并向全省高校推广。承担教育部等单位委托的《习近平治国理政新理念新思想新战略系列动漫》开发任务。在全国高校中率先研发并上线集思想性、学习性和趣味性于一体的易班轻应用——"青马易战"移动端软件，让学生随时随地在线学习马克思主义。学校出台了切实有效的激励措施，加强"青马易战"的推广应用。比如设置积分升级等特色功能，积分可兑换学校易班文化产品或学习生活用品；将学生答题情况记入大学生综合考评"思想政治表现分"和相应课程的平时成绩，作为相关评优评先的重要参考依据。三是强化"微"服务。成立架设在新媒体平台上的学生服务联动协调中心，实行"线上收集问题—线下协调联动—线上沟通反馈"的工作机制，做到网上网下协同发力，推动学生诉求在第一时间响应、第一时间联动、第一时间解决、第一时间反馈，相关做法得到于伟国省长点赞。组建网络舆情研究团队，进行全天候网络监测和大数据分析，发布每日舆情、教育舆情、涉闽舆情等7类舆情产品，为精准开展思想政治工作提供有益参考。今年2月，中共中央政治局委员、国家副主席李源潮同志来校调研，充分肯定了我校的网络新媒体工作。

各位领导、同志们，长期的工作实践充分表明，文明校园建设水平是高水平大学建设成效的重要体现，文明校园建设是一项事关全局的重要工作，必须高度重视、常抓不懈、抓出成效。我们将认真总结获评全国文明单位的经验，以此次全国高校文明校园考评为新的起点，对照要求，扎实工作，再接再厉，不断开创文明校园建设新局面，为加快建成特色鲜明的高水平综合性大学提供思想保证和精神动力，为"再上新台阶　建设新福建"做出新的更大贡献。

我的汇报到此结束，请各位领导、专家批评指正。

谢谢大家！

在第二届全国文明校园创建暨2019年度学校安全工作部署会上的讲话

校党委书记　李宝银

（2019年3月29日）

同志们：

今天，我们在这里召开第二届全国文明校园创建暨2019年度学校安全工作部署会，主要任务是围绕迎接全国文明校园届中复评和争创新一轮"5A级平安校园"，安排部署文明校园和平安校园创建工作，进一步统一思想、凝聚共识，全力以赴打好打赢迎评攻坚战、创建持久战，努力把文明校园和平安校园创建提升到一个新水平，为加快高水平大学和"双一流"建设提供有力保障。

下面，我代表校党委，就文明校园和平安校园创建工作，提三点意见。

一、在更高起点上推进文明校园创建工作

近年来，我们深入学习、宣传、贯彻习近平新时代中国特色社会主义思想和党的十九大精神，积极作为、开拓进取，推动精神文明建设工作取得了明显成效。一是文明创建工作扎实有力。成立并调整了由党委书记和校长担任主任的精神文明建设指导委员会，坚持把文明创建工作与学校中心工作同研究、同部署、同落实，建立健全文明校园创建的领导体制和工作机制，创建工作在持续中提升、在创新中拓展。二是思想政治工作深入人心。抓住领导干部"关键少数"，抓实广大师生"最大多数"，运用网络平台抓出"魅力指数"，思政工作卓有成效，师生中涌现出中国大学生年度人物、感动福建年度人物等先进典型。三是师德师风建设常态长效。成立独立建制的教师工作部，推动教师培养管理和师德师风建设有机结合，从教育、考核、监督、奖惩等方面构建长效机制，涌现出全国师德标兵、福建省杰出人民教师等先进典型。四是校园文化建设成效显著。以"三节三月三季"为载体创建文化校园，利用学科和人才优势打造文化精品、推动文化传承创新，学生在奥运会、"大艺展"等重大赛事中屡获佳绩。加强自然与人文景观建设，着力打造山水学村、人文学村、平安学村，被评为省平安校园、省生态文明教育基地等。

总的来说，经过全体师大人的不懈努力，学校荣获第一届全国文明校园称号，实现了历史性突破，为我们做好新一轮创建工作奠定了很好的基础。但新一轮文明创建标准更细、竞争更加激烈、考核更严，主要体现在以下四个方面。

一是文明创建更加注重常态化。新修订的全省文明校园测评细则对内容、形式、方法作出了新的要求。测评从以前一次性集中考评为主，向日常化考评转变。这不仅是评选方法的重大调整，也标志着文明校园考评转入常态化、制度化的新阶段。以前那种习惯于搞突击、抓"表面"，习惯于应对明查，习惯于重点设防的做法，已不符合创建工作的新要求。我们要适应新变化，把功夫下在平时，把创建作为一项多层次、全过程、持久性的系统工程来抓，确保每一年的申报评审都取得好成绩。

二是文明创建来不得半点虚假。3月20日，中央文明办公布了全国文明城市测评结果。其中对出现个别报送材料造假问题的（浙江省宁波市、江西省南昌市、河南省郑州市、新疆维吾尔自治区乌鲁木齐市）4个城市，以及测评成绩未达到80分的9个城市进行通报批评；对测评成绩未达到70分的1个城市（宁夏回族自治区银川市）停止全国文明城市资格1年。对此，我们应该高度重视、引以为戒。创建文明校园来不得半点虚假，决不能有打好一仗就一劳永逸的想法，决不能有差不多、过得去的态度，各单位要不折不扣落实好创建责任，坚决杜绝形式主义的不良作风。

三是高校之间的竞争更加激烈。我校是全省唯一获"第一届全国文明校园"殊荣的高校，在全省已经产生了很大的影响，其他高校都在关注我们，他们也在积极创建全国文明校园。在你追我赶的情况下，如果我们的创建成绩不理想，不仅会影响到学校的声誉，也有可能让已有的创建成果付之东流。因此，我们不能存有丝毫的麻痹大意。要想创建成功，必须保证每次测评成绩都排在前列，同时不能出现一票否决的"硬伤"，这就要求我们必须加倍努力，以实实在在的工作赢得文明创建主动权。

四是补短板，强弱项的任务艰巨。比如，创建周期内创建工作用力不均，存在验收年抓得紧，前两年抓得松的现象；加分指标不多，一些国家级荣誉称号的争创工作有待加强；校园整体规划不尽合理，体现师大特色的校园文化氛围、文化景观还不够；创建氛围不够浓厚，师生知晓率、参与率、满意度仍需提升，离真重视、真深入、真动员、真满意、真参与还有很大差距，这些是我们的"软肋"。

今年是新一轮全国文明校园创建的第二年，是非常重要和关键的一年。我们要紧扣"六个好"总体标准，坚持问题导向，鼓足"争"的劲头、践行"创"的行动、凸显"建"的成效，精准发力、同向发力、持续发力，高质量做好文明创建工作。

一是思政工作要高站位。要把学习贯彻习近平新时代中国特色社会主义思想，作为坚持立德树人、加强思想政治教育工作的首要、长期、重要任务，高标准抓好校院两级中心组学习，充分发挥校党委讲师团、理论名师大讲坛等作用，推动新思想入情入理、入脑入心。要进一步用好"学习强国"学习平台，各单位要加强督促引导，鼓励每位党员每天多学一点儿，学深一点儿。要深入学习贯彻全国学校思想政治理论课教师座谈会重要讲话精神，继续建好全国重点马克思主义学院，把思政课建成学生真心喜爱、终身受益的"金课"，充分发挥课堂主渠道作用。要把社会主义核心价值观教育融入教育教学各个环节，推动核心价值观转化为师生的情感认同和行为习惯。利用节庆日、纪念日和重大活动等重要时间节点，广泛开展以爱国主义为核心的民族精神和以改革创新为核心的时代精神宣传教育，厚植师生爱国主义情怀，引导师生增进爱国之情、砥砺强国之志、实践报国之行。

二是师德师风要高标准。要切实加强师德师风建设，引导广大教师贯彻落实好习近平总书记关于"三个牢固树立""四有好老师""四个引路人""四个相统一"的要求，切实担负起传播知识、传播思想、传播真理、塑造灵魂、塑造生命、塑造新人的时代重任。把师德师风教育贯穿教师培养、培训、管理全过程，引导教师切实做到教书不忘育人根本，言行不忘为人师表，研究不忘经时济世，学术不忘纪律规范，不断增强教师的自律意识、标杆意识和表率意识。完善师德监督考核评价体系，严格执行师德失范"一票否决"，健全师德年度评议、师德重大问题报告和师德舆情快速反应制度。

三是校园文化要高品位。坚持以德育人、以文化人，丰富校园文化生活，提升校园文化品位。实施旗山校区百年碑林改造提升工程，建设校园文化长廊和社会主义核心价值观文化景观,打造校园"三分钟文化圈",构建富有学校特色的高品位校园文化。围绕"三节三月三季"主题,打造覆盖全学年、活动多样性、参与范围广的文化活动品牌。积极组织师生参加各级各类高水平文化体育赛事,将群众性文化体育活动引向深入。要大力弘扬中华优秀传统文化,开展中华经典诵读、校训宣传教育等活动,让优秀传统文化焕发出新的时代价值。围绕庆祝中华人民共和国成立70周年、纪念"五四"运动100周年,开展形式多样的庆祝和纪念活动。

四是校园环境要高颜值。抓好校园硬件建设和校园管理,改善优化校园环境,努力打造一个庄重优雅、错落有致、文明美丽、富有特色的"山水学村"。要加大校园卫生清洁力度,加强学生公寓管理工作,完善学校绿化规划和管理,实现校园绿化覆盖率达60%。完善学校平安创建工作机制,定期开展安全检查,加强校园停车秩序志愿服务,强化食品卫生管理,做好学生管理和心理健康教育工作,加大校园治安综合治理力度,加强对各类思想文化阵地的分类建设和分类管理,坚决防止出现文明评估中"一票否决"的情况。

二、以更高的站位创建新一轮"5A级平安校园"

3月25日,省委举办全省领导干部坚持底线思维着力防范化解重大风险专题班,省委书记于伟国出席开班式并讲话。于书记强调,要坚持以习近平新时代中国特色社会主义思想为指导,深入学习贯彻习近平总书记在省部级主要领导干部坚持底线思维着力防范化解重大风险专题研讨班和在参加十三届全国人大二次会议福建代表团审议时的重要讲话精神,进一步强化防范化解重大风险的政治自觉、思想自觉、行动自觉,推进更高水平的平安福建建设,有效保持经济持续健康发展和社会大局稳定,为高质量发展落实赶超、加快新时代新福建建设提供有力保障。

近年来,学校始终把维护安全稳定作为一项长期、重要的政治任务,认真落实综治安全稳定目标管理责任制,初步形成了"一个格局""三个协同""六个体系"安全管理工作机制,校园及周边环境总体保持和谐稳定,学校先后荣获"5A级平安校园"、学校安全标准化建设提升工程"一级达标学校"和"省直平安单位"等荣誉。但在看到成绩的同时,也要清醒认识到我校除了不同程度面临以上七大领域风险外,还存在其他不安全、不稳定的因素。主要有以下四点。

一是思想认识不够到位。部分单位领导对"党政同责、一岗双责、齐抓共管、失职追责"原则,安全生产"三个必须"(管行业必须管安全、管业务必须管安全、管生产经营必须管安全)要求意识淡薄,重视不够,认识不足;个别单位对安全工作少研究、少部署,不检查、不推进,只停留在口头,飘浮于表面;安全管理制度执行不到位。比如,每年学校和各单位都签订了年度"综治安全稳定目标管理责任书、消防安全责任书",责任书就是军令状,但有些单位领导不要说认真贯彻落实,甚至连看都没认真看,有什么职责,该做什么,出了问题该承担什么责任都不清楚。

二是基础设施存在短板。仓山校区早期建设的建筑存在布局不合理、耐火等级低、消防通道不畅、防火间距不足、防火分隔设施和消防设施缺乏、电气线路陈旧老化等诸多隐患,难以在短时间内彻底解决;新老校区消防水源问题尚未彻底解决;校园规划有待进一步优化,校园功能区重叠混杂,部分基础设施建设跟不上发展需求,给校园安全管理带来一系列挑战。

三是安全教育仍需加强。师生员工既是校园安全管理的主要客体,也是校园安全、稳定与秩序维护的重要主体。从多年来校园安全管理的实践和案例来看,学校发生的各类案件、安全事件(故)绝大部分是安全教育不到位,师生安全意识淡薄造成的。比如,宿舍火灾,物品遗失、被盗,诈骗案件,意外伤害事件等,关键在于对安全教育、安全技能培训是否认识到位,是否全面覆盖,是否入脑入心,是否常抓不懈。

四是考评机制落实不够。根据《福建省学校综治安全工作领导责任追究制实施办法》和《福建省教育厅关于开展新一轮"平安校园"等级创建活动的实施意见》要求,各单位综治安全工作成效应作为评选文明单位、选拔任用、晋职晋级、评优评先、表彰奖励和创建达标等的前置条件和重要依据,作为检验各级党政领导班子和领导干部执政能力水平的重要标准。学校年度综治安全稳定目标管理责任书也作了要求。虽然2018年学校对2个学院落实消防安全教育管理责任不力,取消了其2018年度文明学院授予资格。但相关的考核评估、奖惩工作中仍存在责任追究不到位等问题。

省教育厅于2018年底启动开展新一轮"平安校园"等级创建活动。创建总体目标是：进一步巩固"平安校园"创建工作成果、进一步落实安全管理责任、进一步提升安全管理水平，努力实现"两个更加、三个持续、四个遏制"的工作目标，总体达到新一轮"平安校园"等级标准。根据省教育厅的部署，学校制定《福建师范大学新一轮"平安校园"等级创建实施方案》《福建师范大学新一轮"平安校园"等级创建任务分工表》，已在学校办公自动化系统发布。今年学校将迎接新一轮平安校园创建考评工作，时间紧、任务重、要求高，各单位要始终绷紧安全稳定这根弦，根据任务分工，按照"党政同责、一岗双责、齐抓共管、失职失责"的原则，结合《2019年学校重点工作攻坚项目》，把新一轮"平安校园"等级创建各项工作落实落细、抓出成效，力争达到5A级平安校园标准。

三、用更实的作风推动学校部署要求落地落实

一要提升工作"精气神"。全国文明校园是评价一个学校最高级别的权威性、综合性荣誉称号，含金量最高、影响力大，是体现学校整体实力和发展水平的"金字招牌"。创建文明校园和平安校园，事关全校师生，员工的切身利益。我们争创全国文明校园和5A级平安校园，绝不仅仅是为了一块牌子，也不能单纯为创建而创建，而要使之成为实实在在推动工作的一项有效抓手。各单位要高度重视，充分认识到文明校园和平安校园创建长期性、常态性、艰巨性的特点，切实增强紧迫感责任感，始终把文明校园和平安校园建设作为推动学校和各单位事业发展的重要保障，科学谋划、落实责任、督促检查。全校上下要克服"牌子到手，创建到头"的心态，切实增强忧患意识、竞争意识，以更加强烈的责任感、紧迫感和危机感，全员上阵、精心准备，打造特色品牌，提高创建水平，确保我校全国文明校园和5A级平安校园的先进性和示范性。

二要唱好宣传"主角戏"。广大师生，员工是学校文明校园和平安校园建设活动的主体。要充分发动师生积极参与文明校园和平安校园建设工作，让师生在参与中受益，在参与中提高，使创建活动成为广大师生发挥智慧力量和自我提高的过程。各单位要以此次迎接全国文明校园评估和争创5A级平安校园为契

机,广泛宣传发动,营造浓厚氛围,让广大师生真正了解创建、支持创建、参与创建。要重点在常态长效上下功夫,不断扩大覆盖面,提高参与度,切实增强师生在活动中的获得感,营造出"全员重视、上下互动、人人参与"的良好氛围。

三要形成创建"大合力"。文明校园和平安校园建设事关全局,是一项艰巨又复杂的系统工程,涉及到学校方方面面的工作,涉及到在座每个职能部门和二级单位。这就要求我们必须加强全校统筹、全面协调,真正把创建工作融入全校办学治校的各方面和全过程。文明校园建设要完善"党委统一领导,党政群齐抓共管,文明委组织协调,有关部门各负其责,全校师生员工共同参与"的工作机制。平安校园建设要完善"学校统一领导、综治办综合协调、部门监督管理、单位主体责任、师生员工参与、校地协调联动"的大安全管理工作格局。文明委和综治办要发挥好牵头抓总作用,负责创建工作的规划部署、组织协调、督促检查、考核评定。各单位要按照任务分工,密切协作,相互补台,全力配合牵头单位做好创建工作,以"功成不必在我"的境界和"功成必定有我"的担当,做到人人参与创建、创建人人有责,形成学校文明创建齐抓共管的强大合力。

四要用好考评"指挥棒"。强化工作考评,修订完善《文明学院评选办法》等考评规章制度,坚持三年开展一次精神文明建设先进集体和先进个人评选表彰活动,每年开展一次文明学院工作年度考评,每季度开展一次安全检查和文明创建暗访工作,每月开展一次学生公寓文明检查。强化日常监督,采取定期与不定期检查、明查与暗访、抽查与全面检查相结合等形式,对照各单位任务逐项督查,确保按时间节点有序推进。对督查中发现的问题,文明办和综治办要及时下发问题清单,明确责任单位、责任人、完成时限,督促限期整改。各单位要全面落实目标责任,对发现的突出问题抓住不放、限时整改。校党委对措施不力、推诿扯皮、消极应付,影响文明校园和平安校园创建工作大局的单位和个人,将依规严肃问责。

好风凭借力,扬帆正当时。同志们,新一轮文明校园和5A级平安校园创建的序幕已经拉开,目标和任务已经明确。让我们齐心协力、鼓足干劲,全力以赴地投入到创建工作中,高质量、高标准地完成迎评创建工作的各项任务,不断开创学校文明校园和平安校园建设新局面,为加快推进"双一流"建设、实现内涵式发展,提供更有力的坚强保障。

谢谢大家!

二　重要文件

关于开展道德讲堂建设活动的通知

（闽师委综〔2013〕17号）

各分党委（党总支、直属党支部）：

　　为贯彻落实省委文明办《关于进一步规范道德讲堂建设工作的意见》（闽委文明办〔2013〕1号）精神，扎实推进社会主义核心价值体系建设，不断提升师生道德素质和校园文明程度，形成良好的校园文明风尚，经研究，决定从今年5月份起，在全校开展道德讲堂建设活动，现将活动有关要求通知如下。

　　一、高度重视，统一认识

　　各单位领导要认真学习有关文件精神，充分认识道德讲堂建设活动对于进一步弘扬中华传统美德、加强师生社会主义公民道德教育和推进社会主义核心价值体系建设的重要意义，高度重视活动开展，广泛发动本单位师生积极参与活动，按照工作要求，成立专门工作小组，指定专人负责活动开展，并加强对活动的工作指导，确保活动做到全覆盖。

　　二、认真落实，注重创新

　　各单位要根据《福建师范大学道德讲堂建设实施方案》，按照活动规定流程和工作要求，精心组织策划，制定详细的活动方案，做好主题设计、环节安排、制度上墙、氛围营造和活动主持人培训等工作，同时要从本单位实际出发，针对师生思想实际和特点，合理安排活动时间，注重创新活动内容和工作载体，确保活动取得实效。

三、加强考评，推动建设

学校将对各单位道德讲堂建设活动开展情况进行专门检查，并于6月底评选表彰一批道德讲堂建设先进单位和优秀道德讲堂活动。各单位遴选一项精品道德讲堂活动参加评选，于2013年6月10日前将相关材料和电子文档报送校文明办，参评材料包括：视频资料、照片、文字材料（含活动方案、主持稿、讲演稿、ppt及其他材料）等。联系人：戴文坤，邮箱：wmb@fjnu.edu.cn。

附件：1. 福建师范大学道德讲堂建设实施方案
     2. 福建师范大学道德讲堂建设工作领导小组名单
     3. 福建师范大学道德讲堂安排表

中共福建师范大学委员会
2013年5月9日

附件1

福建师范大学道德讲堂建设实施方案

为深入学习贯彻党的十八大精神，扎实推进社会主义核心价值体系建设，不断提升师生道德素质和学校文明程度，形成良好的校园文明风尚，根据省委文明办《关于进一步规范道德讲堂建设工作的意见》（闽委文明办〔2013〕1号）精神，结合我校实际，特制订本实施方案。

一、指导思想

以邓小平理论、"三个代表"重要思想、科学发展观为指导，认真贯彻落实党的十八大精神和中央颁布的《公民道德建设实施纲要》，以建设社会主义核心价值体系为主线，以建设道德讲堂、开展道德实践活动为平台，大力弘扬中华传统美德和时代新风，推动提升我校师生道德建设水平，促进精神文明建设深入发展，为建设更加优美更加和谐的校园环境提供思想保证、精神动力和文化支撑。

二、工作目标

通过道德讲堂建设和活动的开展，进一步确立社会主义道德价值取向，形成比较健全的道德行为规范体系；进一步提高师生道德素质，培育知荣辱、讲正气、做奉献、促和谐的良好风尚；进一步推动师德建设和诚信教育；进一步推动师生道德建设工作制度化、体系化，建立健全长效工作机制；进一步弘扬新时期福建精神，弘扬社会正气，引领社会新风，推动学校精神文明建设。

三、内容形式

（一）主要内容

1. 社会公德：主要包括文明礼貌、助人为乐、爱护公物、保护环境、遵纪守法等，以"礼仪"为核心。

2. 职业道德：主要包括诚实守信、爱岗敬业、办事公道、热心服务、奉献社会等，以"诚信"为核心。

3. 家庭美德：主要包括夫妻和睦、孝敬长辈、关爱孩子、邻里团结、勤俭持家等，以"和睦"为核心。

4. 个人品德：主要包括友善互助、明礼守信、热情诚恳、自强自立、克己奉公等，以"友善"为核心。

（二）活动形式

建设道德讲堂的形式要多样化。以"我听、我看、我讲、我议、我选、我行"为主要模式，充分尊重师生意愿，设计多样化宣讲形式，使师生易于参与、乐于参与。

1. "我听"——以培训报告、巡回讲演等形式，听取道德模范、"中国好人""身边好人"等先进典型讲述先进事迹；

2. "我看"——以演绎展示、学习观摩等形式，组织师生观看道德宣传短片、情景剧表演等；

3. "我讲"——以自我推荐、自我宣讲等形式讲述身边发生的道德故事；

4. "我议"——以辩论讨论、总结点评等形式，评议身边好人故事，挖掘精神实质；

5. "我选"——以师生评选、宣讲等形式，选树先进人物，选择、推荐宣讲人物和宣讲主题；

6. "我行"——引导师生认识、接受道德人物的优秀品质，学习效仿模范人物。

（三）组织形式

根据各单位实际，探索师生喜闻乐见的有效形式，可结合周末晚点名、周三下午政治学习、主题班（团）日活动等开展道德讲堂活动。以组织讲述为基本形式，综合运用学唱道德歌曲、播放道德短片、诵读道德经典、穿插道德点评等方式，可创排以先进人物为原型的文艺小节目，运用文艺形式宣传先进人物的道德故事，做到寓教于乐，引导师生共同感悟道德、洗涤心灵。

四、标准流程

（一）建设标准：

1. 组建要求。每个党委至少建立一个道德讲堂，离退休教职工纳入社区。

2. 场地规范。学校已在仓山校区和旗山校区各建设一个专用的场所，分别是仓山校区文科楼102和旗山校区名师讲堂（致广楼2-101）。各单位开展活动时可借用，也可利用其他教室、会议室等场地建设固定或活动的道德讲堂。要求开展活动时场地需悬挂"道德讲堂"标牌和背景图或用PPT等形式体现标牌和背景图，利用文字、图片、背景音乐等形式营造浓厚道德建设氛围，有固定场所的单位要把相关规章制度上墙。学校设计式样统一的标牌、背景图，制定道德讲堂规章制度。（可上文明办网页下载）

3. 活动常态。各单位道德讲堂要经常性开展活动，每月不得少于一次，每次活动都要有明确的主题。根据学校特点，每年3、4、5、9、10、11、12月各道德讲堂必须开展活动，6月、1月为学期总结时间。每年6月份，各单位做好学年度工作总结，文明办组织开展检查评比，对工作扎实、成绩显著的单位予以表彰。

4. 资料齐全。各单位道德讲堂每次活动的计划方案以及相关的现场图片、视频资料齐全规范。

5. 重在成效。每次活动要让师生广泛知晓，积极主动参与，并能有所感悟、受到教育、得到提高。

（二）活动流程：

1. "唱一首歌曲"：组织唱一首道德讲堂主题歌曲；可选师生熟悉的、反映积极向上精神、体现道德教育内容的歌曲；

2. "看一部短片"：围绕主题，组织师生观看一部道德建设先进人物事迹的短片；

3."诵一段经典"：组织师生诵读一段和主题一致的中华传统经典语录或革命经典语录；

4."讲一个故事"：讲述一个发生在师生身边或体现民族传统美德、优秀革命道德与时代精神的典型事例；

5."做一个承诺"：全体或个体根据自身情况主动做出道德承诺或善举；可以组织师生在讲堂上做道德承诺或参加人员在倡议书上签名等形式来开展；

6."送一份吉祥"：围绕主题，向需要帮助的人献出自己的爱心和祝福。可结合青年志愿者活动，为他人提供力所能及的帮助；或以送励志祝福短信、微博、微信、印制道德警言的书签等形式开展。

（其中第3、4项可任选一项开展）

五、工作要求

（一）加强组织领导。学校将成立道德讲堂建设工作领导小组，形成主要领导负总责、分管领导抓部署、职能部门抓落实的组织架构。各单位党政领导必须高度重视，要带头参加道德讲堂建设的活动，每个道德讲堂要有一名党政领导担任负责人，明确具体工作人员，设有专职或兼职主持人，确保道德讲堂建设工作落到实处。

（二）加强队伍建设。一是组织培训活动。学校文明办通过观摩活动对各单位组织者进行培训，各单位要对本单位道德讲堂的主持人进行专门培训。二是组建由专业宣讲人员、先进模范和身边师生组成宣讲队伍。学校层面将邀请知名专家学者、老党员老干部、先进典型组成专业宣讲队伍（宣传部负责组织专家学者，离退休工作处负责组织老党员老干部，校工会负责组织先进教师典型，研工部、学工部负责组织先进学生典型），供各道德讲堂开展活动选择。各道德讲堂负责遴选有讲述热情、讲述意愿的师生，组建起认真负责、素质过硬的师生宣讲队伍，每个讲堂师生宣讲队伍不少于10人，学院层面宣讲队伍要注意教师队伍老中青结合，要有一定的学生队伍。

（三）加强考核激励。中央文明办和省委文明办已将道德讲堂建设情况作为各类精神文明建设评选表彰、文明程度指数测评和精神文明建设工作评价的重要依据。学校文明委也将在今年开始把道德讲堂建设作为今后校级精神文明建设先进单位重要评估指标予以体现。

（四）加强宣传推广

1. 学校各级新闻媒体要充分发挥各自优势，精心策划组织，持续广泛深入地开展宣传报道，着力营造浓厚的舆论氛围，不断扩大我校"道德讲堂"的社会影响。

2. 校文明办网站将开辟"道德讲堂"专栏，报道学校、各单位道德讲堂的动态消息，推出一批道德评论，策划组织一些反映感人事迹或讲堂建设成效等内容的深度报道。各单位要在本单位网页开设专题宣传报道，及时总结本单位道德讲堂活动开展情况，同时将相关信息报送校文明办。

3. 各单位要充分运用宣传栏、网页、短信、微博等载体，传递道德讲堂信息、宣传道德典型感人之举。还可组织"道德行为随手拍"等公益活动，吸引广大师生参与身边的道德实践活动，扩大参与面，让师生在广泛参与中提升道德水平。

六、福清分校、协和学院、闽南科技学院、人民武装学院、附中、附小参照本方案实施道德讲堂建设。

附件2

福建师范大学道德讲堂建设工作领导小组名单

各单位：

为深入贯彻落实《公民道德建设实施纲要》和省委文明办《关于进一步规范道德讲堂建设工作的意见》（闽委文明办〔2013〕1号）精神，加强对道德讲堂建设的领导工作，经研究，决定成立福建师范大学道德讲堂建设工作领导小组，成员名单如下。

顾　问：罗　萤　党委书记
　　　　黄汉升　校长
组　长：林和平　党委副书记
副组长：叶　燊　学校办公室主任
　　　　潘玉腾　党委宣传部部长
成　员：廖深基　学生工作部部长
　　　　林子华　校工会常务副主席

欧　榕　人事处处长
　　林　深　教务处处长
　　章　琳　研究生工作部副部长
　　陈志勇　校团委副书记
　　杨　江　离退休干部工作处副处长
　　郑文灿　党委宣传部副部长

领导小组下设办公室，挂靠校文明办，负责道德讲堂建设日常事务。

办公室主任：郑文灿（兼）

联络员：戴文坤

附件 3

福建师范大学道德讲堂安排表

单位	本（专）科生数	研究生数（全日制）	教师数	合计	道德讲堂数量
教育学院（为主）	904	315	87	1306	1
教师教育学院			5	5	
经济学院	411	326	102	839	1
文学院	1228	552	115	1895	1
传播学院	1038	181	46	1265	1
社会历史学院	1004	339	80	1423	1
法学院	700	70	72	842	1
公共管理学院	411	348	48	807	1
马克思主义学院	380	147	53	580	1
外国语学院	1001	437	204	1642	1
旅游学院	787	37	35	859	1
音乐学院	550	126	105	781	1
美术学院	965	192	102	1259	1
体育科学学院	765	230	113	1108	1
数学与计算机科学学院	1609	204	155	1968	1

续表

单位	本（专）科生数	研究生数（全日制）	教师数	合计	道德讲堂数量
物理与能源学院	469	58	54	581	1
光电与信息工程学院	889	167	93	1149	1
化学与化工学院	510	155	61	726	1
材料科学与工程学院	216	101	46	363	1
环境科学与工程学院	383	60	42	485	1
地理科学学院	772	350	135	1257	1
生命科学学院	871	301	102	1274	1
软件学院	1262	41	40	1343	1
应用科技学院	2633	5	11	2649	1
信息技术学院	3247		4	3251	1
海外教育学院	293	32	40	365	1
继续教育学院（为主）		11	18	29	1
网络教育学院			8	8	
后勤服务集团（为主）			113	113	1
资产经营公司			32	32	
医院			72	72	
机关（为主）			284	284	1
现代教育技术中心			14	14	

关于印发福建师范大学"道德讲堂"考评标准的通知

（闽师文委〔2013〕2号）

各分党委（党总支、直属党支部），各单位：

为进一步规范全校"道德讲堂"建设，推动该活动广泛深入开展，《福建师范大学"道德讲堂"考评标准》经今年9月17日校党委常委会审议通过,现印发给你们,请结合本单位实际,认真贯彻执行。

学校将于本学期末开展"道德讲堂"建设评估检查,考评方式采取现场旁听、查阅台帐、观看视频、实地察看等方式,考评成绩前10名单位授予"福建师范大学'道德讲堂'建设示范点"称号,并把道德讲堂建设列入新一轮学校精神文明建设先进单位创建指标要求予以体现。

附件:福建师范大学"道德讲堂"考评标准

福建师范大学精神文明建设指导委员会
2013年9月18日

附件

福建师范大学"道德讲堂"考评标准

项目	标准	分值	计分办法	小计
领导机构	1. 建立健全"道德讲堂"建设组织机构; 2. 有明确"道德讲堂"建设负责人和具体工作联络员; 3. 有本单位"道德讲堂"建设具体实施方案。	15分	未建立专门组织机构的扣5分; 未明确工作负责人、联络员的扣5分; 没有具体工作实施方案的扣5分。	
队伍建设	1. 各单位要组建一支不少于5人的宣讲员队伍; 2. 宣讲员队伍结构合理,宣讲员队伍分为:专业宣讲员、道德先进典型人物和有讲述愿望的师生; 3. 有对宣讲员进行适当培训,提升宣讲能力。	10分	未建立宣讲员队伍的扣5分; 宣讲员队伍结构不合理的酌情扣1-2分; 未对宣讲员进行培训的扣3分。	
宣讲内容	1. 宣讲内容必须以社会公德、职业道德、家庭美德和个人品德等"四德"为基本范围,结合学习文明礼仪、诵读国学经典、美文美段和道德诗篇、传统节日道德教育、"做一个有道德的人"、美德青年、学雷锋等主题; 2. 广为宣讲历史上以及身边涌现的体现助人为乐、见义勇为、诚实守信、敬业奉献、孝老爱亲等优秀品德的先进典型的事迹。	15分	宣讲内容脱离"四德"基本范围的扣8分; 宣讲内容无先进典型、本校师生身边先进人物事迹的、无历史经典的酌情扣3-7分。	

续表

项目	标准	分值	计分办法	小计
氛围营造	1. 有统一的背景、标识，显著体现学校"道德讲堂"字样； 2. 利用文字、图片、背景音乐等形式营造出浓厚的道德讲堂建设氛围； 3. 利用本单位的网页、广播等载体丰富讲堂形式。	10分	无统一背景、标识、显著体现"道德讲堂"字样的扣5分； 场所环境布置单调，文字、图片、音乐等未能有机结合的扣1-5分。	
活动记录	1. 形成具体的活动计划和活动记录； 2. 每个讲堂每月至少开展一次活动，每次活动都要有明确的主题； 3. 按照"静默省心、唱歌曲、学模范（模范讲、看短片或讲故事）、诵经典、发善心、送吉祥、一堂一善事"的基本流程安排，要灵活设计多种宣讲形式，吸引师生广泛参与； 4. 对每次开展的活动情况以文字报道、现场图片、视频资料等形式进行整理归档； 5. 活动的图文信息要及时报送校文明办。	40分	无具体的活动计划的扣5分； 无活动记录的扣5分； 活动每月少于一次的扣8分； 规定活动流程少一个扣2分； 活动情况未能有效整理的酌情扣分：无文字报道的扣3分，无图片的扣5分，无视频资料的扣8分； 活动信息超过7天未报送的扣3分。	
活动成效	1. 师生广泛知晓本单位"道德讲堂"建设工作，知晓本单位的道德建设先进人物； 2. 师生主动参与"道德讲堂"； 3. 单位内部中层以上干部无严重违纪违法行为。	10分	单位内部中层以上干部有严重违纪违法行为的扣10分； 师生对道德讲堂建设工作，本单位内部先进人物知晓率低于80%标准的扣5分； 师生参与率低于60%标准的扣5分。	
加分项目	1. 设有专门室内或室外的"道德讲堂"场所； 2. 道德讲堂建设形成经验，被学校、市、省、中央级新闻媒体或简报等宣传推广的； 3. 利用微博、微信等新媒体载体丰富讲堂形式的。	20分	有专门的场所加5分； 被学校、市、省、中央级新闻媒体或简报等宣传推广的分别加3、5、8、10分； 利用微博、微信等新媒体载体丰富讲堂形式的加1-5分。	
合计				

关于开展福建师范大学
首届"道德模范"评选活动的通知

（闽师委综〔2014〕25号）

各单位党委、党总支、直属党支部：

为积极培育和践行社会主义核心价值观，进一步推进我校师生思想道德建设，充分发挥师生身边先进道德典型的示范、引领和辐射作用，在全校范围内营造"崇德尚礼、从我做起"的良好氛围，经研究，决定开展福建师范大学首届"道德模范"评选活动，现将有关事项通知如下。

一、评选范围及对象

我校教职员工、全日制在校本（专）科生和研究生（个人或团体）。包括协和学院、闽南科技学院、人民武装学院、信息技术学院、福清分校、附中、附小。

二、参评名额

各单位党委、党总支、直属党支部报送候选人教职工（个人或团体）1名、学生（个人或团体）1名，共2名候选人。非教学单位可只报教职工（个人或团体）候选人1名。

三、评选条件

（一）能自觉践行社会主义核心价值观、社会主义荣辱观，模范遵守公民基本道德规范，在爱国守法、敬业奉献、诚信友善、见义勇为、助人为乐、孝老爱亲、勤劳节俭、自尊自爱等方面表现突出，社会形象好、群众认可度高。

（二）事迹真实，有感染力，有代表性。

（三）候选人先进事迹在校报、校园网或其他社会媒体上有过相关报道或介绍，具有良好社会反响者优先入选。

四、评选程序

（一）宣传发动阶段

时间：2014 年 3 月 20 日—2014 年 3 月 26 日

各单位党委、党总支、直属党支部要广泛发动，积极组织，确保师生充分了解本次评选活动的意义及相关流程，并通过本单位网站、团学官方微博、网络文明传播志愿者博客等媒体，以#道德模范在身边#为话题，发动师生畅谈对道德的看法和认识，充分挖掘身边的道德榜样。

（二）推荐与申报阶段

时间：2014 年 3 月 27 日—2014 年 4 月 4 日

各单位党委、党总支、直属党支部择优推荐教职工和学生个人或团队各 1 名，在本单位内以适当形式公示后将申报材料提交校"道德模范"评审委员会。

（三）评选阶段

时间：2014 年 4 月 5 日—2014 年 4 月 30 日

1. 初评及公示阶段：2014 年 4 月 5 日—2014 年 4 月 16 日

校"道德模范"评审委员会对各单位推荐候选人进行初评（校工会负责牵头教工候选人的评审，学工部、研工部、校团委负责学生候选人的评审），在符合条件的候选人中初选出 20 名"道德模范"候选个人或团体，其中师生各 10 名，入围名单将在学校网站公示。如有异议，经核实确有问题的，将取消其参评资格。

2. 网络投票阶段：2014 年 4 月 17 日—2014 年 4 月 27 日

对初选出的 20 名候选人，将号召全校师生进行网络投票，投票分为教师组和学生组，投票结果作为最终评选结果的重要参考指标。

3. 终评阶段：2014 年 4 月 28 日—2014 年 4 月 30 日

校"道德模范"评审委员会根据网络投票结果和候选人事迹，评选出 10 名福建师范大学首届"道德模范"，其余 10 名授予福建师范大学首届"道德模范提名奖"称号，每个奖项师生各 5 名。

（四）颁奖典礼

时间：2014 年 5 月 14 日

地点：旗山校区大会堂

具体事宜另行通知。

（五）后期推广阶段

时间：2014年5月15日—9月30日

1. 学校将通过校报、网站、电视、广播、微博、电子屏等校内媒体对"道德模范"的先进事迹进行宣传，并编印福建师范大学首届"道德模范"宣传手册。

2. 在全校范围内开展"道德光芒暖校园"为话题的微博活动，以随手拍等方式宣传广大师生学习道德模范先进事迹的感想和行动，对其中的优秀微博进行奖励，进一步营造全校师生践行美德的良好氛围。

3. 推荐"道德模范"进学校各个道德讲堂宣讲先进事迹。

五、注意事项

（一）各单位党委、党总支、直属党支部要认真组织好推荐、评选工作，严格评选标准，认真审核把关。要充分调动广大师生参与的积极性，使"道德模范"评选过程成为广大师生受教育的过程。

（二）本次活动由宣传部（文明办）、学工部、研工部、校工会、校团委牵头，法学院、传播学院、音乐学院、软件学院承办。请各单位于4月4日前将道德模范候选人推荐表加盖公章一式两份（并附电子版），以及个人或团体生活照一张（电子版）报法学院团委办公室，联系人：梁莹、林菲，电话：22867991、13599889505，邮箱：798721752@qq.com。电子版打包文件名为："＊＊单位道德模范评选材料"。

附件：福建师范大学首届"道德模范"候选人推荐表（略）

中共福建师范大学委员会

2014年3月20日

关于印发福建师范大学
全国文明单位创建规划（2015—2017年）的通知

（闽师委综〔2015〕42号）

各单位党委、党总支、直属党支部，各单位：

经校党委常委会研究同意，现将《福建师范大学全国文明单位创建规划

(2015—2017年)》印发给你们,请结合本单位实际遵照执行。

中共福建师范大学委员会
2015年11月6日

福建师范大学全国文明单位创建规划
(2015—2017年)

为全面提升我校精神文明建设水平,扎实有效地推进第五届全国文明单位和第十三届省级文明学校创建工作,按照《福建省全国文明单位创建管理办法(试行)》要求,结合学校实际,制定本规划。

一、指导思想

高举中国特色社会主义伟大旗帜,坚持以邓小平理论、"三个代表"重要思想、科学发展观为指导,深入贯彻落实党的十八大和十八届四中、五中全会精神,深入贯彻落实习近平总书记系列重要讲话精神,紧紧围绕"四个全面"战略布局,以培育和践行社会主义核心价值观为主线,以巩固提升全国文明单位创建水平为导向,按照建设高水平大学的总体要求,扎实开展精神文明创建工作,唱响主旋律、凝聚正能量、树立新风尚,着力提高师生文明素质和校园文明程度,为建设特色鲜明的高水平综合性大学提供坚强的思想保证、强大的精神力量和丰润的道德滋养。

二、创建目标

到2017年底,我校精神文明建设在重要领域和关键环节上取得新突破,共同的理想信念进一步坚定,社会主义核心价值体系建设扎实推进,中华优秀传统文化大力弘扬,群众性精神文明创建深入开展,师生思想道德文化素质和校园文明程度明显提升,师生法治观念切实增强,学校"干净整洁、平安有序"的环境常态呈现。注册志愿者人数占全校人数80%以上,形成人人树立文明观念、争当文明公民、展示文明形象的良好风尚。各项创建工作指标名列全国高校前列,实现2017年蝉联全国文明单位称号的奋斗目标。

三、主要任务

(一)切实加强理想信念教育

1. 加强理论学习。加强和改进校院两级中心组学习,着力在武装头脑、指导实践、推动工作上下功夫,推动学习形式多样化,理论学习实践化,不断增强理论武装能力。强化学习型校园建设,坚持办好《干部学习电子文萃》和《思想理论动态》,继续建设"福建师范大学干部在线学习中心"。以基层党支部和学术组织为平台开展读书学习活动,把理论学习作为教职工年度考核、职称评定的重要内容,形成长效学习机制。

2. 加强理论宣讲。充分发挥校党委讲师团在学习贯彻习近平总书记系列重要讲话精神、中国特色社会主义理论体系和宣传普及中国梦中的作用,继续为各单位理论学习和形势政策教育提供菜单式服务。进一步整合资源、丰富载体、加强管理,按照专家化、分众化、特色化的要求,加强"理论名师大讲坛"项目品牌建设。针对师生关注的热点问题,在官方微信、微博等新媒体开展理论热点"微论坛"面对面宣讲活动。

3. 加强思想政治理论课建设。按照教育部2015年印发的《高等学校思想政治理论课建设标准》和《普通高等学校思想政治理论课教师队伍培养规划(2013-2017年)》要求,加强思想政治理论课的组织管理、教学管理、队伍管理和学科建设,使思想政治理论课成为学生真心喜爱、终身受益的精品课程,切实发挥思想政治理论课在学生理想信念教育中的作用。

(二)深入开展社会主义核心价值观教育实践

1. 开展社会主义核心价值观主题教育活动。把培育和践行社会主义核心价值观融入教育教学全过程,开展"我们的价值观 我们的中国梦"等系列主题教育活动,努力建设好核心价值观场景化的校园环境,全力抓好核心价值观进教材、进课堂、进头脑工作。

2. 推进社会主义核心价值观的宣传普及。充分发挥新闻媒体的作用,借助报纸、广播、电视等传统媒体,在重要版面、重要时段开设专题专栏;利用微博、微信、手机客户端、APP等新媒体平台,通过微信息、微视频、微电影等形式,进一步拓展核心价值观宣传和传播渠道。积极创作富有师大特色的社会主义核心价值观公益广告,立足车站、商业街、学生公寓、广场等公共场所,充分利用公益广告牌、宣传栏、电子显示屏等公共宣传设施,大力度、经常性刊播公益广告,使社会主义核心价值观24字处处可见、时时可见,像空气一样无处不在、无所不有。

3. 抓好核心价值观的贯穿融入工作。把培育和践行社会主义核心价值观融入宿舍公约、学生守则之中,贯穿融入"德润师大·文明之行"等主题实践活动之中,贯穿融入弘扬中华民族优秀传统文化之中,贯穿融入先进典型评选之中,贯穿融入群众性精神文明创建活动之中。按照目标化、系统化、品牌化要求,在培育和践行社会主义核心价值观过程中大力培育工作品牌。

(三)持续深化思想道德建设

1. 开展道德实践教育活动。鼓励创新道德教育,进一步加强道德讲堂建设,以讲座、讲堂、实践活动等载体开展道德实践教育,评选年度优秀道德实践主题教育活动。常态化开展"道德模范""师德之星""五一劳动奖章""年度学生人物"等典型人物评选活动,运用多种形式讲好师大的好人好事,营造崇德向善的浓厚氛围。落实《福建省帮扶和礼遇道德模范实施办法》,定期走访慰问道德模范,制定实施针对道德模范的困难补助、就业创业等帮扶措施,进一步形成"好人好报、恩将德报"的正向效应。继续打造"中华诵·经典诵读""海西朗诵节""普通话大赛"等道德经典诵读品牌,继续建好学校广播电台、官方微信开设的道德经典诵读专栏,选送优秀作品参加经典诵读比赛。

2. 培育勤俭节约美德。深入开展"节粮节水节电"活动,完善学校"三节"制度,建立激励惩罚机制。深化"文明餐桌"创建,继续实施"光盘行动",大力倡导文明就餐、合理消费,杜绝餐桌上的浪费。持续开展"三节"宣传月活动,通过评选"十佳节能宿舍""十佳节能达人""十佳节能微建议"等活动,营造"人人节约、事事节约、环环节约"的校园新风。

3. 推进诚信文化建设。加强师生诚信教育,培育师生诚信观念。制定实施《福建师范大学教师伦理道德规范》,完善"诚信激励、失信惩戒"工作机制,把学术诚信纳入教师评价体系。加强研究生科学道德与学风建设,加大对免监考班级的奖励和宣传力度。加强校园市场监管,与校内商家签署诚信经营书,持续开展打击假冒伪劣行动。开展"诚信经营示范店"创评活动,提高窗口行业规范化服务水平,公开服务标准,建立投诉处理机制,以商业诚信为抓手带动诚信文化建设。加强诚信典型宣传,推动师生自觉践行"诚信是金、信用无价"的价值理念,形成"守信光荣、失信可耻"的良好氛围。

(四)大力培育校园文明风尚

1. 开展文明礼仪教育普及。组织开展"讲文明树新风""做文明有礼的师大人"系列主题教育实践活动。修订印刷《福建师范大学文明礼仪知识手册》，广泛开展文明礼仪教育、宣讲和培训，引导师生把文明言行举止落实到日常生活和工作之中。

2. 开展文明旅游宣传教育。通过编印《文明旅游知识手册》、制作文明旅游提醒标语、开展文明旅游教育主题团日活动等形式，加强文明旅游宣传教育。建立个人旅游信用记录和学校信用记录同步制度。

3. 推动网络文明风尚传播。加强网络精神文明建设，制定实施《福建师范大学推进网络精神文明建设行动方案》。加强校园网、学校官方微信微博、"五微五阵地"微博体系、学生服务联动协调中心、后勤微服务体系以及易班网等建设，完善微博、微信、微视"三微"差异化分工。积极倡导网络道德和网络文明，积极创新内容形式、方式方法、体制机制，把网络精神文明建设所涉及的活动措施和目标纳入新一轮文明学院测评体系。全力推进全国高校校园网络文化建设试点工作，充分发挥新媒体在文明传播中的作用。

（五）继续深化志愿服务工作

1. 健全志愿服务工作机制。贯彻落实中央文明委《关于深入开展志愿服务活动的意见》，出台《福建师范大学注册志愿者管理办法》《福建师范大学志愿者服务先进集体和先进个人评选表彰工作办法》，健全完善志愿服务体制和志愿者激励机制，重点推进教职工的学雷锋志愿服务活动，注重发挥专业教师的带头示范作用。推行志愿服务信息电子档案制度，规范志愿者招募、注册、培训和管理，建立志愿者星级认定制度。采取"线上线下"培训双结合的方式开展志愿者轮训工作，充分挖掘各专业志愿服务资源，培养一批专业志愿服务骨干。尝试推广"菜单式志愿服务"形式，通过精细化运作，为志愿者和求助者之间搭建服务平台。

2. 开展志愿服务常态化活动。结合学校实际，组织开展"志愿服务月"、阳光"1+1"关爱离退休教职工、大型赛事志愿服务、研究生西部支教团项目、大学生志愿服务西部和我省欠发达地区计划、海外汉语教学志愿者计划等具有师大特色的志愿服务项目，以空巢老人、进城务工人员、离退休教职工、残疾人、困难群众和农村留守老人、妇女、儿童等农村、社区特殊困难群体为主要服务对象，广泛开展助学、助孤、助残、助老等志愿服务活动。继续深入开展

"美丽福建·美丽师大"关爱山川河流志愿服务。

（六）扎实推进校园文化建设

1. 丰富校园文化活动。继续举办每年一度的学校文化艺术节、体育节等群众性文体活动。坚持推进高雅艺术、文化名人进校园活动，积极组织学生参加各级各类高水平文化体育赛事。加强教职工各类文体社团的管理和指导，积极开展教职工群众性体育健身活动。持续开展"走下网络、走出宿舍、走向操场"主题群众性课外体育锻炼活动。继续深化大学生"散文行动"，开设"散文写作"公选课，建立学生散文社团，组织开展散文征文竞赛、诗文诵读等活动。

2. 开展"我们的节日"主题教育活动。以春节、元宵、清明、端午、重阳等民族传统节日为契机，探索节日节庆活动的新路径新载体，春节、元宵节突出辞旧迎新、团圆平安、尊老爱幼主题，清明节突出纪念先人、缅怀先烈主题，端午节突出爱国主义教育和人与自然和谐共处主题，中秋节突出团结、团圆、庆丰收主题，七夕、重阳节突出爱情忠贞、家庭幸福、敬老孝亲主题。通过各类主题活动体现民俗文化内涵，弘扬民族优秀文化。

3. 开展法治文化普及活动。深入开展法治宣传教育，大力推进法治文化建设，努力办好法治实践公益讲堂，抓好法治宣传普及，做好"六五普法"工作，充分发挥新媒体在法治宣传教育中的作用，使全校师生法治意识有较大提高，为推进依法治校创造良好的校园环境。

4. 打造校园文化精品。按照文化特征明显、育人导向突出、师生参与广泛、具有较好建设基础的原则，遴选"散文行动""左岸戏剧坊""高雅音乐走进学生""'阅水成川'美术作品展""社团文化巡礼月"等10个校园文化项目进行重点培育和建设，着力打造一批高水平、有特色、接地气、受欢迎的校园文化品牌，不断提升校园文化建设水平。

（七）加强校园环境建设

1. 提升校园生态文明。围绕建设生态校园、文明校园、品质校园的目标，进一步提升校园绿化的文化品位和艺术品质。遵循"乔灌合理搭配、高中低错落有致"的原则，以综合治理、局部改造、提高绿地品质为主，通过规划增绿、补植补种、垂直造绿、室内摆绿等多层次的立体绿化整治方式，开展植树增绿大行动，促进校园生态环境质量的大幅提升，让师生享受到"透窗见绿、出门望景、起步闻香、四季有花"的生活。进一步系统规划，努力建设集教学、科研、学习、生态文明教育等多功能为一体，具有师大特色的优美生态文明环境。

2. 加强校园环境管理。以推进全国文明单位创建工作常态化为目标，把创建工作与基础设施建设、环境整治等工作结合起来。持续推进美丽家园清洁行动，落实环境卫生管理责任制，加强文明督导工作，建立督导台帐制度，做到有时间、有地点、有图片、有内容、有整改期限、有整改措施和整改结果，形成常态化工作机制。加大投入，优化宿舍环境，配备投币式洗衣机和自动饮水机等服务设施。加强安全隐患排查和整改，提升安全宣传教育能力和综合治理水平，切实维护学校安全稳定。

3. 推进校园文明交通。加强交通法制教育，深化交通安全宣传活动，利用校内新闻媒体对不文明交通行为进行曝光。加强校内交通整治，进一步规划建设自行车停车位，整治校内车辆乱停放问题，加强对废弃自行车的清理工作，积极创建干净整洁平安有序的校园环境。

（八）切实履行社会责任

1. 积极开展共建帮扶活动。充分发挥高校优势，积极履行社会责任。选派优秀党员干部服务基层发展，到莆田秀屿区南日镇万峰村、罗源县中房镇中房村等地驻村挂职，为帮扶单位提供人力、财力、物力、信息、技术等方面的支持，加强所在村的基础设施建设，帮助农民增收致富。继续帮扶泉州师范学院、福建警察学院、福州外语外贸学院等兄弟院校，在发展规划、学科建设、教学改革、科学研究、师资队伍和干部队伍建设等方面开展对口支援。与漳州市人民政府、宁德市人民政府、福州市人民政府、平潭综合实验区管委会、沙县人民政府、漳州古雷经济开发区等开展战略合作，在发展战略研究、教育与人才培养、科技开发、文明城市创建等方面提供支持服务。

2. 开展文明共建、文化共享"结对子、种文化"活动。重点围绕推进文化体育教育志愿服务和结对帮扶工作，推进文艺支教志愿服务、体育健身教练指导、帮建图书室和农家书屋等不同形式结对帮扶活动的开展。开展与金山金洲社区的"一对一"文化共建，每年至少集中开展6次以上文化帮扶共建活动。鼓励各学院开展形式多样的文化帮扶共建活动。加强对假期"三下乡""结对子、种文化"社会实践活动重点项目、重点团队的支持力度，提高对重点地区和重点领域的服务成效。

3. 积极开展公益活动。结对帮扶政和县石屯镇困难群众，签订帮扶协议书，坚持每年帮扶经费不少于1万元。通过组织师生参加献爱心、募捐、无偿献血等公益活动，切实履行社会责任。通过指导社区读书会，举办公益讲座、演讲活动等方式，向社区居民、青少年提供读书服务，推动家庭读书活动深入开展，营造良好的全民阅读社会氛围。

四、保障措施

（一）完善体制机制。进一步完善"党委统一领导，党政群齐抓共管，文明委组织协调，有关部门各负其责，全校师生员工共同参与"的文明单位创建领导体制和工作机制，把精神文明建设列入党政重要工作日程，纳入学校事业发展总体规划，统筹安排，整体推进。党委每年至少1次专题研究文明单位创建工作。校文明办要发挥好组织协调作用，充分调动文明委各成员单位的积极性，形成相互支持、相互配合、各司其职、各负其责的工作格局，形成精神文明建设的强大合力。要建立健全规范的管理机制，按照高水平、规范化、制度化、科学化、常态化管理的要求，实现目标管理、分类管理、动态管理，确保精神文明建设各项任务落到基层、落到实处。要进一步完善精神文明建设的群众参与机制，牢固树立群众在精神文明创建中的主体地位，进一步扩大师生员工对文明创建工作的知情权、参与权和监督权，吸引师生员工广泛参与。

（二）加大资金保障。进一步加大文明单位创建资金投入，为精神文明建设提供有力保障。充分发挥学校财政在文明创建中的主渠道作用，确保随着学校的发展相应增加文明创建经费投入，对思想道德文化建设、校园环境建设、群众性精神文明创建等方面给予必要的资金支持。探索文明创建项目化运作模式，加大对文明创建重点项目和文化共建的财政支持力度，对本规划确定的项目给予资金保障。

（三）加强评估监督。修订实施《福建师范大学精神文明建设评选管理办法》，坚持以评促建、以评促管、以评促改，通过开展文明学院、文明处室、文明楼、文明宿舍、文明餐厅等创建活动，对在创建工作中做出突出贡献的单位和个人给予奖励，不断总结经验、巩固成果，查找问题、改进工作，进一步推动文明创建工作的规范化、制度化、常态化、科学化，进一步提升学校精神文明建设的层次和水平。加大监督检查力度，强化监督激励机制，完善督查通报制度，积极探索各种有效的监督形式，形成师生监督、校内新闻媒体监督、职能部门工作监督以及文明办职能监督的立体监督格局，学校每年至少开展一次文明创建工作自查自评工作，并把结果向全体师生通报。对在创建工作中工作明显滑坡，以及在暗访、日常检查中存在问题较多的单位，由分管领导约谈告诫单位负责人，督促整改落实，并追究领导责任。

中共福建师范大学委员会关于印发福建师范大学文明家庭评选标准和评选办法的通知

（闽师委综〔2017〕28号）

各单位党委、党总支、直属党支部，各单位：

今年4月25日，校党委常委会审议通过《福建师范大学文明家庭评选标准和评选办法》，现印发给你们，请认真遵照执行。

中共福建师范大学委员会
2017年4月28日

福建师范大学文明家庭评选标准和评选办法

创建文明家庭是培育和践行社会主义核心价值观的重要载体，是群众性精神文明创建活动的重要内容，是营造良好校园风气的重要支撑。为推动我校文明家庭创建活动的深入开展，规范文明家庭评选表彰工作，结合我校工作实际，制定本办法。

一、总体要求

全面贯彻党的十八大和十八届三中、四中、五中、六中全会精神，认真落实习近平总书记系列重要讲话精神特别是关于"注重家庭、注重家教、注重家风"的重要指示精神，紧紧围绕"五位一体"总体布局和"四个全面"战略布局，围绕树立和贯彻创新、协调、绿色、开放、共享的发展理念，紧紧围绕学校中心工作，以创建全国文明单位为契机，以培育和践行社会主义核心价值观为根本，以深化家庭文明建设为目标，大力传承弘扬优良家风，促进家庭和睦，促进亲人相亲相爱，促进下一代健康成长，促进老年人老有所养，使家庭成为国家发展、民族进步、社会和谐、校园文明的重要基点，推动全校师生素质和文明程度显著提高。

二、评选标准

（一）爱国守法。家庭成员拥护中国共产党领导，爱国爱社会主义，维护国家利益和民族尊严。自觉遵循党和国家的方针政策，学法、尊法、守法、用法，遵守各项规章制度、行业规范、市民守则、村规民约，自觉履行法定义务、社会责任和家庭责任。

（二）遵德守礼。家庭成员注重社会公德、职业道德、家庭美德、个人品德养成。乐观豁达、待人宽容、关心他人、助人为乐。维护公共卫生，爱护公共环境，遵守公共秩序和规则，在工作生活、社会交往、公共场所、网络空间、旅游出行等各个方面崇德尚礼、知行统一。奉行科学文明健康的生活理念、生活态度、生活方式，养成良好的行为习惯。

（三）平等和谐。家庭成员之间民主平等、相互尊重，理解信任、沟通顺畅，感情深厚、亲情陪伴。父母与子女之间长幼有序、孝老爱亲、传承孝道。夫妻之间忠诚恩爱、包容接纳、责任共担。亲属之间、邻里之间友善和睦、共同分享、守望相助。家庭成员之间日常生活温馨乐观、彼此扶助、相濡以沫，特殊困难不离不弃、舍己为家、尽心尽责。

（四）敬业诚信。家庭成员爱岗敬业、忠于职守，勤勉为民、甘于奉献。诚实劳动、勤劳致富、守法经营、公平交易。重信用、守承诺，真诚做人、守信做事。树立尚德守法、以义取利的义利观。传承以信笃行、以诚兴业的优良品德。遵守学术诚信、政务诚信、商务诚信、社会诚信和司法公信等准则，立足岗位践行诚信规范。

（五）家教良好。父母尊师重教、言传身教，用正确行动、正确思想、正确方法教育引导子女。注重子女思想品德、行为习惯和良好个性的培养，引导子女形成正确的世界观、人生观、价值观。家庭成员树立终身学习理念，养成良好阅读习惯，学习氛围浓厚。

（六）家风淳朴。弘扬家和万事兴、忠厚传家久、百善孝为先等中华优秀传统美德，注重为人处世、修身劝学、理家育子、和亲睦邻之道。廉洁修身、廉洁齐家。传承好家训，提醒引导、感染熏陶家庭成员。有体现传统美德、符合生活实际的新时代家规，以好家规规范家庭成员的言行。家庭成员积极参与读家书、谈家教、倡家健、秀家宝等各类家庭文化体育活动，自觉树立良好家风。

（七）绿色节俭。家庭环境干净整洁。家庭成员生态意识和环保理念强，自觉进行垃圾分类，注重资源再利用。勤劳节俭、厉行节约，注重节约水、电、纸张等各类资源能源，杜绝浪费。积极宣传和践行绿色生活方式，坚持绿色出行，采用绿色家装，使用绿色产品。做到文明餐饮，传播健康理念。生活量入为出、适度消费，婚丧嫁娶操办从俭、不铺张奢华。

（八）热心公益。家庭成员积极参加社会公共事务。积极参加慈善捐助、义务劳动、无偿献血、捐献造血干细胞、社区服务等公益活动。积极参加邻里守望、扶贫济困、生态环保、养老助残、法律援助、文化体育等各类学雷锋志愿服务活动。热情关心特殊困难人员，参加结对帮扶等活动，为他们排忧解难。

三、参评条件

（一）凡是我校在职教职员工家庭或离退休教职员工家庭，包括协和学院、闽南科技学院、福清分校、附中、附小，均可申报参评福建师范大学文明家庭。

（二）参评福建师范大学文明家庭的成员一般指共同生活在一个家庭的亲属，申报参评福建师范大学文明家庭时需填报家庭成员。

（三）各单位可从获得以下荣誉的家庭中推荐参评：受到校级以上表彰的荣誉个人的优秀家庭（包括：道德模范、感动人物、劳动模范、五一劳动奖章、五四青年奖章、师德之星、优秀共产党员、优秀教师、三八红旗手、优秀志愿者等优秀家庭）。

（四）前置条件。有以下情形之一的，不得申报和推荐参评福建师范大学文明家庭：

1. 家庭成员违法违纪；

2. 家庭成员非法参与重大群体性上访事件；

3. 家庭成员参与"黄、赌、毒"；

4. 家庭成员参与封建迷信和非法宗教及邪教活动；

5. 家庭成员在文明、诚信等方面有不良记录；

6. 发生家庭暴力事件；

7. 违反国家计划生育政策；

8. 对未成年人子女监护主体责任落实不力；

9. 家庭成员放弃中华人民共和国国籍；

10. 家庭成员有违反社会公德、职业道德、家庭美德、个人品德的其他行为。

四、参评名额

各单位党委、党总支、直属党支部报送候选在职教职工家庭1个、离退休教职工家庭1个，共2个候选家庭。

五、评选办法

（一）成立由文明委成员组成的福建师范大学文明家庭评审委员会，由校工会委员会、教代会执委会组成的福建师范大学在职教职工文明家庭分评审委员会，由校离退休干部工作处、离休干部党总支、校退休教职工协会和校离退休教职工党支部负责人组成的福建师范大学离退休教职工文明家庭分评审委员会。校文明家庭评选工作办公室设在校文明办，负责评选工作的组织、协调、实施、开展与宣传。

（二）福建师范大学在职教职工文明家庭分评审委员会和福建师范大学离退休教职工文明家庭分评审委员会根据候选家庭事迹材料和评选条件进行评审，以无记名投票的方式，分别评选出在职教职工文明家庭和离退休教职工文明家庭候选家庭各10个。

（三）福建师范大学文明家庭评审委员会根据文明家庭候选家庭的先进事迹进行评选，以无记名投票的方式，分别评选出在职教职工文明家庭和离退休教职工"文明家庭"各5个，"文明家庭提名奖"各5个。

（四）福建师范大学文明家庭评选表彰从2017年开始，每四年一届。获得福建师范大学文明家庭的推荐参评福建省文明家庭。

（五）文明家庭评选按照逐级推荐、差额评审、征求校纪委意见、结果公示、党委审核的程序进行。

六、表彰奖励

（一）学校党委对福建师范大学文明家庭进行表彰，向文明家庭颁发荣誉证书和奖金。给予每个文明家庭一次性奖励5000元，每个文明家庭提名奖一次性奖励1000元。

（二）校文明委将文明家庭纳入礼遇帮扶范围，建立帮扶生活困难的文明家庭的长效机制。

（三）文明家庭评选结果纳入学校精神文明建设先进单位评比指标。

七、评选要求

（一）各单位党委、党总支、直属党支部要认真组织好推荐、评选工作，严格评选标准，认真审核把关。要充分调动广大师生参与的积极性，使"文明家庭"评选过程成为广大师生受教育的过程。

（二）推荐和评选工作要坚持客观公正、实事求是的原则。对于隐瞒事实、弄虚作假的，经查实，即取消申报资格，撤销荣誉称号，并在一定范围通报。

（三）对福建师范大学文明家庭的荣誉称号，在届期内实行动态管理。对文明家庭出现申报条件所规定的10项禁止条件之一的，撤销荣誉称号。被撤销福建师范大学文明家庭称号的，不得参加今后的评选。

关于印发《在全校推行"八不"行为规范做文明有礼的师大人主题活动实施方案》的通知

（闽师文委〔2017〕1号）

各单位党委、党总支、直属党支部，各单位：

为贯彻落实省文明委《关于印发＜在全省推行"八不"行为规范　做文明公民活动的实施方案＞的通知》（闽文明委〔2016〕6号）精神，培育和践行社会主义核心价值观，进一步深化文明创建活动，不断提升师生文明素质，树立良好校园形象，弘扬新福建文明风尚，争创全国文明单位，现结合《通知》精神，根据我校实际就贯彻落实好文件精神，特制定《在全校推行"八不"行为规范　做文明有礼的师大人主题活动实施方案》，请各单位遵照执行。

福建师范大学精神文明建设指导委员会
2017年3月23日

在全校推行"八不"行为规范 做文明有礼的师大人主题活动实施方案

一、目的意义

近年来,学校加大文明校园创建力度,努力提升师生文明素质,涌现了一批先进典型,提升了学校文明形象,学校于2015年获评第四届全国文明单位。但是,随地乱扔垃圾、用餐浪费、言谈举止粗俗、考试不诚实守信等不文明行为还时有发生,影响学校形象。通过在全校推行"八不"行为规范、做文明有礼的师大人主题活动,推动各单位从细节抓起,从小事抓起,培养行为之范、展现细节之美、弘扬文明之风,引导广大师生自觉克服和抵制不文明行为,不断提升文明单位创建水平,提升师生文明素质,进一步发挥全国文明单位在精神文明建设中的示范引领作用。

二、主要内容和活动安排

"八不"行为规范包括安全出行不违规、垃圾分类不落地、节俭用餐不浪费、红白喜事不奢办、言谈举止不粗俗、文明上网不低俗、旅游观光不任性、经济生活不失信八个方面。

(一)安全出行不违规

主要内容:要深化文明交通行动,提倡文明出行。行人和车辆各行其道,自觉遵守交通规则,维护交通秩序。行人过马路做到"一停二看三通过"、不闯红灯、等候时不越线挤占机动车道、不违规横穿马路、不翻越交通护栏、不踩踏路边绿化带。驾驶员行车时做到按道行驶、排队等候"不加塞"、不违规变道、不争道抢行、斑马线礼让、不随意鸣笛、不车窗抛物、不随意开启远光灯、不占用应急车道。

活动安排:加强文明交通宣传,组织志愿者参与福州主要交通路口文明督导,倡导文明出行。时间:长期。

牵头单位:宣传部(文明办)、保卫处、校工会、校团委。

协助单位:各学院。

(二)垃圾分类不落地

主要内容:要深化家园清洁行动,提倡文明行为从我做起。自觉做到不乱倒垃圾,不乱扔杂物,不高空抛物,积极参与道路、公寓、楼道等公共区域的环境卫生整治，做好垃圾分类。贯彻落实"门前三包"责任制，严禁乱泼污水、乱排油烟、乱堆乱放，活动结束后自觉带走垃圾，提高师生的卫生意识。

活动安排：

1. 举行推行"八不"行为规范、做文明有礼的师大人主题活动启动仪式暨现场推进会。时间：2017年3月。

牵头单位：宣传部（文明办）、学工部、研工部、校工会、校团委、后勤管理处、后勤服务集团。

协助单位：文学院。

2. 在校园设立适当数量的"垃圾不落地"宣传牌，落实"门前三包"责任制。时间：2017年4-5月。

牵头单位：宣传部（文明办）。

3. 自觉践行垃圾不落地、垃圾分类，深化家园清洁行动。时间：长期。

责任单位：各单位。

（三）节俭用餐不浪费

主要内容：要深化节能行动，提倡师生节俭用餐、安全用餐、卫生用餐、文明用餐。推行"文明用餐、节俭惜福""倡导节约、不剩饭菜""合理点餐、抵制浪费"的消费理念，在食堂醒目位置设置节约用餐提示牌。食堂主动提示适当点餐用餐、大小份米饭等服务。通过多渠道宣传让师生认识到暴饮暴食对身体的危害，树立合理饮食观念，真正形成节约光荣、浪费可耻的良好社会风气。

活动安排：

1. 开展第四届"三节"宣传月活动。时间：2017年4月-6月。

牵头单位：宣传部（文明办）、学工部、校团委、后勤管理处、后勤服务集团、物理与能源学院。

协助单位：各学院。

2. 深入开展"光盘行动"，"三节"督导，在各食堂设置节约用餐提示牌。时间：长期。

牵头单位：宣传部（文明办）、校团委、后勤管理处、后勤服务集团。

协助单位：各单位。

（四）红白喜事不奢办

主要内容：要深化移风易俗行动，提倡树立崇尚节俭的文明新风。应用多种宣传渠道宣扬勤俭持家、艰苦奋斗、自强不息的精神，号召红白喜事不大操大办，帮助青年树立正确的恋爱观、婚姻观。通过宣传在师生中树立新事新办、丧事简办、厚养薄葬，努力形成移风易俗反对红白喜事大操大办的浓厚氛围。

活动安排：教职工层面着重学习推广晋江市移风易俗经验做法，有效破除炫富摆阔、大操大办等陈规陋习。学生层面着重在奖助学金等使用坚持不请客、不乱花，加强宣传教育。时间：长期。

牵头单位：机关党委、人事处、学工部、研工部、校工会。

协助单位：各单位。

（五）言谈举止不粗俗

主要内容：要深化遵德守礼行动，提倡行为举止文明谦让。自觉做到在公共场合遵守秩序，不恶语相向，不无理取闹，远离不文明行为。大力推广使用文明礼貌用语，每个人从我做起，将文明礼貌用语和良好行为举止感染到身边的人，带到公共场所，贯穿在人际交往中，形成讲文明、讲公德的良好氛围。

活动安排：

1. 文明礼貌宣传教育和培育。时间：长期。

责任单位：各单位。

2. 开展"校园不文明现象"随手拍活动。时间：2017年5月-6月。

牵头单位：宣传部（文明办）、校团委。

协助单位：各单位。

（六）文明上网不低俗

主要内容：要深化净化网络环境行动，提倡传播格调高雅的先进文化，反对低级媚俗，弘扬社会正气。做到善于网上学习，不浏览不良信息；诚实友好交流，不侮辱欺诈他人；不传信谣言，不随意跟帖；增强自护意识，不随意约会网友；维护网络安全，不破坏网络秩序；不沉溺虚拟空间。

活动安排：

1. "我们的节日—清明"网上公祭活动。时间：清明节前后。

牵头单位：校团委。

协助单位：各学院。

2. 在学校官方微信微博、"五微五阵地"、校报等校内宣传阵地开通"美丽师大　美丽心灵"栏目，传播师大正能量。

牵头单位：宣传部（文明办）、校团委。

协助单位：各单位。

（七）旅游观光不任性

主要内容：要深化文明旅游行动，提倡自觉遵守文明旅游规范。在旅游活动中注意文明形象，不随地吐痰，不乱扔垃圾，不在禁烟场所吸烟，排队遵守秩序，不在公众场所高声喧哗，尊重各地风俗习惯，保护文物古迹，不在文物古迹上涂刻。在出国（境）旅游中不损害国家形象。

活动安排：加强文明旅游宣传，组织志愿者参与景区文明旅游志愿服务，倡导文明旅游。

牵头单位：宣传部（文明办）、国际处、旅游学院。

协助单位：各单位。

（八）经济生活不失信

主要内容：要深化诚实守信行动，提倡诚信为本。人人树立诚信光荣、失信可耻的意识，认真守约履约，不坑蒙拐骗，不欠债不还。坚持生活诚信、经营诚信、学术诚信、考试诚信。严厉打击学术不端、考试作弊等不良现象和失信行为，切实加强师德建设，强化诚信执教、为人师表理念，坚决执行学术造假"一票否决"制，大力推广诚信经营示范点，营造诚实守信、一诺千金的良好校园环境。

活动安排：

1. 开展以"我与诚信"为主题的征文活动。时间：2017年4月-6月。

牵头单位：宣传部（文明办）。

协助单位：各单位。

2. 开展"个人求职不掺水"签名活动。时间：每年毕业生求职季。

牵头单位：学工部、研工部。

协助单位：各学院。

3. 鼓励教师深入开展诚信相关课题研究。时间：长期牵头单位：社科处。

协助单位：各单位。

4. 开展第二届"诚信经营示范店"评选活动。时间：2017年4月-6月。

牵头单位：宣传部（文明办）、后勤管理处、后勤服务集团。

协助单位：各学院。

三、推进保障措施

围绕深化文明单位创建，提升师生文明素质，坚持示范表率带动与各单位联动相结合，宣传教育与实践养成相结合，强化督查和考评推动相结合，推动各单位齐抓共管，形成"人人参与、文明共享"的浓厚氛围。

（一）广泛倡导，大力宣传

1. 广泛倡导。要将推行"八不"行为规范与学校日常管理结合起来，在师生中广泛倡导"八不"行为规范。要内强素质，要把推行"八不"行为规范纳入学校教职工行为规范和学生守则，加强对师生文明行为的督查力度，通过日常督查，提升师生文明总体素质。要外塑形象，通过参加文明交通劝导、党团员志愿者走进社区等志愿服务活动，引导师生加入自觉遵守"八不"行为规范的队伍中。各学院要把推行"八不"行为规范、做文明有礼的师大人主题活动作为提升文明学院创建水平的重要载体和抓手，结合学院的创建特点，把推行"八不"行为规范、做文明有礼的师大人主题活动融入文明学院创建的方方面面。

2. 大力宣传。校报、校电视台、校广播电台等校级主要媒体要加大对推行"八不"行为规范、做文明有礼的师大人主题活动的宣传力度，通过开设专题专栏、访谈讨论等形式，对活动的目的意义、主要内容、具体措施、先进典型、好经验好做法等进行报道，对违反"八不"行为规范的给予曝光。依托校园网、学校官方微信微博、"五微五阵地"微博体系、学生服务联动协调中心以及易班网等新媒介的作用，以专辑、专版、专题等形式，围绕"八不"行为主题，大力开展深化"做文明有礼的师大人主题活动"宣传推动工作。在校园显要位置、电子显示屏、建筑工地围挡都要有"八不"行为规范公益广告。各类校园媒体要进一步加大推行"八不"行为规范、做文明有礼的师大人主题活动方面公益广告的刊播力度，做到人人知晓，积极参与。

（二）强化督查，齐抓共管

1. 加强督查。校文明办是全校文明创建工作的总协调单位，负责安排各单位推行"八不"行为规范的集中检查和明察暗访工作，指导日常督导工作。学校效能办组织相关职能部门对各单位文明服务、优质服务进行督导检查，每学期至少一次。校文明办对各单位推行"八不"行为规范进行明察暗访，每季度组织一次。日常督导由校文明委成员单位、学生文明督导队、学生"三节"督导队、学生宿舍管理委员会、学生膳食管理委员会等负责组织实施，每周或每月组织一次。

各督导检查组织应及时将督导情况报送校文明办，校文明办负责向全校各单位通报督导检查情况，督促有关单位做好整改工作，并进行跟踪复查。

2. 师生督查。充分发挥广大师生在推行"八不"行为规范、做文明有礼的师大人主题活动中的主体作用，发动学校方方面面的力量加强对不遵守交通规则、言行举止粗俗、红白喜事大操大办等不文明行为的监督，鼓励、倡导师生对不文明现象说"不"，在遇到不文明行为时敢于劝阻，使文明有礼、文明有我蔚然成风。

（三）纳入考评，注重奖惩

1. 纳入考评。校文明办将把推行"八不"行为规范、做文明有礼的师大人主题活动纳入文明学院、文明处室、文明班级等各类测评体系，进一步加大权重，通过材料审核、实地考察等多种方式，如实反映各单位开展师生文明素质提升、推行"八不"行为规范的综合情况，对测评中暴露出来的不足和薄弱环节责令限期整改，切实做到责任到位、措施到位，取得实效。

2. 注重奖惩。各单位要做好推行"八不"行为规范、做文明有礼的师大人主题活动典型的发现和培育工作，校文明办将对各单位"推行'八不'行为规范、做文明有礼的师大人主题活动"事迹突出的个人，进行典型宣传，并列入学校道德模范的候选对象。对于因闯红灯、开车违规、旅游中的不文明、经济生活失信、学术失信等违反"八不"行为规范，被政府相关部门曝光，影响到学校声誉的教职工，年度考评不得评为优秀；学生年度综合考评思想道德分不得评为优秀。

各单位党委（党总支、直属党支部）、各单位要高度重视推行"八不"行为规范、做文明有礼的师大人主题活动,可以全面开展,也可结合各单位实际突出几个重点难点进行整治,每年集中整治几个问题,力求取得明显成效。对活动开展情况,以书面形式每半年(即每年6月底和12月底)向校文明办汇报一次。

"推行'八不'行为规范　做文明有礼的师大人主题活动"宣传标语

1. 培育和践行社会主义核心价值观,进一步深化全国文明单位创建活动
2. 讲文明,树新风,遵守"八不"行为规范
3. 遵守"八不"规范,争做文明公民
4. 安全出行不违规,自觉维护交通秩序
5. 垃圾分类不落地,文明行为从我做起
6. 节俭用餐不浪费,树立合理饮食观念
7. 红白喜事不奢办,文明节俭蔚然成风
8. 言谈举止不粗俗,促进校园文明和谐
9. 文明上网不低俗,维护网络安全秩序
10. 旅游观光不任性,遵守文明旅游规范
11. 经济生活不失信,营造诚信良好氛围
12. "门前三包"多一份自觉,校园环境多一份整洁
13. 深化家园清洁行动,文明行为从我做起
14. 不乱倒垃圾,不乱扔杂物,不高空抛物
15. 注意文明形象,遵守公共秩序,远离不文明行为
16. 司机开车不违规,行人红灯不乱闯,车辆停放有秩序

关于印发福建师范大学深化群众性精神文明创建活动实施方案的通知

(闽师文委〔2017〕2号)

各单位党委、党总支、直属党支部:

　　为深入贯彻党的十八大和十八届三中、四中、五中、六中全会精神,大力培育社会主义核心价值观,着力深化精神文明创建活动,根据中央精神文明建

设指导委员会《关于深化群众性精神文明创建活动的指导意见》（文明委〔2017〕3号），结合我校实际，决定在全校范围内深化群众性精神文明创建活动。现将《福建师范大学深化群众性精神文明创建活动实施方案》印发给你们，请结合本单位实际，认真贯彻执行。

福建师范大学精神文明建设指导委员会

2017年6月15日

福建师范大学深化群众性精神文明创建活动实施方案

为深化群众性精神文明创建活动，提升师生素质和校园文明程度，结合学校实际，现制定深化群众性精神文明创建活动工作方案如下。

一、总体目标

实现中华民族伟大复兴的中国梦更加深入人心，道路自信、理论自信、制度自信、文化自信更加坚定；社会主义核心价值观日益成为全体师生的共同价值追求、师生日用而不觉的行为准则；爱国主义、集体主义、社会主义思想广泛弘扬，中华民族的归属感、认同感和凝聚力、向心力不断增强；师生思想道德素质、科学文化素质和健康素质明显提高；党风政风优良，向上向善、诚信互助的风尚更加浓厚，校园文明程度显著提高，积极创建全国高校文明校园。

二、具体任务

（一）坚持用社会主义核心价值观引领群众性精神文明创建活动

1. 以培育和践行社会主义核心价值观为根本。要把培育和践行社会主义核心价值观作为群众性精神文明创建活动的根本任务，在贯穿结合融入上下功夫，在落细落小落实上下功夫，把社会主义核心价值观体现到教书育人全过程，通过教育引导、舆论宣传、文化熏陶、实践养成等，使社会主义核心价值观内化为师生的坚定信念、外化为师生的自觉行动。

2. 加强理想信念教育。坚持把理想信念教育放在首位，加强师生社会主义核心价值观教育，开展理想信念教育，引导师生坚定道路自信、理论自信、制度自信、文化自信。切实抓好马克思列宁主义、毛泽东思想学习教育，广泛开展中国特色社会主义理论体系学习教育，深入开展习近平总书记系列重要讲话精神和治国理政新理念新思想新战略宣传教育。深入开展中国特色社会主义和中国梦宣传教育，引导师生牢固树立中国特色社会主义共同理想，着眼于提升师生思想政治素质，引导师生牢固树立正确的世界观、人生观和价值观。

3. 加强爱国主义教育。要大力弘扬爱国主义精神，把爱国主义教育作为永恒主题，坚持爱国主义和社会主义相统一，维护祖国统一和民族团结，尊重和传承中华民族历史和文化，坚持立足民族又面向世界。要把爱国主义教育贯穿国民教育和精神文明建设全过程，充分利用重要节庆日、纪念日和重大活动，广泛开展以爱国主义为核心的民族精神和以改革创新为核心的时代精神宣传教育。

4. 弘扬中华优秀传统文化。推动中华优秀传统文化纳入教育教学，开设中华优秀传统文化教育课程和讲座报告，在哲学社会科学及相关学科中增加中华优秀传统文化的内容，推荐阅读中华优秀传统文化经典。开展戏曲、书法、传统体育等进校园活动，以"我们的节日"为主题，利用春节、元宵、清明、端午、中秋、重阳等重要传统节日以及其他少数民族传统节日，开展丰富多彩、积极健康的民俗文化活动，引导师生在辞旧迎新、慎终追远、缅怀先贤、阖家团圆、孝老敬老中弘扬文明新风。加强革命文化和社会主义先进文化教育，开展党史、国史、改革开放史、社会主义发展史学习教育，结合实际，打造工作载体和活动品牌，教育引导学校师生继承革命传统，传承红色基因。

5. 加强诚信建设。开展以诚信征文、诚信演讲辩论比赛、"个人求职不掺水"签名、诚信专题讲座、诚信主题论坛等丰富多彩的诚信主题教育活动。建立健全学生诚信档案，对讲诚守信的学生予以奖励，对弃诚失信的学生予以惩罚，促使学生自觉讲诚守信。切实加强师德建设，强化诚信执教、为人师表的理念。通过各种有效的形式和途径深入开展诚信宣传主题活动，提高守信激励、失信惩戒的宣传效果，建设校园诚信文化。开展"诚信经营示范店"评比活动，使诚信经营示范店成为校内诚信经营的排头兵，从而带动校内商店的健康发展。

6. 发挥先进典型的示范引领作用。重视发挥先进典型对践行核心价值观、弘扬时代新风尚的示范引领作用。经常性开展社会公德、职业道德、家庭美德、个人品德教育，广泛开展民族英雄、道德模范、时代楷模、身边好人、最美人物等学习宣传教育活动，培育和选树学习励志、实践奉献、参军报国、诚信友善、创新创业、志愿服务等方面的典型，塑造向上向善的校园新风，关心关爱先进模范人物，营造崇德向善、见贤思齐、德行天下的浓厚氛围。

（二）推动群众性精神文明创建活动向纵深发展

7. 深入开展创建文明校园活动。全面贯彻党的教育方针，坚持立德树人，以社会主义核心价值观引领知识教育，强化教书育人、管理育人、环境育人，培养德智体美全面发展的社会主义事业建设者和接班人。加强大学生思想政治教育，改进学校思想政治工作，提升思想政治教育亲和力和针对性。加强师德师风建设，引导广大教师学为人师、行为世范，做学生锤炼品格、学习知识、创新思维、奉献祖国的引路人。开展形式多样、健康向上、格调高雅的校园文化活动，弘扬良好校训校风，开展文明学院、文明处室、文明教研室、文明班级、文明社团、文明宿舍、文明食堂创建及宣传推广活动，形成良好育人氛围。

8. 深化学雷锋志愿服务。大力倡导雷锋精神，弘扬奉献、友爱、互助、进步的志愿精神，进一步推动学雷锋志愿服务活动持续深入发展。以关爱他人、奉献社会为重点，广泛开展重大活动、扶贫救灾、敬老救孤、恤病助残、"三下乡"、乡村志愿支教环境保护、健身指导等志愿服务活动。积极组织应届毕业生参与志愿服务西部计划，引导广大青年到祖国最需要的地方奉献青春、建功立业。履行文明单位的社会责任，开展文明单位结对帮扶活动。结合单位特色，发展志愿服务组织，建立志愿服务基地，培育志愿服务品牌，有志愿服务岗前培训，有表扬奖励措施。推动学雷锋志愿服务活动制度化，提升师生员工和党员志愿服务参与率。

9. 推进文明社会风尚行动。围绕讲文明、有公德、守秩序、树新风，广泛开展"八不"行为规范做文明有礼的师大人主题活动。引导师生做到安全出行不违规、垃圾分类不落地、节俭用餐不浪费、红白喜事不奢办、言谈举止不粗俗、文明上网不低俗、旅游观光不任性、经济生活不失信。着重推进深化家园清洁行动，倡导做好垃圾分类下楼。大力推广使用文明礼貌用语，形成讲文明、讲公德的良好氛围。深化文明交通行动，提倡文明出行。行人和车辆各行其道，自觉遵守交通规则，维护交通秩序。

（三）营造精神文明建设的良好社会环境

10. 丰富精神文明建设载体。推进传统媒体与新兴媒体深度融合，大力宣传精神文明建设先进经验和有效做法，抨击背离主流价值的错误言行和丑恶现象。重视运用文学戏剧、影视音乐、戏曲曲艺等文艺形式启迪思想、温润心灵、陶冶人生。加大公益广告的展示力度，传播核心价值观、倡导文明新风。

11. 加强网上精神文明建设。加强校园网络建设管理，加强网上内容建设，培育积极健康、向上向善的网络文化，建设网络良好生态。建立分级、分类网络信息内容监管和上传审批管理制度，确保信息内容符合法律法规、党和政府大政方针、社会道德。制定网络舆情监管制度和舆论危机预防应对机制，及时监看、精确研判、有效引导网络舆情，充分发挥官微、小葵、小联的作用，积极传播网络正能量。积极探索将优秀网络文化成果纳入科研成果统计，列为职务职称评审条件，作为评奖评优依据的机制和办法，激励引导师生积极参与网络文化建设。规范师生自媒体管理和舆论引导，做好重大活动和热点事件、热点问题的舆论引导。

12. 拓展精神文明建设阵地。加强对课堂教学和各类思想文化阵地建设管理，加强图书馆、展览馆、动植物标本馆、美术展厅、音乐厅、师生活动中心等文化设施建设，继续推动公共文化设施向师生免费开放，切实提高使用效率。

（四）加强党对群众性精神文明创建活动的领导

13. 强化党委主体责任。各单位党委要切实承担起精神文明建设的主体责任，党委主要负责同志是第一责任人。要坚持"两手抓、两手都要硬"的战略方针，把精神文明建设纳入学校发展总体规划，列为各单位领导班子和领导干部政绩考核的重要内容。进一步完善党委统一领导、党政齐抓共管、文明委组织协调、有关部门各负其责、全校积极参与的领导体制和工作机制。发挥文明委及其文明办的重要作用，加强对精神文明建设和群众性创建活动、学雷锋志愿服务活动的规划指导、协调督促。发挥基层党组织的战斗堡垒作用，加强对师生的教育引导，在服务群众中凝聚群众，勇于同各种歪风邪气做斗争。广大共产党员要在精神文明建设中发挥模范表率作用。要加强基层队伍建设，充实工作力量，为更好开展工作创造条件、提供保障。

14. 动员师生力量广泛参与。各单位要发挥各自优势，组织动员所联系师生积极参与精神文明创建活动，文明师大，共建共享。

15. 加大经费投入。加强对精神文明建设的投入，为精神文明建设提供强有力的物质保障。加大对精神文明建设重大设施、重点项目的支持力度。

16. 加强工作创新。加强对群众性精神文明创建活动的理论研究和实践总结，积极借鉴人类文明有益成果，深化对工作特点和规律的认识，尊重人民群众的主体地位和首创精神，推动内容形式、方法手段、渠道载体、体制机制创新，防止和克服形式主义，更好地体现时代性、把握规律性、富于创造性，不断增强群众性精神文明创建活动的针对性有效性和吸引力感染力。

三、工作要求

（一）高度重视，精心组织。各单位党委、党总支、直属党支部要高度重视，按照文件要求，加强对群众性精神文明创建工作的领导，科学筹划，精心安排，做到措施到位、责任到位、落实到位、安全到位，确保深化群众性精神文明创建活动顺利开展，不断推动创建工作向纵深发展，努力提升全校文明程度，为加强学校稳定健康发展提供强大思想保证和精神动力。

（二）突出重点、务求实效。各单位要着力抓好培育和践行社会主义核心价值观、理想信念和爱国主义教育、道德和诚信建设、文明学院和文明处室创建、学雷锋和志愿服务等重点任务，适应形势发展变化和师生接受特点，不断丰富创建载体，创新工作理念和活动内容，积极搭建师生乐于参与、便于参与的活动平台和载体，使各项活动成为师生自我教育和自我提高的过程。

（三）突出特色、强化宣传。坚持育人为本、立德树人，围绕创建重点任务，在突出特色上下功夫，在校园内营造深化群众性精神文明创建活动的浓厚氛围。切实加大宣传力度，充分利用校报校刊、校园网、电台、电视台等宣传媒体，利用微博微信等新媒体及时反映师生开展活动的情况。

关于印发《福建师范大学精神文明建设评选管理办法》的通知

(闽师委综〔2018〕17号)

各单位党委、党总支,各单位:

根据《全国高校文明校园测评细则》《福建省高校文明校园测评细则》,结合学校实际,特修订《福建师范大学精神文明建设评选管理办法》,征求校文明委委员和各学院党委意见,并经今年4月26日校党委常委会审议通过,现印发给你们,请认真遵照执行。《福建师范大学精神文明建设评选管理办法(修订版)》(闽师委综〔2015〕6号)同时废止。

中共福建师范大学委员会
2018年4月26日

福建师范大学精神文明建设评选管理办法
(2018版)

第一章 总 则

第一条 为促进全校精神文明创建活动健康发展,规范评选命名表彰工作,促进学校各项事业科学发展,根据《全国高校文明校园测评细则》和《福建省高校文明校园测评细则》,结合我校实际,特修订本办法。

第二条 本办法评选类别包括文明学院、文明处室、文明教研室(系、团队)、文明班级、文明宿舍、文明食堂、先进个人。各类先进的评选按照自查自评、综合考评、文明委审议、结果公示、党委常委会审定、确定表彰的程序进行,并实行届期制,除文明学院和文明处室结合学校绩效考核实行一年一测、三年总评外,其余类别每三年评选一次。

第三条 校级精神文明建设各类先进荣誉称号,是校精神文明建设指导委员会授予积极开展精神文明创建活动,成效显著,能够在校内发挥示范引领作用的综合性最高荣誉称号。

第四条 校级精神文明建设各类先进的评选表彰,要以习近平新时代中国特色社会主义思想为指导，以立德树人为根本，以理想信念教育为核心，以社会主义核心价值观为引领，以群众性文明校园创建活动为载体，贴近实际、贴近生活、贴近师生，重在建设、注重实效，服从和服务于建设特色鲜明的高水平综合性大学。

第二章　文明学院评选

第五条　文明学院评选对象包括校本部各教学实体学院和协和学院。以学院党委为单位进行评选。

第六条　文明学院评选条件和等次设置

（一）评选条件

1. 领导班子建设好

学院领导班子注重思想政治建设，扎实推进学习型、服务型、创新型党组织建设，加强教师党员队伍建设，执行党的路线、方针、政策的自觉性高。学院党委理论中心组学习有实效，学习制度、学习时间有保障，学院党政领导班子理论素养和办学治院能力强。改进工作作风，切实贯彻落实中央"八项规定"和"三严三实"要求，四风问题得到有效治理，"两学一做"学习教育活动成果巩固。坚持民主集中制，认真落实党政联席会议制度，严格执行"三重一大"决策制度，不断完善决策机制和议事规则。

2. 思想政治教育好

以社会主义核心价值观为引领，加强和改进师生思想政治教育，丰富完善师生主题教育活动。普遍开展文明宿舍创建活动，开展志愿服务、"节粮、节水、节电"活动。组织开展读书征文活动，引导师生多读书、读好书。开展礼节礼仪教育，在重要场所和重要活动中升挂国旗、奏唱国歌，完善开学典礼、毕业典礼礼仪规程，使礼节礼仪成为强化校园文明建设的重要方式。

3. 活动阵地好

建立完善工作机制，巩固学院思想政治工作阵地。切实加强报告会、研讨会、讲座、论坛日常管理，确保马克思主义在意识形态领域的主导地位，确保社会主义办学方向，确保校园安全稳定。加强宣传栏、文化走廊等校内宣传阵地建设管理。加强网络思想文化建设和网络文明素养教育，使学生形成科学、文明、健康、守法的上网意识和习惯。牢牢把握正确导向，坚持团结稳定鼓劲、正面宣传为主，唱响主旋律、打好主动仗，发挥宣传阵地育人功能。

4. 教师队伍好

加强师德建设，纳入教师考核评价体系，作为教师年度及聘期考核、职务评聘晋升、晋级和评优奖励的首要标准，严格执行"一票否决制"，不断推动师德师风建设。严格学风建设，坚持教育引导、制度规范、监督约束、查处警示并举，形成弘扬优良学风的长效机制，杜绝学术造假、学术腐败等行为，树立诚信为学的典范，营造健康的学术氛围，以自身诚信形象示范带动学生。

5. 校园文化好

加强对学院办学特色的凝练和归纳，充分展示学院独特、鲜明的文化积淀与文化追求。开展各种形式的文明创建宣传引导，弘扬健康向上的文化生活。结合重要节庆日，开展党史国史教育，弘扬民族精神和时代精神。加强中华优秀传统文化宣传教育，营造弘扬优秀传统文化、涵育学生文明素养的氛围。开展丰富多彩的校园文化活动，打造一批文化活动品牌。组织体育竞赛、群众性体育活动，发挥体育的综合育人功能。

6. 校园环境好

加强建设和管理，做好绿化和美化，遵守校园管理有关规定，积极配合和推动校园综合治理，坚持不懈地开展治理脏、乱、差工作，对所属办公楼、图书室、教学楼、宿舍楼、院内生活设施等环境卫生监管到位，重视和加强文明宿舍创建，虚心听取师生员工意见，为师生排忧解难，化解矛盾，创造卫生、整洁、文明、和谐的校园生活环境。

（二）届期中有下列情形之一者，取消文明学院资格。

1. 领导班子成员有严重违纪、违法事件。

2. 师生员工因违法构成犯罪，依照法律应当受刑罚处罚的。

3. 意识形态领域出现严重错误倾向，被处以撤销党内职务（含）、降低岗位等级或撤职（含）以上处分的。

4. 有重大劳资纠纷、影响社会稳定的重大事故、重大不诚信事件。

5. 有重大安全责任事故、重大消防责任事故、重大食物中毒事件。

6. 有严重违规办学（办班）、违规招生和违规收费问题。

7. 对照教育部颁发的《关于建立健全高校师德建设长效机制的意见》，教师中有严重违反师德的行为，造成恶劣社会影响。

8. 师生员工违反计划生育政策。

9. 精神文明创建不力，自查不认真，弄虚作假，骗取荣誉。

10. 其他损害学校声誉行为，造成不良影响。

（三）等次设置

按分数设置优秀、良好、合格和不合格四个等次，测评分数达90分以上者为优秀，80—89.9分为良好，60—79.9分为合格，60分以下为不合格。当年度教职工因违法违纪被处以严重警告（含）或记过（含）以上处分的，等次评定至多为合格。

第七条 文明学院年度评选程序

（一）自查自评。校文明委下达考评通知后，各单位应在规定的时间内，做好一年来精神文明建设工作总结，开展自查自评，填写自评分数，上报校文明办，并整理好相应支撑材料以备复核考评。

（二）综合考评。由校文明办牵头，会同校文明委成员单位，对照《福建师范大学文明学院测评细则》，查阅材料、实地考察、问卷调查，并结合各单位日常贯彻文明创建情况进行综合考评，确定各项指标的考核分数。

（三）结果公示。年度文明学院考评以文明委综合考评结果为准，报文明委审核后，通过公示栏、校园网等对年度文明学院进行为期五天的公示，接受全校师生监督。公示期间，校文明办接受师生来信来电来访，负责做好信息收集和汇报工作。

（四）校党委常委会审定。结果汇总规划处，计入二级学院目标管理考核体系，报校党委常委会审定。

第八条 文明学院评选结果的使用

（一）列入年度二级学院目标管理考核体系（协和学院除外），按照优秀、良好、合格三个等级分别赋予100分、80分、60分，不合格扣50分。

（二）综合三年测评分数，召开校文明委会议，听取考评结果汇报，集体研究三年"文明学院"获奖单位，建议授予三年综合测评总分前十名的学院为"福建师范大学＊＊年度—＊＊年度文明学院"荣誉称号，公示5天后，结果报校党委常委会审定。校文明委授予"福建师范大学＊＊年度—＊＊年度文明学院"荣誉牌匾,并一次性给予奖励人民币10000元;在校内有关媒体上宣传获奖单位的事迹。

(三)对不合格学院,校文明委将提出限期整改意见,并在下一届先进集体和先进个人评选中,根据评先项目实际情况予以适当减少名额或取消参评资格。同时,取消责任人和班子责任人全国文明校园下一年度文明奖。

第三章 文明处室评选

第九条 文明处室的评选对象是机关各部(处、馆、中心),图书馆,资产经营公司,网络与继续教育学院、职业技术教育学院,医院,实验幼儿园(后勤服务集团与后勤处作为一个单位申报)。

第十条 文明处室评选条件、数量和方式

(一)评选条件

1. 学校年度工作任务完成情况好。完成学校布置的年度工作任务。牵头完成学校交办的需多部门协作完成的专项任务。协作配合完成学校重要专项任务情况。

2. 切实履行本单位岗位职责。积极完成上年度工作计划,努力提升本年度工作效能,工作业绩突出。改革创新成效明显。下一年度工作思路清晰、重点突出。积极参加文明校园创建,成效明显。

3. 加强单位自身建设。认真贯彻落实全面从严治党主体责任,加强教职工队伍建设,队伍素质较高。单位规章制度完善,执行力强。工作作风扎实。热情接待师生,态度和蔼,积极为师生提供良好服务。

(二)有下列情形之一的,取消义明处室参评资格

1. 落实全面从严治党主体责任出现重大问题的。

2. 落实校党委、行政决策部署效果不好,造成不良影响的。

3. 在师德师风、遵纪守法、学术风气、安全稳定、文明校园、平安校园等级创建等方面出现影响学校整体声誉事件的。

4. 在年度工作考核中弄虚作假、请托拉票并经查实的。

(三)评选数量

原则上三年评选一次,每届评出校级文明处室10个。

(四)评选方式

结合学校年度非教学科研绩效考核进行,由学校非教学科研单位绩效考核奖励办公室负责组织实施,综合三年测评分数,总分前10名的单位授予"福建师范大学＊＊年度—＊＊年度文明处室"。

第十一条　文明处室的申报、评选程序

(一)总结申报。学校下达年度考评通知后,各单位根据所承担的学校年度重点工作任务和本单位的工作情况,形成年度工作总结,交给学校绩效考核奖励办公室。

(二)评价打分。绩效考核奖励办公室将非教学科研单位的工作总结汇总后印发至学校领导及各相关单位进行评价打分。各单位在召开部(处、馆、中心、园)务会议讨论的基础上,进行实名评价打分;学院党政班子要在召开党政联席会议讨论的基础上,进行实名评价打分。校领导的评价权重为30%;各单位互评评价权重为30%;学院的评价权重为40%。

(三)年度分数确定。绩效考核奖励办公室汇总打分情况,测算出非教学科研单位的最终得分。

(四)校文明委审议。综合三年测评分数,召开校文明委会议,听取测评结果汇报,研究文明处室获奖单位,建议授予三年综合测评总分前十名的单位为"福建师范大学＊＊年度—＊＊年度文明处室"荣誉称号。

(五)结果公示。通过公示栏、校园网等对文明委审议通过的名单进行为期五天的公示,接受全校师生监督。公示期间,校文明办接受师生来信来电来访,并负责做好信息收集和汇报工作。

(六)校党委常委会审定。校党委常委会听取文明委推荐情况汇报,审定最终表彰对象。

第十二条　文明处室评选结果的使用

(一)由校文明委授予"福建师范大学文明处室"荣誉牌匾,并一次性给予奖励人民币3000元。

(二)在校内有关媒体上宣传获奖单位的事迹。

第四章　文明教研室(系、团队)评选

第十三条　文明教研室的评选对象是校本部各学院和协和学院教研室(系、团队)。

第十四条 文明教研室（系、团队）评选条件和数量

（一）评选条件

1. 队伍素质较高。认真贯彻国家的教育方针、政策；成员爱岗敬业、忠于职守、为人师表、团结协作，有良好的职业道德；遵纪守法，认真贯彻落实党风廉政建设责任制和中央八项规定。

2. 关心爱护学生。坚持以教学为中心，把素质教育贯彻到教学工作的始终，注重学生多方面能力的培养，促进学生全面发展；没有不文明的言行，没有损伤学生自尊心和学习积极性的现象。

3. 工作态度端正。有师资队伍建设规划，成员有稳定的科研方向；教研工作目标明确，时间有保证，内容有针对性，形式富有特色；积极完成学院各项任务，积极参加文明校园建设。

4. 工作业绩突出。近三年为学校教学科研事业科学发展做出突出贡献，具有先进性和示范性。积极指导学生参加各级各类技能竞赛或社会实践，并取得良好成绩。

5. 教学质量优良。成员教学工作量饱满，无教学事故发生；课堂教学效果好，学生评价高。

6. 环境整洁安全。办公室卫生保持良好，做到清洁、整齐，文件、文具、资料整理有序；安全措施到位，无失窃、失密、火灾等现象。

（二）有下列情形之一的，取消文明教研室（系、团队）参评资格

1. 党风廉政建设责任制不落实，成员中有发生违纪违法行为，被依法处理或受到纪律处分。

2. 成员有违反高校教师"红七条"行为的。

3. 发生责任事故，如火灾、失窃、失密或发生黄、赌、毒等事故，造成不良影响。

4. 出现不文明、不团结现象的。

5. 办公室内部卫生脏、乱、差。

6. 违反计划生育政策。

7. 成员中发生酒驾行为受到处罚。

8. 申报先进时弄虚作假，骗取荣誉或发生重大问题隐瞒不报。

9. 其他损害学校声誉行为，造成不良影响。

（三）评选数量

原则上三年评选一次，每届评出校级文明教研室（系、团队）12个（其中协和学院单列2个，由协和学院组织评选）。

第十五条　文明教研室（系、团队）的推荐、评选程序

（一）推荐申报。达到校文明教研室（系、团队）申报条件的，由各教研室（系、团队）填写申报表，经所在单位党委审定后向校文明办推荐。

（二）初审复核。校文明办根据文明教研室（系、团队）的评选条件对各单位推荐的名单进行审查复核。

（三）文明委审议。校文明办将各单位党委推荐的教研室（系、团队）提交校文明委会议研究，并以无记名的方式进行投票评审，得票率在前10位的，为校文明教研室（系、团队）建议单位。若第10名出现并列，则由校文明委成员超过三分之二以上人数以无记名投票方式，在并列单位中推选出最终名单。

（四）结果公示。通过公示栏、校园网等对文明委审议通过的名单进行为期五天的公示，接受全校师生监督。公示期间，校文明办接受师生来信来电来访，并负责做好信息收集和汇报工作。

（五）校党委常委会审定。校党委常委会听取文明委推荐情况汇报，审定最终表彰对象。

第十六条　文明教研室（系、团队）评选结果的使用

（一）由校文明委授予"福建师范大学文明教研室（系、团队）"荣誉牌匾，并一次性给予奖励人民币3000元。

（二）在校内有关媒体上宣传获奖单位的事迹。

第五章　文明班级评选

第十七条　文明班级的评选对象是具有我校（含协和学院）正式学籍的全日制本科生和研究生班集体。

第十八条　文明班级评选条件和数量

（一）评选条件

1. 组织制度健全。班级学生干部组织健全，具有较强的战斗力。有良好的班风学风，班级凝聚力强。

2. 积极要求上进。班级申请入党的同学、入党积极分子和党员比例高。

3. 学习氛围浓厚。有计划地开展读书学习活动，本科班级学分绩点的平均值在 2.5 以上，奖学金获得者比例在同年级处于前列，外语、计算机等各种等级考试通过率高。研究生班级成员积极参与科学研究和社会实践，成果突出；奖学金获得人数不少于班级人数的 75%，且获国家奖学金及一等学业奖学金人数比例不低于班级人数的 10%；班级成员无学术不端行为、无补考或重修课程。

4. 经常性开展志愿服务活动。每学期至少开展一次学雷锋志愿服务活动，成效良好。班级积极参加文明校园志愿服务活动，参与率达 20% 以上。班级无偿献血人数每年不少于 10%。

5. 积极参加文明校园创建活动。认真完成学校、学院各项文明校园创建任务，宿舍环境卫生良好。文明风尚传播氛围好，无发布不良言论。

6. 素质高风采优。班级同学在精神文明建设、科技学术活动、校园文体活动等活动中获奖人数多、荣誉高。

（二）有下列情形之一的，取消文明班级参评资格

1. 班级同学出现违纪违法行为，受到警告及警告以上纪律处分。

2. 班级内出现打架斗殴、酗酒闹事、破坏公共设施等不文明现象的。

3. 届期内班级宿舍内务被学校通报较差 6 间次以上；或者届期内班级宿舍违章存放或使用高功率违禁电器、私自乱拉电线给电动车充电，受到学校通报 3 间次以上。

4. 其他损害学校声誉行为，造成不良影响。

（三）评选数量

原则上三年评选一次，每届评出校级文明班级 25 个（其中协和学院单列 5 个，由协和学院组织评选）。

第十九条 文明班级的推荐、评选程序

（一）推荐申报。达到校文明班级申报条件的，由各班级填写申报表，经所在党委审定后向校文明办推荐，原则上新生班级不予推荐，免监考班级可优先推荐，各学院推荐比例不超过本学院班级数的 5%（各学院至少可推荐 1 个）。

（二）综合考评。学工部、研工部根据各学院自评推荐情况，召开各学院分管学生工作负责人会议研究，并以无记名的方式进行投票评审，得票率在前 20

位的，为校文明班级建议单位。若第20名出现并列，则由参会成员超过三分之二以上人数以无记名投票方式，在并列单位中推选出最终名单。

（三）文明委审议。召开校文明委会议，研究审议建议名单。

（四）结果公示。根据校文明委会议研究结果，通过公示栏、校园网等对校级文明班级建议名单进行为期五天的公示，接受全校师生监督。公示期间，校文明办接受师生来信来电来访，并负责做好信息收集和汇报工作。

（五）校党委常委会审定。校党委常委会听取文明委推荐情况汇报，审定最终表彰对象。

第二十条　文明班级评选结果的使用

（一）由校文明委授予"福建师范大学文明班级"荣誉牌匾，并一次性给予奖励人民币1000元。

（二）本科生在学年综合测评思想政治表现项给予该班级班长、团支书每人加3分，班级两委每人加2分，班级成员每人加1分，在"三好生"和"优秀学生干部"评选中比例各增加3%。研究生在学年研究生先进个人评选中该班级全体成员可优先照顾，具体实施细则由各学院自行制定；其中，班级班长、支书可获得校优秀研究生干部称号，指标单列不占学院评优评先名额。

（三）在校内有关媒体上宣传获奖文明班级的先进事迹。

第六章　文明宿舍评选

第二十一条　文明宿舍的评选范围包括校内各学院（含协和学院）本科、研究生宿舍。

第二十二条　文明宿舍评选条件和数量

（一）评选条件

1. 和谐。宿舍成员有团队精神，互帮互助；团结友爱，乐观进步，学风优良；舍长尽职尽责，起模范带头作用，在舍员中有号召力和向心力。

2. 文明。自觉遵守国法校纪，自觉遵守校学生宿舍管理暂行规定，认真完成学校、学院布置的各项任务；不做有损学校和社会安定团结的事，不损坏公物；节约用水用电，爱护集体荣誉，舍风优良。

3. 上进。宿舍成员思想上要求进步，积极向党组织靠拢；自觉遵守学校作息时间制度，勤奋学习，有良好的学习生活习惯，按时熄灯，早起早读，积极参加文体运动，在学习上形成比、学、赶、帮、超的良好氛围，有成员获得校级以上奖学金。

4. 高雅。宿舍环境布置大方优雅，体现专业特色，文化氛围高雅；宿舍成员精神文化生活健康、文明、丰富，自觉抵制各种不健康思想和低庸文化的侵蚀，道德情操高尚，言谈举止文明、礼貌、得体。

5. 安全。离室随手关门、关电，不留宿外人，不使用高功率电器，不爬墙越室；宿舍内无滞留异性，防盗意识强，无发生火灾、刑事案件或治安案件。

6. 卫生。室内清洁，生活、学习用具干净整齐，成型成线，统一方向整理放置；做到"四无"（无垃圾、无灰尘、无蜘蛛网、无痰迹）和"六不"（不乱摆、不乱贴、不乱倒、不乱拉、不乱钉、不涂画）。

（二）有下列情形之一者，取消"文明宿舍"参评资格

1. 打架斗殴、敲诈勒索、欺侮他人、盗窃、赌博、酗酒等事件，受到学校处分。

2. 宿舍成员期末考试成绩不及格。

3. 留宿异性。

4. 故意破坏公共设施。

5. 宿舍成员参与群体性事件。

6. 届期内被学校通报过的内务较差宿舍。

7. 宿舍违章存放或使用违禁电器、私自乱拉电线给电动车充电受到学校通报。

（三）评选数量

校级文明宿舍必须是在学院文明宿舍的基础上进行申报，共评选100间（其中协和学院单列20间，由协和学院组织评选）。

第二十三条 文明宿舍推荐、评选程序

（一）推荐申报。校文明委下达考评通知后，由各学院按照宿舍数的1%推荐，原则上新生宿舍不予推荐，填写推荐表，交后勤服务集团公寓管理中心汇总后，上报后勤管理处初审。

（二）综合考评。根据各学院推荐和后勤管理处初审情况，校文明办、学工部、研工部、校团委、保卫处、后勤管理处、后勤服务集团采取现场随机走访

考评形式，提出建议表彰名单。

（三）文明委研究。召开校文明委会议，集体研究确定公示名单。若末位排名出现并列的情况，则由校文明委成员超过三分之二以上人数以无记名投票方式，在并列宿舍中确定最终名单。

（四）结果公示。通过公示栏、校园网等对校级文明宿舍建议名单进行为期五天的公示，接受全校师生监督，公示无异议的确定为表彰对象。公示期间，校文明办、后勤管理处接受师生来信来电来访，并负责做好信息收集汇报工作。

（五）校党委常委会审定。校党委常委会听取文明委推荐情况汇报，审定最终表彰对象。

第二十四条　评选结果的使用

（一）授予"福建师范大学文明宿舍"奖牌，并奖励500元；

（二）在所在楼宇宣传栏进行通报表扬；

（三）本科生在学年综合测评中给予该宿舍成员思想政治表现分加1分，舍长另加1分；研究生在学年研究生先进个人评选中该宿舍成员可优先照顾，具体实施细则由各学院自行制定；

（四）届期内被通报内务较差的宿舍，在学年综合测评中给予该宿舍成员思想政治表现分扣1分，舍长另扣1分。

第七章　文明食堂评选

第二十五条　文明食堂评选对象为旗山校区、仓山校区所有食堂。

第二十六条　文明食堂评选标准和等次设置

（一）评选标准

评比标准为《福建师范大学文明食堂评比标准》（详见附件7）。

（二）有以下情形之一者取消文明食堂参评资格

1. 发生学生食物中毒、食堂火灾等重大事故。

2. 食品采购工作中未按规定索证，供应劣质食品，被政府卫生行政部门处罚；食品安全被政府部门或媒体通报。

3. 受到后勤管理处3次以上（含3次）通报整改。

4. 员工服务态度不佳，受到师生员工3次以上（含3次）举报并经查属实。

5. 消防设施损坏严重。

6. 节粮节水节电不力，被新闻媒体曝光 2 次以上。

7. 精神文明创建不力，自查不认真，对主管部门或学校检查出的问题，未能按要求及时整改。

（三）等次设置

按照《福建师范大学文明食堂评比标准》进行评选，原则上综合考评达 85 分以上（含 85 分）的前三名为文明食堂；综合考评低于 85 分且高于 75 分的为达标食堂；综合考评低于 75 分的为不达标食堂。

第二十七条　文明食堂评选程序

（一）自查自评。校文明委下达考评通知后，各食堂应对照《福建师范大学文明食堂评比标准》，开展自查自评，填写自评分数，上报后勤服务集团汇总后，报后勤管理处。整理好相应支撑材料以备复核考评。

（二）组织复查。由后勤管理处组织有关部门对各食堂进行复查。

（三）征求意见。检查过程中，在一定范围内向师生发放调查问卷征求意见。

（四）综合考评。后勤管理处、校医院、后勤服务集团综合日常检查、复查情况和征求师生意见情况，按照日常检查占 35%、复查占 50%、师生意见占 15% 的权重确定各食堂最后得分。

（五）文明委研究。召开校文明委会议，听取评选情况汇报，集体研究确定公示名单。

（六）结果公示。通过公示栏、校园网等对研究结果进行为期五天的公示，接受全校师生监督。公示无异议的确定为表彰对象；对存在较大争议或条件不符的食堂，取消文明食堂资格。公示期间，后勤管理处接受师生来信来电来访，并负责做好信息收集汇报工作。

（七）校党委常委会审定。校党委常委会听取文明委推荐情况汇报，审定最终表彰对象。

第二十八条　评选结果的使用

（一）对获得文明食堂称号的，由校文明委授予"福建师范大学文明食堂"荣誉牌匾，并一次性给予奖励人民币 5000 元。

（二）对不达标食堂，校文明委将提出限期整改意见，要求限期整改，整改到位方可取得下一年度参评资格。

第八章　精神文明建设先进个人评选

第二十九条　精神文明建设先进个人的评选对象是学校各学院（含协和学院）、机关部（处、馆、中心）、后勤服务集团、图书馆、资产经营公司、医院、实验幼儿园，在学校精神文明建设中表现出色，做出突出贡献的师生员工。

第三十条　精神文明建设先进个人的评选条件和数量

（一）评选条件

1. 认真学习习近平新时代中国特色社会主义思想，具有强烈的事业心和责任感。

2. 思想素质较高，遵规守纪，严于律己，清正廉洁，公道正派，勤于奉献，热心为师生服务，在师生中起到模范带头作用。

3. 立足岗位，奋发有为，作风扎实严谨，推进精神文明建设工作成效明显，事迹突出。

4. 遵守学术规范，与时俱进，勇于创新，在研究精神文明建设面临的新情况、解决新问题、探索新规律等方面成绩显著。

5. 教职工在现岗位工作满两年以上，年度考核中获合格以上等次。

6. 学生学习勤奋，态度端正，成绩优良，获得校二等奖学金（含二等）以上，原则上一年级学生不予推荐。

（二）评选数量

每届评出校级精神文明建设先进个人50名（其中协和学院单列10名，教职工5名，学生5名，由协和学院组织评选）。校本部在名额分配上，教职员工20名，学生20名。

第三十一条　精神文明建设先进个人的推荐、评选程序

（一）推荐申报。校文明委下达推荐表彰通知后，由各党委（党总支、直属党支部）根据评选的条件，采取自下而上、民主评议的方式进行推荐，教学实体学院可推荐师生候选人各1名，其余二级单位党组织推荐教职工候选人1名，其中《全国文明校园测评体系》六个一级指标牵头单位可各推荐候选人1名，填写推荐表，报校文明办。

（二）初审复核。校文明办根据精神文明建设先进个人的评选条件对各单位

推荐的名单进行资格审查。

（三）文明委审议。校文明办将通过资格审查的名单提交校文明委会议研究，并以无记名的方式进行投票推荐。若末位排名出现并列的情况，则由校文明委成员超过三分之二以上人数再以无记名投票方式，在并列个人中确定最终名单。

（四）结果公示。通过公示栏、校园网等对文明委审议的名单进行为期五天的公示，接受全校师生监督。公示无异议的确定为表彰对象。公示期间，校文明办接受师生来信来电来访，并负责做好信息收集汇报工作。

（五）校党委常委会审定。校党委常委会听取文明委推荐情况汇报，审定最终表彰对象。

第三十二条 评选结果的使用

（一）由校文明委授予"福建师范大学精神文明建设先进个人"荣誉证书，并一次性奖励人民币1000元。

（二）本科生给予学生精神文明建设先进个人综合考评思想政治表现分加5分；研究生在学年研究生先进个人评选中可优先照顾，具体实施细则由各学院自行制定。

（三）在校内有关媒体上宣传先进个人事迹。

第九章 监督和管理

第三十三条 校级精神文明建设先进集体和先进个人的评选均在学校层面评选，择优推荐，不搞平衡照顾。各单位要高度重视，加强建设，积极申报，及时总结和推广经验，不断提升学校精神文明建设的水平和层次。

第三十四条 校级精神文明建设先进评选实行动态管理、相互监督的原则。校内各单位及师生员工有权利和义务对工作停滞不前、出现问题的单位予以反映，校文明委予以核查，情况属实的，给予批评警告，提出限期整改意见，有关单位需在规定的时间内进行整改，并做出书面整改报告。对于工作严重滑坡、出现重大问题或者整改不力的单位，经查明核实，由校文明委提出撤销荣誉称号的建议报校党委批准。

第三十五条 被撤销校级精神文明建设先进荣誉称号的，不得参加新一届的评选；经过认真整改，符合条件的，可参加再下一届的评选。

第三十六条 所有获得表彰的先进单位均应在单位显著位置悬挂最新一届荣誉牌匾。

第十章 附则

第三十七条 精神文明建设文明学院、文明处室、文明教研室(系、团队)、文明班级、文明宿舍、文明食堂、先进个人的奖金列入学校预算。其中,涉及协和学院的项目,经费由协和学院自筹。

第三十八条 本办法由校文明办负责解释。

第三十九条 本办法自公布之日起实施,此前有与本办法不一致的,以本办法为准。

附件:1. 福建师范大学文明学院测评细则

2. 福建师范大学文明学院自评表

3. 福建师范大学文明处室推荐表(略)

4. 福建师范大学文明教研室(系、团队)推荐表(略)

5. 福建师范大学文明班级推荐表(略)

6. 福建师范大学文明宿舍推荐表(略)

7. 福建师范大学文明食堂评分标准(略)

8. 福建师范大学精神文明建设先进个人推荐表(略)

附件1

福建师范大学文明学院测评细则（试行）

（2018年4月）

说 明

一、根据中央文明办、教育部制定的全国高校文明校园标准及测评细则和《福建省高校文明校园测评细则》，结合学校实际情况，制定本指标体系。

二、本细则适用对象是福建师范大学二级学院，目的是明确综合管理创建任务，检验文明校园创建工作进展成效，为学校二级学院目标管理考核和文明学院评估提供基本依据。

三、本指标体系设置6项一级测评指标，18项二级测评指标，69项测评标准，1个特色指标，1个反向约束扣分指标。

四、测评主要采用材料审核、实地考察、问卷调查等方法。其中，材料审核包括审看文字材料、媒体报道、影像资料、网络信息等，实地考察包括查看实地情况、随堂听课、座谈了解、听取汇报等，问卷调查包括面向师生员工的问卷调查、随机个别访谈等。

五、总分为120分，其中基本指标100分，特色指标15分，加分指标5分。反向约束扣分指标在评选周期为扣分项目指标。

六、得分标准：按每一测评项目酌情加减分，最终汇总得出测评分。

七、本指标体系由校文明办负责解释。

一、基本指标

一级指标	二级指标	测评标准	测评方式	分值
1. 思想道德建设 (33+2分)	1.1 统筹规划与组织实施	1. 把师生思想政治教育工作纳入学院事业发展规划，召开一次专题会议进行研究。院党政联席会每学年至少召开1次思想政治课或做1次形势政策报告。院长每学期至少为学生讲1次思想政治教育课。(2分) 2. 坚持把理想信念教育放在首位，切抓好马克思主义、毛泽东思想学习教育，广泛开展中国特色社会主义理论体系和中国梦宣传教育，引导师生牢固树立正确的世界观、人生观和价值观。(2分) 3. "育人为本、德育为先"在人才培养方案中有具体体现。(2分) 4. 实施大学生马克思主义自主学习行动计划，推动马克思主义理论学习小组建设，培养大学生理论学习骨干，常态化开展理论学习和社会调查等活动。(2分)	材料审核	8
	1.2 培育和弘扬社会主义核心价值观	1. 利用重要节庆日、纪念日和重大活动，广泛开展以爱国主义为核心的民族精神和以改革创新为核心的时代精神宣传教育，引导师生坚定道路自信、理论自信、制度自信、文化自信。 哲学社会科学课堂坚持正确政治导向，发挥专业课程的育人功能。(2分) 2. 加强国家意识、法治意识、社会责任意识教育，加强民族团结进步教育，爱祖国教育活动的有效形式和长效机制。(2分) 3. 围绕核心价值观开展宣传和研究，形成一批有分量有价值的研究成果。(+ 0.5分) (加分指标) 4. 将实践育人纳入教学计划，建立相对稳定的实践育人基地，落实规定的学分。开展文化、科技、卫生"三下乡"活动，涉及面广、内容丰富、形式多样。积极鼓励和引导乡村支教活动。(2分) 5. 师生积极参与无偿献血、社会捐助等社会公益活动。学雷锋志愿服务活动制度化，师生员工志愿服务参与率达到40%以上，党员志愿服务参与率达到95%以上。(2分)	材料审核	8+0.5

续表

一级指标	二级指标	测评标准	测评方式	分值
1. 思想道德建设	1.3 日常思想政治教育	1. 贯彻中央文明委《关于推进诚信建设制度化的意见》，开展诚信主题教育活动，建立健全学生诚信档案，建设校园诚信文化。（2分） 2. 结合工作实际制定学院领导联系师生、谈心谈话制度，及时了解师生思想状况和具体诉求。（1分） 3. 开展《高等学校学生行为准则》学习教育活动，有经常性教育活动。（2分） 4. 积极开展创新创业教育，建设优良学风班集体，把创新创业教育贯穿人才培养全过程。做好学生学业就业指导工作，积极组织应届毕业生参与志愿服务西部计划，引导广大青年到祖国最需要的地方奉献青春，建功立业。（2分）	1, 4 材料审核 2 材料审核 问卷调查 3 材料审核 实地考察	7
	1.4 中华优秀传统文化和革命文化、社会主义先进文化教育	1. 贯彻落实中办、国办《关于实施中华优秀传统文化传承发展工程的意见》，推动中华优秀传统文化纳人教育教学，每学期至少开设1次中华优秀传统文化讲座报告。（1分） 2. 在哲学社会科学及相关学科中增加中华优秀传统文化的内容，推荐阅读中华优秀传统文化经典。（+0.5分） 3. 开展戏曲、传统体育、书法、"走近名家、走近经典、走近科学"主题活动，有工作制度，落实措施，落实学院实际成效。（2+1分） 4. 加强革命文化和社会主义先进文化教育，开展党史、国史、改革开放史、社会主义发展史学习教育，结合学院实际，打造工作载体和活动品牌，教育引导学院师生继承革命传统，传承红色基因。（2分）	1, 4 材料审核 2 材料审核（属加分指标） 3 材料审核（戏曲、传统体育属加分指标）	5+1.5

续表

一级指标	二级指标	测评标准	测评方式	分值
1. 思想道德建设	1.5 网络文明教育	1. 注重网络文明建设，制定师生网络文明有关工作制度，对推动网络文明、网络安全教育有整体设计和系统规划。(0.5分) 2. 积极动员师生参与教育部主办的"网络宣传思想教育优秀作品推选展示""大学生网络文化节"等主题教育活动，引导广大师生积极参与网络文化作品创作生产，丰富正能量供给，形成正面舆论场。(1.5分) 3. 积极动员引导学院领导和广大教师、特别是学术大师、教学名师、优秀导师、辅导员班主任重视网络文明、参与网络育人、开设网络名师工作室、积极培育支持校园网络教育名师。(1分) 4. 注重开展网络文明教育、网络安全教育，积极培育有高度的安全意识、有文明的网络素养、有守法的行为习惯、有必备的防护技能的校园"四有"好网民。(1分) 5. 积极推进"易班"建设、学生参与度高。(1分)	材料审核	5
2. 领导班子建设(17分)	2.1 思想政治建设	1. 党委核心作用发挥得到有力发挥、切实履行管党治党、办学治院的主体责任、相关测评满意率较高。(2分) 2. 把学习贯彻习近平新时代中国特色社会主义思想作为党委长期政治任务，制定具体学习计划及实施方案。坚持党委中心组学习制度，有计划，有考勤，学习研究效果好。(1分) 3. 认真贯彻学校党委《二级单位党委意识形态工作责任制实施细则》，有定期研究部署，各项制度完善，执行到位，切实履行意识形态工作主体责任。(2分) 4. 贯彻中央"两学一做"学习教育常态化制度化意见，推动"两学一做"融入日常、抓在经常。(2分)	1 问卷调查 2、3、4 材料审核	7
	2.2 组织建设	1. 党政联席会制度健全、落实有力。(1分) 2. "三会一课"制度落实到位，坚持开展党员党性教育，优良传统作风教育。(1分) 3. 构建多渠道多层次的入党积极分子和党员的教育体系，加大对党员的教育管理。(1分) 4. 学院组织建设制度健全并得到有效落实，抓文明校园创建工作安排有实际举措。(2分)	材料审核	5

续表

一级指标	二级指标	测评标准	测评方式	分值
	2.3 落实党管政治责任	1. 认真贯彻落实《中国共产党普通高等学校基层组织工作条例》，有具体工作计划和保障措施，定期研究基层党组织建设工作。（1分） 2. 基层党组织执行党的路线方针政策自觉性高，引领全体党员和师生员工完成教学、科研、行政管理等各项工作任务，及时掌握师生思想动态，努力解决群众工作生活实际问题，维护本单位和谐稳定。（1分） 3. 加强廉政风险防控，监督措施完善。（1分） 4. 基层党组织工作制度健全，规章制度完善，党组织在教学、科研、财务、资产等重点部位和关键环节，积极建设"学习型、服务型、创新型"党组织。（1分） 5. 群众对党组织工作内容和活动方式有创新的满意率在90%以上，党支部书记在党员中群众对党员发挥作用的满意率在90%以上，学院党委、学校党委中的满意率在90%以上。（1分）	1、3、4材料审核 2材料审核 问卷调查 5问卷调查	5
3. 师德师风建设（13分）	3.1 师德教育	1. 将师德教育摆在教师培养首位，贯穿教师职业生涯全过程，师德教育有计划、有方案、有保障。（2分） 2. 加强教师社会主义核心价值观教育，开展理想信念、形势政策、法治和心理健康教育。（1分） 3. 结合教学科研、社会服务活动，挂职锻炼、志愿服务等实践活动，不断拓宽师德教育途径，增强师德教育效果，形成具有学院特色的师德教育品牌活动。（2分）	材料审核	5
	3.2 师德监督考核机制	1. 构建高校、教师、学生、家长和社会多方参与的师德监督体系，教授委员会等师德建设中的作用。（1分） 2. 充分发挥教职工代表大会、工会、学术委员会、学生评教机制完善。（1分） 3. 严格、及时、公正查处违反"红七条"教师，把师德表现作为教师职务（职称）晋升和岗位聘用、研究生导师遴选、评优奖励、课题申报、教师职业发展的首要条件，实施师德"一票否决"。（2分）	材料审核	4

续表

一级指标	二级指标	测评标准	测评方式	分值
	3.3 师德师风表现	1. 教师关心爱护学生，公正对待学生，师生关系和谐融洽。（1分） 2. 教师教风整体良好，教育教学活动中的言行举止符合教师职业道德规范。（1分） 3. 校园学术氛围积极健康，教师诚信为学观念强，言传身教带动学生。（1分） 4. 学生对教师的师德师风、学术诚信、立德树人评价满意。（1分）	1、3、4 问卷调查 2 实地考察 问卷调查	4
4. 校园文化建设 （10+1分）	4.1 文化活动	1. 注重发挥共青团、学校社团、学生自治组织的作用，调动学生的参与积极性，开展形式多样、格调高雅的校园文化活动。（2分） 2. 有大学文化实践基地，开设文化类公共课、文化类选修课。（2分） 3. 重视师人文素养教育，开设文化类公共课、文化类选修课。（2分） 4. 广泛开展阳光体育运动，坚持每天一小时校园体育活动。组织开展各类体育竞赛、群众性体育活动。（2分）	材料审核	8
	4.2 文化品牌	培育形成富有特色的校园文化活动、品牌项目。积极开展校园文化成果展示活动。（2分） 充分发挥校史育人功能，有反映学校历史、文化、人物的书籍或电子出版物。（+1分）（加分指标）	材料审核	2+1
5. 校园环境建设 （15+2分）	5.1 环境平安	1. 建立完善平安学院创建工作机制。（1分） 2. 落实各类突发事件快速反应机制。（1分） 3. 严格执行消防法规，设备设施管理到位，校园安全通道畅通，推进大学生安全教育进课堂。（1分） 4. 抵御防范境内外敌对势力和恐怖势力对校进行渗透和破坏，有措施有办法。（1分） 5. 建立完善涉稳突出问题台账，落实整改措施，及时报送相关信息。（1分）	1、2、4、5 材料审核 3 材料审核 实地考察	5

续表

一级指标	二级指标	测评标准	测评方式	分值
	5.2 环境卫生	1. 办公室、实验室、教室、宿舍等环境整洁，井然有序，师生举止文明，遵守"八不"行为规范。开展"垃圾分类"的试点分学院1分（3+1分）自觉贴于宿舍醒目位置。（2分） 2. 开展文明宿舍创建活动，有实施方案、有评比表彰，宿舍有文明公约，并张贴于宿舍醒目位置。（1分） 3. 积极推动无烟校园建设。（1分）	1、3 实地考察 2 材料审核 实地考察	6+1
	5.3 环境和谐	1. 各类设施建齐备，标识醒目。建有文化走廊，注重环境育人功能。（2分） 2. 积极创建节约型校园，低碳节能教育有举措，有成效。（1分） 3. 建立并落实校校联系制度，建立与驻地社区合作的工作机制，每年组织开展合作共建活动。（1分） 4. 发挥科研和人才等资源优势，积极参加城市公共管理、公共安全和精神文明创建活动。（+1分）	1、2 实地考察 3、4 材料审核	4+1
6. 活动阵地建设（12分）	6.1 活动场所管理	1. 加强对课堂教学和各类思想文化阵地建设管理。建立完善阵地建设管理制度。分类加强阵地管理，分工明确，职责清晰，配合高效，重要阵地做到有专人、专责。严格阵地审批和登记备案制度，实际效果良好。（3分）注：学院活动场所等，以及各类教室、宿舍、院刊、党团活动室、报告厅、会议室以及其他学生课外活动场所等，以及各类教学、报告、研讨、培训、论坛等活动的人员、内容严格把关、严格执行"一会一报制"。 2. 对各类报告会、研讨会、培训会、讲座、论坛等活动的人员、内容严格把关、严格执行"一会一报制"。（3分） 3. 坚持教育与宗教相分离的原则，完善工作机制，严禁在校园传播宗教、宗教活动，做好抵御和防范校园传教渗透工作和防范和处理邪教工作。（1分）	1 材料审核 实地考察 2、3 材料审核（其中"一会一报"采取扣分方式，漏报一项扣0.5分，直至扣完）	7

续表

一级指标	二级指标	测评标准	测评方式	分值
	6.2 活动阵地管理	1. 宣传阵地管理制度健全，措施到位，阵地利用率高。对学生参与活动进行目标量化管理。积极开展"社会主义核心价值观""讲文明树新风""等公益广告宣传，做到用语用字规范。（2分） 2. 常态化更新校园网，加强网上思想文化阵地建设，培育积极健康、向上向善的网络文化，建设网络良好生态。（1分） 3. 规范师生自媒体管理和舆论引导，做好重大活动和热点事件、热点问题的舆论引导。（1分） 4. 落实《高校学生社团管理暂行办法》要求，加强对学生社团建设管理，落实指导教师，制度规范有效。（1分）	1、2 材料审核 实地考察 3、4 材料审核	5

二、特色指标

序号	项目内容	测评标准	测评办法
1	好人好事获省部级以上表彰。	获得全国道德模范、全国道德模范提名奖、中国好人以及中央国家机关一级授予的师德标兵、教书育人楷模、大学生年度人物、高校思想政治理论课教师年度影响力人物、辅导员年度人物、最美教师、最美人民教师、最美年度人物、最美学生等荣誉；获省级以上表彰的道德模范、杰出人民教师、最美教师、最美人物、最美学生。（每人次0.5分，累计不超过3分）	材料审核（时间为每年度，全部指标最多加15分）
2	积极参与社会公益、志愿服务等活动，产生较大社会影响，获省部级以上表彰。	组织师生参加大型赛事或重大活动的志愿服务，师生参与社会公益活动产生良好社会反响，有长期的服务项目并形成特色志愿服务品牌，获省级志愿服务表彰。（1项加0.5分，累计不超过2分）	

续表

序号	项目内容	测评标准	测评办法
3	学院办学、文化建设、文明创建特色明显，成效显著，充分发挥科技和人才优势为经济社会发展做出突出贡献，中央或福建主要媒体做过宣传报道。	中央和福建主要媒体对学院办学、文化建设、文明创建做过宣传报道；相关工作表中央领导、省领导批示肯定。（1项加0.5分，累计不超过3分）	
4	有省委教育工委、省教育厅及以上评选表彰的思想宣传、优秀成果、特色项目、校园文化建设成果的基地。	入选全国高校"礼敬中华优秀传统文化"示范项目及特色展示项目，党建工作获省级奖励，省级网络文化精品项目，福建省高校中华优秀传统文化教育创新示范基地，高校辅导员工作室，福建省学习支持大学生学习马克思主义理论读书社，大学生学习马克思主义理论优秀成果一、二等奖，省级重点马克思主义学院，辅导员职业能力大赛省三等奖以上或省赛、区域赛一等奖"马""当先"知识竞赛团体奖（不重复计算）。（以上每项0.5分，累计不超过2分）	
5	学院共青团工作开展扎实，与文明创建工作有机结合，富有特色。	根据校团委年度二级学院共青团工作考核结果加分，五星级团委加5分，四星级团委加3分，三星级团委加1分。	

三、反向约束扣分指标

序号	项目内容	测评标准	测评办法
1	领导班子成员在本校任职期间有严重违纪、违法事件;党风廉政建设责任制落实不力,领导班子成员违反中央八项规定、处理或受到党纪律处分。	1. 教职员工因违规违纪被诫勉谈话的,扣2分。 2. 党员因违规违纪,受警告处分的扣10分,严重警告处分的扣20分,撤销党内职务的扣30分,留党察看处分的扣40分,开除党籍处分的扣50分。 3. 教职员工因违规违纪,受警告处分的扣10分,记过处分的扣20分,降低岗位等级或撤职处分的扣30分,开除处分的扣50分,被给予刑事处罚,依法构成犯罪的,被给予刑事处分。 4. 师生员工因违反《治安管理条例》治安管理拘留处罚的,扣20分;师生员工违法犯罪案件。扣100分。 5. 以上所有扣分项目均为每人次,可累计扣分,上不封顶。	相关部门提供材料审核。
2	意识形态领域出现严重错误倾向。		
3	有影响社会稳定的重大不诚信事件。		
4	有重大校园安全责任事故、重大消防责任事故、重大食物中毒事件。		
5	有造成重大社会影响的师生员工违法犯罪案件。		
6	有严重违规办学(办班)、违规招生和违规收费问题。		
7	对照教育部颁发的《关于建立健全高校师德建设长效机制的意见》,教师中有严重违反师德的行为,造成恶劣社会影响。		

续表

序号	项目内容	测评标准	测评办法
8	意识形态"一会一报""一事一项"工作未上报学校相关职能单位的。	每项扣1分，可累计扣分，不封顶。	宣传部负责审核
9	因违规使用高功率电器，或宿舍卫生状况较差，或违规私拉电线给电动车充电，或在校园内违规停车，受到学校《精神文明建设简报》通报的宿舍。	每间次扣0.5分，可累计，年度封顶扣10分。	文明办负责审核

附件2

福建师范大学文明学院自评表

一级指标	二级指标	分值	自评
思想道德建设	1. 把思想道德建设工作纳入学院事业发展统筹规划，并组织实施。（9分） 2. 积极培育和弘扬社会主义核心价值观。（7分） 3. 加强日常思想政治教育。（7分） 4. 开展中华优秀传统文化和革命文化、社会主义先进文化教育。（6分） 5. 注重开展网络文明教育。（4分）	33 + 2分	
领导班子建设	1. 加强领导班子的思想政治建设。（7分） 2. 加强领导班子的组织建设。（5分） 3. 落实管党治党政治责任。（5分）	17分	
师德师风建设	1. 加强师德教育。（6分） 2. 加强师德监督考核。（3分） 3. 师德师风表现整体良好。（4分）	13分	
校园文化建设	1. 文化设施完善。（2分） 2. 文体活动丰富。（6分） 3. 培育形成富有特色的文化品牌。（2分）	10 + 1分	
校园环境建设	1. 环境平安。（5分） 2. 环境卫生。（6分） 3. 环境和谐。（4分）	15 + 2分	
活动阵地建设	1. 加强活动场所管理。（6分） 2. 加强活动阵地管理。（6分）	12分	
特色指标	1. 好人好事获省部级以上表彰。（3分） 2. 积极参与社会公益、志愿服务等活动，产生较大社会影响，获省部级以上表彰。（2分） 3. 学院办学、文化建设、文明创建特色明显，成效显著，充分发挥科技和人才优势为经济社会发展做出突出贡献。（3分） 4. 有省委教育工委、省教育厅及以上评选表彰的宣传思想特色项目、优秀成果，重点培育建设的基地。（2分） 5. 学院共青团工作开展扎实，与文明学院创建工作有机结合，富有特色。（5分）	15分	

续表

一级指标	二级指标	分值	自评
反向约束扣分指标	1. 主要领导在任职期间有严重违纪、违法事件。 2. 意识形态领域出现严重错误倾向。 3. 有影响社会稳定的重大事故、重大不诚信事件。 4. 有重大校园安全责任事故、重大消防责任事故、重大食物中毒事件。 5. 有造成重大社会影响的师生员工违法犯罪案件。 6. 有严重违规办学（办班）、违规招生和违规收费问题。 7. 对照教育部颁发的《关于建立健全高校师德建设长效机制的意见》，教师中有严重违反师德的行为，造成恶劣社会影响。 8. 意识形态"一会一报""一事一项"工作未上报学校相关职能单位的。 9. 因违规使用高功率电器，或宿舍卫生状况较差，或违规私拉电线给电动车充电，在校园内违规停车，受到学校《精神文明建设简报》通报的宿舍。		
总计	120分		

该文件在 2007 年（试行）、2010 年、2015 年（修订）的基础上进行修订

关于印发福建师范大学精神文明建设指导委员会 2019 年工作要点的通知

（闽师文委〔2019〕1 号）

各单位党委、党总支，各单位：

现将《福建师范大学精神文明建设指导委员会 2019 年工作要点》印发给你们，请结合本单位实际遵照执行。

福建师范大学精神文明建设指导委员会
2019 年 3 月 28 日

福建师范大学精神文明建设指导委员会 2019 年工作要点

2019 年，学校精神文明建设工作的主要任务是：以习近平新时代中国特色社会主义思想为指导，深入学习贯彻党的十九大和十九届二中、三中全会精神，紧紧围绕举旗帜、聚民心、育新人、兴文化、展形象的使命任务，突出庆祝新中国成立 70 周年这条主线，紧紧围绕学校中心工作，落实立德树人根本任务，大力培育和践行社会主义核心价值观，认真对照全国文明校园创建标准，在"新"字上求突破，在"实"字上花气力，在"好"字上见成效，推动学校精神文明建设工作守正创新，为高水平大学和"双一流"建设提供坚强思想保证、强大精神动力、丰润道德滋养和良好文化条件。

一、以习近平新时代中国特色社会主义思想和党的十九大精神为引领，着力用党的创新理论指导精神文明建设

以学习领会习近平新时代中国特色社会主义思想为主线，举行校院两级中心组学习 10 次以上，发挥中层以上领导干部的带头示范作用，将学习引向深入。推动师生学习使用"学习强国"，营造比学赶超的良好学习氛围。校党委讲师团为基层理论学习提供菜单式服务。繁荣和规范哲学社会科学讲坛论坛建设，重点支持建设若干特色哲学社会科学讲堂。依托习近平新时代中国特色社会主义思想研究院，组织专家学者在主流媒体和网络空间推出一批有深度、有说服

力的理论研究成果。强化思政课教师、辅导员、班主任等队伍力量,开展辅导员全员培训,吸引专家教授、优秀青年教师加入班主任队伍,推动"思政课程"走向"课程思政"。组织学生深入城市社区、农村基层等开展理论宣讲等社会实践。做大做强网络思政工作品牌,以每年1亿答题量推动"青马易战"引领学生理论学习新风尚,以百篇网络微评文章引领校园正能量。依托小葵新媒体工作室和青年学生习近平新时代中国特色社会主义思想研习传播社,开发一批叫得响、传得开的文创精品。在校报、校电台、官方微信微博等媒体和平台,继续办好"大学习进行时""学思践悟"等专栏。

二、以筑牢意识形态阵地为基础,着力营造校园精神文明建设良好环境

建立落实意识形态工作责任制长效机制,各二级单位党组织每年至少举行1次意识形态工作中心组专题学习、每学期至少开展1次师生思想动态专题调研和分析、每学期至少进行1次各类宣传阵地自查自纠。进一步建强意识形态阵地,推动校级各类媒体融合发展。规范新媒体平台开通、年检、审核的流程和制度,落实"一会一报"制度,对自办刊物进行全面审批登记并规范年审制度。做好校园宗教管理工作,把党关于宗教工作的理论和方针政策纳入党校学习培训计划,纳入干部日常教育培训、师生政治学习和思想教育工作之中,落实信教人员所在单位联系人制度,加强教师课堂教学情况督查,坚决防控校园非法传教现象。实施意识形态工作"一票否决",教职工违反意识形态有关规定的,取消其两年内评奖评优、职务晋升、职称评定、岗位聘用、工资晋级、干部选任、申报人才计划、申报科研项目等方面的资格;对有师生员工违反意识形态有关规定的单位,取消其两年内在党建与思想政治工作领域先进集体申报资格。加强网络舆情搜集研判,规范师生自媒体管理,提高网上议题设置能力和舆论引导水平,尤其要做好重大活动和热点问题、突发事件的网上舆论引导。

三、以培育践行社会主义核心价值观为主线,着力推进核心价值观教育落细落实落小

持续深入开展"师大故事"社会主义核心价值观微传播教育,推动社会主义核心价值观落细落小落实。通过户外公共宣传栏、宣传牌、电子显示屏等展播公益广告标语,营造社会主义核心价值观良好宣传氛围。加强校史资源开发,强化校史校训校歌育人功能,加强校史展览馆建设,编印校史知识手册,开展

"知校史爱学校"知识竞赛活动。构建"大格局"三全育人体系，把培育和践行社会主义核心价值观融入教育教学全过程。持续深入开展"节粮节水节电"活动，开展第六届"三节"宣传月活动，加强"三节"督导，营造"人人节约、事事节约、环环节约"的校园新风。推进诚信文化建设，加强师生诚信教育，把学术诚信纳入教师评价体系，开展"学术诚信教育主题宣讲"活动，加强科学道德与学风建设，加强诚信典型宣传，推动全校形成诚实守信良好氛围。

四、以"情暖八方"志愿服务活动为重点，着力促进学雷锋志愿服务常态化

进一步规范志愿服务组织，推进志愿服务融入创建活动。以志愿服务作为重要载体，推进学雷锋活动常态化，推进志愿服务项目化运作，品牌化建设，充分利用"3.5"学雷锋纪念日、"12.5"国际志愿者日等重要时间节点广泛开展助学、助孤、助残、助老等志愿服务活动，组织开展"邻里守望"主题志愿服务活动、大型赛事志愿服务、研究生西部支教团项目、海外汉语教学志愿者计划等具有师大特色的志愿服务项目。加强对"三下乡"社会实践活动重点项目、重点团队的支持力度，提高对重点地区和重点领域的服务成效。发挥全国文明单位示范引领作用，以与乡村少年宫共建为新形势下帮扶共建工作的有效载体，继续抓好与福州高新区第一中心小学等3所小学乡村少年宫的共建工作，力争出精品、出经验。组织教职工开展年度无偿献血等公益活动。加强志愿服务工作培训，提高我校志愿服务的规范化标准化水平。加强学校学雷锋志愿服务先进典型宣传，形成"我为人人、人人为我"的校园风尚。

五、以"致敬经典"等文化活动为主线，着力推进中华优秀传统文化传播

在学校教学区建设2条"福建历史文化名人长廊"，加强福建历史文化名人宣传教育。依托传播学院、校广播电台等优势资源拍摄8个左右、每个3—5分钟的优秀"经典诵读"视频，在官方微信平台"经典诵读"专栏推送。继续打造"中华诵·经典诵读""传播学院朗诵节""普通话大赛"等经典诵读品牌，弘扬中华优秀传统文化。充分利用学校理论与名师大讲堂，开展"走进名家、走进经典、走进科学"主题活动。实施"致敬师大"系列宣传视频制作计划。结合学校第八次党代会、2019年招生季、年度总结等契机，制作短视频，在官方微信公众号刊播宣传。拍摄制作3个"师大学人"专题片，在官方微信公众

号以《砥砺奋进的福建师大人》专栏推送。加强文明礼仪教育，通过校园文明短视频宣传，制定颁布好懂易记、便于遵行的校园文明守则等，引导师生把文明言行举止落实到日常生活和工作之中。深入开展"我们的节日"主题教育活动，在重要节庆日、纪念日和重大活动期间，组织开展宣传、纪念等主题活动，引导广大师生员工弘扬和传承中华民族优秀传统文化。

六、以"优师行动"立德树人为根本，着力推进师德师风建设

强化师德宣传教育。落实《师德教育实施办法（暂行）》，开通师德在线学习教育平台，逐步建立师德教育资源库。举办师德师风大讲堂、师德师风专题讲座。开展"师德建设月"活动，举办教师节表彰大会，开展最美教师评选，选树表彰宣传师德师风先进典型。强化师德考核监督。贯彻落实新时代教师职业行为十项准则，严格执行《福建师范大学教职工师德失范行为处理办法（试行）》，实行师德失范"一票否决"。强化青年教师培养。组织新进教师岗前培训，落实新进教师导师制度。组织签署《师德师风承诺书》。多形式开展教学、科研等方面业务培训，有针对性地促进青年教师专业素养提升。开展新一轮青年教师教学竞赛工作。

七、以校园精品文化建设为依托，着力提升精神文明建设水平

加强校园文化环境建设，科学合理设置校园景观。启动旗山校区百年碑林提升改造工程，注重景观建设的实用和美观，着力体现师大风格和百年底蕴，使之成为师生陶冶情操、休闲放松的重要场所。建设1条"校园文化"长廊和2处社会主义核心价值观文化景观，集中展现学校办学历史和成就。开展二级单位办公楼（实验楼）文化走廊（景观）建设评比活动，推动二级单位文化建设。积极开展校园文化艺术节、体育节、高雅艺术、文化名家进校园等丰富多彩、健康向上的文体活动，积极组织师生参加各级各类高水平文化体育赛事。围绕庆祝中华人民共和国成立70周年、纪念"五四"运动100周年，开展"我和我的祖国"文艺汇演、演讲比赛、书画展、交响乐与诗歌朗诵等形式多样的庆祝和纪念活动，激励广大师生开拓进取、攻坚克难，展现新气象、创造新作为。

八、以道德模范评选表彰为抓手，着力发挥先进典型的示范引领作用

多层次多角度培育和选树一批信得过、看得懂、学得到的先进典型，开展

内容丰富、形式多样的道德典型学习教育活动，以身边人、身边事讲述师大好故事、传承师大精神。开展福建师范大学第二届道德模范推荐评选工作，举行道德模范颁奖典礼，编辑印刷《德耀师大——福建师范大学第二届道德模范先进事迹汇编》读本。通过"一本书、一面墙、一场报告会"等传统媒体与新媒体相结合方式，把学习宣传道德模范的感人事迹、崇高精神和宣传实施新颁发的《新时代公民道德建设实施纲要》统筹起来，多方位多角度广泛开展宣传道德模范事迹、学习道德模范精神的活动，在全校营造崇尚模范、学习模范、礼遇模范、争做模范的浓厚氛围。

九、以"美丽师大"建设为载体，着力持续深化文明校园创建

加强校园生态环境建设，实施"第一印象"校园形象提升计划，推进旗山校区学生宿舍修缮，提升楼宇内外美观度和居住舒适度，更新校园楼宇内外破损标志牌和道路指示牌，维护保养校园雕塑、长廊、喷泉等校园景观。在仓山校区前区建设室外文化长廊，更新宣传栏，提升仓山校区文化品味。总结仓山校区17号楼试点"垃圾分类"典型经验，创新开展"推行'八不'行为规范，做文明有礼师大人"主题教育实践活动，鼓励更多学院更多楼宇开展"垃圾下楼"和"垃圾分类"活动。试点学生宿舍楼开展舍长、层长、楼长三级自我管理体制。加强师生文明停车教育管理，组织开展10个校园文明停车志愿服务精神文明建设专项活动，整治校园乱停车现象，通过共建共管共享，做到常态管理，创建良好校园秩序。构建校园平安环境，定期开展重点场所防火、防盗、防爆、防毒检查，开展5次以上消防、防恐防暴、地震逃生等应急演练，强化实验室危险化学品精细化管理，完成校园技防系统建设，推进"人防、物防、技防"三级联动。按需设置校园安全标识，完成各大门车辆进出管理系统软硬件的更新，确保校园安全。

十、以健全文明校园创建长效机制为保障，着力深化群众性精神文明创建

深化文明校园创建，巩固首届全国文明校园成果。认真贯彻落实《关于深化全省文明校园创建工作的指导意见》，按照思想道德好、领导班子好、教师队伍好、校园文化好、优美环境好、活动阵地好"六个好"目标，进一步强化文明校园常态化长效化管理。根据《全国高校文明校园测评细则》，修订《＜全国高校文明校园测评细则＞任务分解》，召开学校第二届全国文明校园创建工作推

进会，布置新一届全国文明校园届中复评工作，夯实责任、压紧任务、补齐短板、巩固成绩，及时做好材料网上申报，不断巩固提高创建水平，确保全国文明校园金字招牌的含金量。加大监督检查力度，完善督查通报制度，加强文明督导志愿者队伍建设，发挥文明督导队的积极作用。加强对文明校园创建明察暗访，发挥《福建师范大学精神文明建设》作用，定期通报各单位文明创建经验、文明检查和文明督导情况。修订文明学院评选办法，开展年度文明学院评比，不断提高学校文明校园创建工作水平。

三 媒体报道

"山水学村"绽放璀璨文明花
——福建师范大学加强精神文明建设结硕果
（来源：中国教育报 2011-5-15）
龙超凡 李玉莲

从民族精神到大学精神，从"全国模范教师"到"中国大学生自强之星"，从"讲文明树新风"迎奥运、迎国庆到迎世博、迎特奥，从西部爱心支教的志愿者到海外汉语教学的"微笑天使"……近年来，闽水之滨、旗山脚下的福建师范大学精神文明建设硕果累累，文明之花在其新百年中璀璨绽放。

核心价值体系引领精神

近年来，福建师范大学围绕精神文明建设以社会主义核心价值体系为理论引领的主线，开展了形式多样、内容丰富的理论学习、宣传和教育活动。广大师生自觉将理论学习作为加强人生修养的必修课，不断掀起理论学习的新高潮。以爱国主义为核心的民族精神和以改革创新为核心的时代精神深入人心，社会主义核心价值体系得到师生的广泛认同。

除了发挥校、院两级中心组理论学习制度和思想政治理论课主渠道作用外，福建师范大学通过组织专题报告、征文、论坛、研讨会、主题党团日活动等形式开展理论学习活动，运用网络等先进手段服务师生的理论学习。学校先后邀请了李慎明、卫兴华、严书翰等多位国内马克思主义理论知名专家来校做专题辅导报告。这些活动开阔了师生的视野，有效地帮助师生员工深刻理解和准确把握中国特色社会主义理论体系。在福建省学习型党组织建设工作经验交流会上，该校作为全省唯一高校代表作典型发言。

此外，该校成立了马克思主义研究院、中国特色社会主义理论体系研究中心、福建师范大学学生中国特色社会主义研究会等研究团体，深入开展理论研究和实践。目前，学校有学习研究小组300多个，参加人数超过1.5万人。学校每年召开1次理论研讨会，现已举办13届，出版编印了13本论文集。

思想政治教育温暖人心

福建师范大学注重加强和改进大学生思想政治教育，首先便是从关心学生、帮助学生，切实解决学生的实际困难做起。仅2010年，全校共为643名家庭经济困难新生提供"绿色通道"便捷服务，为605名家庭经济特别困难学生减免学费181.5万元，为446名家庭经济特别困难和家庭受灾的经济困难学生提供返乡路费专项补助11.9万元。该校"九位一体"的学生资助体系，以物质资助和精神关爱服务学生成长，实现了"不让一位贫困家庭学生因家庭经济困难而辍学"的目标。

"爱心超市"是福建师范大学资助方式与爱心教育的成功范本之一。创办六年来，"爱心超市"共收到师生和社会各界的爱心捐款30540.9元，捐赠物资折合人民币93630元。许多在"爱心超市"领取"爱心"的学生，毕业后成为爱心的奉献者。"爱心超市"已不单是付出爱、接受爱的场所，俨然成为培育爱的场所。

"有了以人为本、贴近实际的关怀与措施，大学生的思想政治教育就找到了切入点，教育与引导学生成才便变得水到渠成。"福建师范大学学生工作部部长廖深基颇有体会地说。

学校先后开展了"感受家乡巨变，纪念改革开放三十周年"主题教育、马克思主义经典著作诵读会、"我爱我的祖国"演讲比赛、"倡文明风尚，建和谐校园"基础文明教育、"树立当代大学生'八荣八耻'社会主义荣辱观"主题朗诵节、"感恩于心、回报于行"、迎接北京奥运会、上海世博会等各类主题教育活动，引导学生践行社会主义荣辱观，推进思想政治教育。

学校通过举行优秀学生群体先进事迹宣讲活动、优秀学生表彰大会等，大力宣传学生典型，用同龄人的先进事迹教育学生；建立学生党员先锋站和学生党团活动室等，充分发挥学生党员的先锋模范作用，引导学生自觉成才。

师德建设凸显园丁光辉

去年，音乐学院大一新生小林刚进学校不久就有幸聆听了该校年近七旬的国家级教学名师王耀华教授的专题讲座《中国音乐体系传统音乐的形态特征及其美学基础》。像这样由知名专家学者主讲的讲座，福建师范大学每周至少都有一次。这是该校在福建省高校率先开展的"名师讲堂"活动。

该活动汇聚校内获得国家级、省级、校级"教学名师"奖的教师，国内知名学者、企业家等来校开设公开课或专题讲座，每位名师至少开1学时公开课或1场专题讲座。"名师讲堂"不仅深受学生们的欢迎，也使老师们受益匪浅。"这个活动让我接触到了更多年轻学生和青年教师，了解他们的想法，同时也让更多人了解中国传统音乐，这对于师生双方都大有益处。"王耀华教授说。

在福建师范大学，师德师风是教师考核的重要内容，在职务聘任、升职升级、评奖评优、出国进修、录用新教师等工作中，均实行师德师风"一票否决制"。同时，通过学生对教师的评价、选择和淘汰，促进教师职业水平的不断提高。

学校广泛开展师德建设工程，建立学校领导、学院领导、优秀专任教师、新任教师、退休党员、教职工党支部联系学生班级制度，形成教育工作者全员关心学生成长的浓郁氛围。教育部网站报道了该校推出的六项师德建设长效机制。目前，全校有全国模范教师1人、全国师德先进个人2人、国家级教学名师2人，省级教学名师15人、省师德标兵5人、省教学名师9人。

多彩文化引航学生成长

福建师范大学大力推进大学文化建设，形成了以文化艺术节、科技节、体育节三大节为特色和优势的校园文化格局，辅以丰富多彩的社团活动，为大学生提高素质、锻炼能力、实践知行搭建舞台。

每年一届的校园文化艺术节为全校师生提供近百场文化艺术活动；高雅艺术进校园活动，先后邀请中国歌剧舞剧院、爱乐交响乐团等演出团体来校演出；组建了以大学生合唱队、礼仪队、模特队等大学生艺术团，丰富大学生的文化生活；邀请中国女排、奥运会冠军、北京残奥冠军走进校园，与大学生面对面交流、同台联欢表演。

福建师范大学积极组织学生参加全国"挑战杯"创业计划竞赛和课外学术科技作品竞赛等赛事，激发学生的创造热情和创新潜力。从2005年起，学校启动了"本科生课外科技计划"，每年拨专款资助学生课题共770项，并将学生的课外科技文化活动纳入学分管理，大力支持本科生开展课外科技创新实践活动，提高校园文化的科技含量。

在2009年全国第二届大学生艺术展演活动中，学校选送的21件作品全部获奖，获奖数位居全国高校首位；在2010年第三届东芝杯·中国师范大学理科师范生教学技能大赛中，该校学生获得唯一最高奖"创新奖"。此外，福建师范大学学生在"挑战杯"、ACM国际大学生程序设计竞赛、国际大学生数学建模竞赛、中国智能机器人大赛等大型竞赛中均获得优异成绩。

社团文化是校园文化的重要组成部分，福建师范大学大力扶持理论学习型社团，热情鼓励学术科技型社团，正确引导兴趣爱好型社团，积极倡导社会公益型社团，使学生社团成为大学生"自我教育、自我管理、自我服务"的重要载体，成为建设健康向上的校园文化的重要力量。"我们通过推进'一团一品'，一个团支部树立一个活动品牌，把团学活动与学生专业实践结合在一起，使团学活动成为一门生动的专业实践课。"该校团委书记涂荣说。

一年一度的"学生社团文化巡礼月"，与文化艺术节并称为该校两大文化艺术盛事。学校每年都开展街舞大赛、象棋比赛、辩论赛、演讲赛、影评征文赛、足球联赛、英文歌曲赛、武术邀请赛、原创诗歌朗诵大赛、摄影作品展、乐器专场表演、十佳歌手赛、手工艺作品展、书画作品展、集邮知识竞赛、散文小品赛、DV大赛等十几项活动。目前，全校共有校级协会55个，院级协会182个，吸引了全校80%以上学生参加各类社团活动。

丰富多彩的社团活动铺展出菁菁校园的生活画卷，造就了一批高层次、高质量的学生社团：青年志愿者协会被评为"全国高校百强优秀学生社团"；学生社团联合会被评为"全国高校十佳优秀学生社团联合会";校团委被共青团中央授予"全国五四红旗团委"荣誉称号。

学生志愿服务蔚然成风

从 2003 年起,福建师范大学先后选拔派遣了 8 批 398 名优秀青年志愿者赴菲律宾、印度尼西亚、泰国、越南等东南亚国家开展对外汉语教学,受到当地华侨和国家汉办的充分肯定,被誉为"高学历、高素质、高觉悟的中国新生代"。2007 年 1 月,温家宝总理在菲律宾马尼拉访问时,亲切接见了该校汉语教学志愿者;2011 年 4 月,温家宝总理在印度尼西亚进行国事访问时,参观了福建师范大学与阿拉扎大学合办的孔子学院,并亲切看望了该校汉语教学志愿者。

从 2002 年起,福建师范大学研究生西部支教团奔赴甘肃漳县接力支教,共派出 9 届 52 名学生,为当地 13 个乡镇、几十所中小学募捐款项 60 余万元,图书 10 余万册,衣物 2 万余件,结对帮扶 1739 名贫困生,并在甘肃漳县援建福建师范大学"支教团希望小学"和"中小学教师培训中心"。研究生西部支教团先后获得福建省"新长征突击队""2007 感动福建年度十大人物"等荣誉称号,支教团成员李蕊被授予"中国大学生自强之星十佳标兵",受到中共中央政治局委员、全国人大常委会副委员长王兆国亲切接见。

此外,在北京奥运会、上海世博会等大型赛会,在扶贫助困、法律咨询、爱老助残、环保宣传、爱心献血等各个领域,在校园内外、社会等都活跃着该校青年志愿者的身影。继该校学生廖小荣成为福建省首例大学生造血干细胞捐献志愿者后,又涌现出林丽珠、黄振桐等同学造血干细胞捐献志愿者,其中黄振桐获得 2010 年度"中国大学生自强之星"。在历届福建省志愿服务评选活动中,该校多个优秀志愿服务集体、优秀志愿者、优秀志愿服务项目受到表彰,学校被授予福建省志愿者工作组织奖。

以自愿、无偿为前提的志愿精神,引导着福建师范大学大批志愿者把服务他人、服务社会与实现个人价值有机结合起来,引导大学生在做好事、献爱心的过程中陶冶情操、提升境界,学生的社会道德规范和思想道德素质得到有效提升。

"山水学村"：问学山水之间

远山、碧湖、游鱼、鸟鸣、林籁之声，这是福建师范大学旗山校区常年可见的迷人校园景色。福建师大十分重视校园基础建设，构建起以溪源江为主干的水网系统，以山林生态休闲公园、水体和道路为核心的"山水学村"校园生态网络。校内各建筑群斑块状嵌入其间，隔水相望，相互烘托对比；学校现有绿地面积50万平方米，绿化率40%左右；旗山校区现有桂园、竹园、果园、紫薇园、桃园、李园、红枫园、柳园、芙蓉园等十大园区，乔木、灌木300余种；人文景观百年三宝"宝球、宝鼎、陈宝琛塑像"等成为校园标志性景观。仓山校区历史悠久、建筑古朴、植被多样，现有各种花卉树木233种，其中国家一级、二级保护树种10个。旗山、仓山两个校区整洁美观、环境优雅，实现"春有花、夏有荫、秋有果、冬有绿"，形成绿化、花化、香化、科普化的良好育人环境和人文氛围。

学校多次被授予"花园式单位""卫生工作先进单位"等荣誉称号。功能优化、布局合理、环境优美、个性鲜明、格调高雅、人与自然和谐、传统与现代交融的校园，逐渐激发了广大学生的爱校情结，陶冶学生关爱自然、关爱社会、关爱他人的美好情操和文明举止。如今，福建师范大学已成为莘莘学子实现坚定信仰、陶冶情操、求学深造、报效祖国的追求的理想高等学府。

福建师范大学学生志愿者与特奥运动员开展体育融合运动

美丽的福建师范大学校园

福建师范大学：文明之风扑面来

（来源：中国教育报 2014-10-15 08版 教育展台）

大学的本质，在于精神，在于文化。近年来，福建师范大学扎实开展全国文明单位创建工作，积极培育和践行社会主义核心价值观，精神文明建设工作从常态走向长效、从自觉走向自信，学校已连续六届荣获省级文明学校称号，曾获得全国精神文明建设先进单位、福建省生态文明教育基地等称号，是全国文明单位培育对象。同时，积极、健康的大学文化已经渗透到师生的血液之中，成为向上向善的强大动力，使学校步入了科学发展的良性轨道。

福建师范大学党委书记黄汉升表示，高校承担着人才培养、科学研究、服务社会和文化传承创新的重任，加强学校精神文明建设，是培养社会主义合格建设者和可靠接班人的必然要求，是实现学校可持续发展、办人民满意教育的迫切需要，也是顺应广大师生对建设美丽校园、和谐校园的热切期盼。

学习雷锋常态化　志愿服务品牌响

学雷锋志愿服务是福建师范大学的一张名片。如今，雷锋精神已深深根植于师生心中，志愿服务成为一种习惯，出现在师生的日常生活中。

去年11月，该校经济学院的研究生许倩倩，在公交车上遇到一位突发心脏病晕倒的老人。危急时刻，许倩倩挺身而出，主动拨打120，并根据值班护士的指导，对老人施救。待救护车赶到将老人接走后，她才悄然离开。

许倩倩救人不留名的举动，是学校坚持引导师生学习雷锋、争当先进的具体体现。翻开该校教职工年度考核表，"岗位学雷锋"一栏赫然在目；通过开展"我最喜爱的好老师""十佳辅导员""雷锋精神在身边"等活动，提高雷锋精神在师生求学治学中的分量。

在这浓厚的氛围下，"全国师德标兵""全国优秀教师""全国模范教师""全国三八红旗手""雷锋团支部""雷锋班级""学雷锋我们身边的好榜样"等先进典型不断涌现。

作为福建省最早启动志愿者工作的高校之一，福建师范大学曾获得中国青年志愿者优秀组织奖、全国无偿献血促进奖等荣誉。现在全校有注册志愿者22216人，占师生总数的70.88%，拥有志愿服务队220支。3年来，师生开展无偿献血、爱心家教、扶老助残等志愿服务活动583次，参与志愿服务活动2万多人次。

"汉语志愿者"是福建师范大学海外志愿服务的闪亮品牌。2003年，学校向菲律宾派出新中国成立以来的首批汉语教学志愿者，10余年间，累计向东南亚各国派出13批880人（次），服务期均为一年。近年来，学校在印度尼西亚、菲律宾、美国建立了2所孔子学院、1所孔子课堂。志愿者多次受到国家领导人的接见，成为文化的使者、友谊的桥梁。

"研究生支教团"与"汉语志愿者"有着相仿的历史，先后有13批、92名志愿者每年在甘肃省为贫困中小学生奉献力量。在那里，志愿者做的不仅是支教送课，还有捐助贫困学生、置换课桌椅、援建小学和教师培训中心、组织倡议捐款，共折合成人民币248万多元。为此，支教团获得了感动福建十大年度人物、福建省十佳志愿服务集体奖等荣誉。

前不久,学校的《共享生命阳光——"Bridge"爱心助残行动》入选团中央、中国残联联合评选的中国青年志愿者助残"阳光行动"首批示范项目。可以预见,"助残"将成为福建师大志愿服务新的关键词。

学校编纂的各类校园文明读本

文明传播多样化　文明风尚势头劲

近年来,福建师范大学运用多种载体传播文明理念,引导师生讲文明、树新风。在不断提升文明校园程度的目标下,一股股良好的社会风气正在形成。

没有监考员,考场内学生心无旁骛低头答卷——"免监考班级"在福建师范大学推行8年来,数量逐年增长,现在每年有三四十个班级接受考验,诚信教育在不知不觉中深入人心。

开展文明有礼培育活动,学校通过编印《文明礼仪知识》读本、举办文明礼仪知识竞赛、邀请厦航空乘开设礼仪讲座等丰富活动,引导学生养成文明有礼行为。

美丽的溪源江畔,大学生创业孵化基地格外亮眼,建筑楼体上大面积的太阳能发电装置常引人驻足。通过太阳能微网、并网发电以及全智能控制系统,学校已发电98000千度，相当于节约35吨标准煤，减排二氧化碳98吨、碳粉尘24吨。

勤俭节约成为自上至下的共识。精简会议文件，简化公务接待，完善出访管理，减少庆典活动；连续两年开展"节粮节水节电"宣传月活动，17000多人次加入"光盘"行动。

充分利用新媒体开展文明传播和实践，"让文明传播进入网络时代"成为福建师范大学精神文明建设的重要渠道。

从2011年起，福建师大在学校、学院、年级、班级、社团五个层级构建微博体系，探索"五微五阵地"育人新机制，"五微"即微协会、微活动、微服务、微论坛、微文化，"五阵地"即将团学组织微博建成思想引领的新阵地、成长服务的新阵地、组织动员的新阵地、答疑解惑的新阵地、工作创新的新阵地。

他们还组建了全省高校首支"网络志愿者"队伍，首聘200名"新媒体传播使者"，邀请校内网络知名专家撰写文明道德微博，3年来共发布、转发、评论有关文明风尚的博文、微博6万余条，编印《美丽师大·美丽心灵》微博读本。

道德教育大众化　见贤思齐氛围浓

一本名为《道德之光》的小册子日前在福建师范大学广泛流传。这本书里记载了校内29位道德楷模的感人事迹，他们中有充满爱心、助人为乐的青年学生，有敬业奉献、虔诚勤勉的一线教师，还有孝老爱亲、血脉情深的普通员工，这些来自身边的"平民英雄"传递着满满的正能量。2014年，福建师大在全省高校中率先开展校园道德模范评选表彰活动，为道德模范举行颁奖典礼，广泛宣传道德模范事迹，引起师生热烈反响。

营造"崇德尚礼、从我做起"氛围，学校开展道德讲堂活动245场次，受教育师生达3万多人次；聘请专家编撰《道德经典》教材，开设"经典诵读"课程，形成"中华诵·经典诵读"等一系列道德经典诵读品牌。2012至2013年，学校参加福建省"中华诵·经典诵读大赛"和"规范汉字书写大赛"，共获得各级各类奖项131项，其中特等奖获18项，居福建省高校首位；"学习经典　诵读经典　领悟经典——马克思主义经典诵读活动"荣获全国校园文化优秀成果二等奖。

校园好人好事层出不穷，福建省道德模范楚玉春同学、公交车上救助发病老人的女大学生许倩倩、福建省"张丽莉"式的优秀老师王晶等。近年来，学校共有2名教职工入选"感动福建十大年度人物"，一大批师生获得"全国五一劳动奖章""中国大学生自强之星"等荣誉。

优质服务人本化 山水学村活力足

在福建师范大学，普通师生想对话校领导并不是件难事。从2012年起，该校陆续开展了"书记早餐会""校长面对面""校领导接待日"等活动，与党委书记拉家常、和校长话成长、向校领导"吐槽"，每周师生都能和校领导"零距离"交流。

倾听心声的交流带来了学校管理问题的迎刃而解。大到全校宿舍楼安装空调、图书馆增设1000个座位，小到校园路灯维修、教学楼增设供水设备，师生们提出的一些切身问题都得到解决。

"师生所望就是工作所向"，是福建师大对所有师生的承诺。在这一承诺下，一系列致力于解决师生实际问题的平台应运而生。

学生服务联动协调中心是福建省高校首个架设在微博上的新媒体服务平台。运行一年来，共受理合理诉求1000多件，有效解决了联系服务学生"最后一公里"的问题。如今，"有事找小联"成为学生解决校园生活难题第一反应。

此外，教师教学发展中心、"九位一体"的家庭经济困难学生资助体系、校院两级就业创业指导服务机制等创新平台，全方位服务师生发展成长。

据介绍，3年来福建师大看望慰问教职工4870人次，慰问金额达32万元；发放奖助学金1.51亿元，惠及学生10万余人次。以人为本的服务为学校赢得了全国心理健康教育先进单位、全国普通高校毕业生就业工作先进集体等多项荣誉。

激发校园活力，丰富师生的精神世界，福建师大形成以文化艺术节、科技节、体育节三大节为特色的校园文化格局。据统计，2012年以来，该校学生在省级以上文体比赛中共获奖项426项。

每年一届的校园文化艺术节提供近百场文艺活动，吸引了全校80%以上学生参加;学生先后4次亮相央视中秋晚会和"五四"晚会;学校在第三届全国大学生艺术展演中的获奖数居全国高校第二;留学生米娜同学在104所大学近万名留学生参加的2012年"汉语桥"在华留学生汉语大赛中,荣获仅有的金奖和"汉语之星"称号。

学校有着良好的发展体育运动传统。"每天锻炼一小时,快乐工作五十年,幸福生活一辈子"是学校倡导的生活理念,多年来已成为师生共识。为此,学校大力推广课间操、工间操、韵律操等健身活动,积极承办各类高水平文体赛事。学生在奥运会、亚运会、全运会等国内外高水平赛事中屡获佳绩;学校在福建省高校率先成立教授篮球队,曾获全球华人篮球邀请赛50岁以上组别的冠亚军,推动全省本科高校教授篮球赛成为福建省教育系统品牌体育项目。

优质的服务、多样的文化与优美的校园生态环境相得益彰。近年来,福建师范大学逐步建成以"山水学村"为主题的校园生态人文环境。3年来,学校累计投入近亿元,用于校园基础设施改造、景观建设、绿化美化等。其中投入1000多万元,增添了近50件雕塑作品,形成旗山大道、溪源江、宝琛广场名贤园、星雨湖沿岸、南区、仓山校区等六大雕塑群。实施增绿补绿工程,注重区域特色景观建设,强化景观湖和河道的综合治理,重点建设并逐步形成了"一湖一江(星雨湖、溪源江)、两道两林(仓山、旗山大道,绿柳林和樟树林)、四区五园(行政区、教学区、北学生生活区、南艺术区,名贤园、桃花园、芙蓉园、桃李园、果树园)"等景观点,形成点、线、面结合的校园绿色系统,绿化率达40%左右。出台校园环境建设实施方案、学生宿舍管理办法等规章制度,实现校园环境管理制度化。

精神文明建设有力推动了学校各项事业发展。2012年以来,福建师范大学实现了从省属重点大学到省部共建大学的飞跃,并被列为福建省重点建设的3所高水平大学之一,综合实力稳居全国高校百强。

"精神文明建设事关高校的改革与发展。福建师大近年来办学实力和水平不断提升,社会影响力和美誉度不断增强,与学校持续加强精神文明建设有着密切的关系。"福建师范大学主持行政工作副校长王长平如是说。(李玉莲)

文明之路　>>>

高校精神文明建设须厘清五大关系

（来源：中国教育报　2015-04-11　03版　新闻综合）

高校肩负着文化传承创新的历史使命，是建设社会主义精神文明的重要阵地。提升精神文明建设的实效性，有利于牢牢把握高校办学的社会主义方向，有利于巩固师生员工团结奋进的思想基础，有利于高校事业的持续、健康、快速发展。

回顾福建师范大学精神文明建设的探索和实践，我们深刻体会到，精神文明建设要取得实效，必须正确把握和处理好以下五个方面的关系：

一是远与近的关系。高校开展精神文明创建活动必须把长远目标与现实任务紧密结合起来。作为一所有着百年历史、深厚底蕴的大学，福建师大始终坚持把"建成社会主义先进文化和精神文明建设的示范区，建成广大师生、校友的精神家园"作为精神文明建设的总体目标。学校坚持把解决师生员工最关心、反映最突出的问题作为精神文明创建的主要任务，致力于从通过努力能够办得到、做得好的事情做起，通过"校领导接待日""书记早餐会""校长面对面"等联系师生群众的制度化机制，以勤勤恳恳、点点滴滴、扎扎实实的工作，把精神文明建设不断推向前进。

二是大与小的关系。高校开展精神文明创建活动必须大处着眼，小处着手。近年来，学校注重精神文明建设的总体谋划，突出抓大事，致力于改革创新，推进志愿服务品牌化、文明传播网络化、办事服务优质化，形成了一系列精神文明创建的特色和亮点。与此同时，学校也十分注重抓好师生文明行为养成，深入开展文明有礼培育活动，积极引导广大师生从自身做起、从一言一行的小事做起，讲文明语言、行文明礼仪、养文明习惯、树文明形象，以点带面，整体推进学校精神文明创建工作。

三是上与下的关系。高校开展精神文明创建活动必须上下齐心，共同推进。一方面，学校坚持把精神文明创建工作与学校中心工作同部署、同落实，确保创建有目标、推进有措施。同时，校领导经常深入教室、学生宿舍、食堂等一线，督促检查各单位精神文明建设工作，及时发现和整改不文明现象。另一方面，充分尊重师生在精神文明创建中的主体地位，从师生最现实、最关心、最直接的问题抓起，特别是近年来学校坚持"师生所望就是工作所向"的理念，以党的群众路线教育实践活动为契机，健全联动服务机制，积极为师生排忧解难。

四是标与本的关系。高校开展精神文明创建活动必须统筹兼顾、标本结合。长期以来，学校把精神文明建设渗透到师生喜闻乐见、丰富多彩的主题校园文化活动中，努力营造力争上游、和谐共进的校园文化氛围。与此同时，学校也十分注重健全完善体制机制，建立"一把手"负总责的领导机制，形成了党委统一领导、党政群齐抓共管、文明委组织协调、成员单位各负其责、全校师生积极参与的领导体制和工作机制；形成了文明考评机制，定期开展文明学院、文明处室、文明宿舍、文明餐厅等培育和评选活动，把创建工作不断引向深入。

五是魂与体的关系。高校开展精神文明创建活动必须做到魂与体的有机统一。任何精神文明创建都包括虚体部分和实体部分，虚体部分就是文明创建所蕴含的精神价值，实体部分则是承载精神价值的物质基础和传播形态。前者是文明创建之"魂"，后者是文明创建之"体"。文化是大学之"魂"，是一所大学内在品质和外在影响的根本体现。学校始终把大学精神作为精神文明建设的核心内容，以校训校风涵养社会主义核心价值观，把大学精神贯穿到学校人才培养、科学研究、社会服务等各个方面和教师、学生、干部、后勤等各个群体，形成全校师生员工共同遵循的理想信念、价值准则、群体意识和行为规范。

（福建师范大学党委书记　黄汉升）

让文明创建有意义也有意思

（来源：福建日报　2018-05-31　11版　社会周刊教育）

本报记者　张颖　通讯员　李玉莲

优秀人才正成为福建师大教师工作的标杆，学生成长的灯塔。在福建高校率先成立教师伦理委员会，建立师德投诉举报平台，推动教师自律。每年举办

"优师（youth）行动"暨新教师成长论坛。"思政课程"从课堂延伸到课堂外，融入师生日常生活。坚定"学生在哪里，我们就在哪里"的工作理念，以阳光、向日葵为原型的"网红""小葵"，传播主流价值，服务老师学生，线下线上联动，成为校园文明风尚的引领者。

从全国精神文明建设先进单位到全国文明单位，再到第一届全国文明校园，福建师范大学一直奔走在推进精神文明建设的路上。近年来，他们构建大思政工作格局，深耕从教师到学生、从"主渠道"到"主阵地"的思想政治教育，实现价值引领，使好思想、好声音、好风气成为校园主流，探索出一条富有师大特色的文明校园创建之路。

对此，"老师大"校长王长平表达了信念和真情。他说，福建师大的人文积淀和心念育人温暖了文明之花。

优秀人才成为标杆灯塔 "优师行动"当好学生引路人

我国生物医学光子技术领域的奠基人谢树森教授，77岁高龄仍然每天工作到晚上。他出生异国、求学他乡，却毅然放弃种种优厚待遇，选择回到故土教书育人，默默耕耘五十载，桃李天下，至善至朴，精益求精。在福建师大，像谢树森一样的老师还有很多，他们用坚守、严谨、奉献的精神打动了一代又一代学生，为祖国和人民培养了大批优秀人才，成为教师工作的标杆、学生成长的灯塔和优良校风的生动体现。

建设文明校园，教师队伍是关键。多年来，福建师大注重锤炼优良师德师风。在制度建设上，从2010年起实施师德建设六项制度，促进从教育管理者、一线教师到教职工党支部等各层面的教育者与学生建立联系，开展师德实践活动；在福建省高校率先成立教师伦理委员会，制定实施教师伦理规范，推动师德建设从行政推动走向教师自律；成立教师工作部，探索师德建设实践与创新做法，构建师德建设长效机制。2015年10月，福建师大成为首批18个"全国师德实践与创新基地"之一。

为加强教师党支部的战斗堡垒作用，福建师大适应新时代高校组织结构新变化，重点培育了全国综合竞争力研究中心等11个科研创新型团队党组织，组建研究生西部支教团师生联合党支部；推进教师党支部书记"党建带头人、学术带头人"培育工程,教师党支部书记中学术带头人占85%;实施教师"领头雁"培育工程,2017年分四期组织全校171名教师党支部书记赴古田、长汀开展全员培训和理想信念教育;注重在高层次人才和留学归国人员中发展党员,建立校领导、学院领导联系青年教师入党积极分子制度,2017年发展教工党员13名。

在教师培养上,福建师大持续开展"劳动模范""师德之星""道德模范""三育人先进个人""十佳青年教师""我最喜爱的好老师""文明家庭"等评选活动,彰显教师风采、弘扬师德魅力,形成师德建设价值导向;每年举办"优师(youth)行动"暨新教师成长论坛、溪源青年沙龙等活动,面向新教师开展思想政治教育、职业理想与道德教育、学风和学术规范教育等活动,当好学生引路人。

在师德监督考核环节,福建师大把师德规范融入人才引进、职称评审、课题申报、导师遴选等环节,完善学生评教机制,建立师德投诉举报平台、学风建设委员会,实行师德"一票否决"。

如今,在福建师大,一大批优秀教师活跃在教书育人第一线,潜心三尺讲台,书写治学故事,为万千学子引路筑梦——在"大学物理实验"课上,第三批国家"万人计划"教学名师黄志高教授字斟句酌地修改学生的实验报告,带领大家深刻理解科学的精确严谨;全国高校黄大年式教师团队"两岸文学教育与交流教师团队"在台北发布两岸合编高中语文教材;青年教师潘苇杭从穿越剧入手,讲解先秦历史,新颖的教学方法带来了每堂课的座无虚席和不少"蹭课族",上过她的课后,学生由衷地理解和热爱中华优秀传统文化……

对话与同龄人讲思政课　"课程思政"融师生日常生活

"十九大关键词有哪些?"福建师大的思政课上,老师抛出问题,鼓励学生踊跃表达自己对十九大精神的感悟和思考。

"全面小康!""新时代!""主要矛盾!""教育优先"同学们争先恐后回答。

在福建师大,教学团队第一时间将十九大精神与思政课教学内容有机融合,师生面对面开展理论辅导和专题讨论,受到越来越多青年学子欢迎。

活跃的课堂氛围源自一问一答的思想交锋与碰撞。告别了"老师照本宣科、自说自话,学生摆弄手机、睡倒一片"的课堂现象,从青年学生关心的话题出发,通过对话了解学生需求、激发学生兴趣,实现从灌输式、填白式教育向启发式、引领性教育转变,抽象生硬的理论变成了解析鲜活现实问题的锐利武器,学生听得懂、喜欢听,才能形成稳定的价值判断。

创建文明校园,思想政治工作是基础。近年来,福建师大充分发挥课堂教学主渠道作用,深化思想政治理论课教学改革,精心打造接地气、有创新、高质量的思想政治理论课。探索建立的对话式教学改革、听同龄人讲思政课等,不仅为思政课带来了扑面新风和满满活力,还获得了教育部"思想政治理论课教学方法改革示范推广培育项目"、教育部马工程"精彩一课"、全国高校学生讲思政课公开课展示活动一等奖等荣誉。多位教师荣获全国高校思政课影响力年度标兵人物、全国高校思政课教学能手等。

思想政治工作还从课堂上延伸到课堂外,进入师生日常生活。课堂教学、网络教学、实践教学、第二课堂的"四维多层"教学设计,使"思政课程"走向"课程思政";已开展多年的校领导接待日、党委书记早餐会、校长与青年学生面对面等活动,在倾听师生心声、解决实际问题中,带来"春风化雨、润物无声"式的思想道德教育,引导师生价值观。

发挥优势学科领航作用。马克思主义学院在福建省高校中率先入选全国重点马克思主义学院(全国仅21所)。目前,福建师大拥有福建省属高校唯一的马克思主义理论一级学科博士点,建成了从本科、硕士、博士到博士后流动站的马克思主义理论人才培养体系。

"通过建立教研协同机制,把学科研究方向凝聚到服务思政课教学上来,将学科优势转化为育人优势。"福建师大马克思主义学院院长李方祥表示,学校依托全国重点马克思主义学院,围绕"新时代中国特色社会主义融入思政课教学"开展教研协同研究,以名师带教、学科带头人领衔、团队攻关、校际联合集体备课等形式,将最新理论成果有机融入课程体系和教学内容。

福建师大的探索实践收到了明显成效。近年来,学生获评"中国大学生年度人物""全国大学生自强之星""感动福建年度人物""福建省道德模范"等各类先进典型,在"一马当先"知识竞赛等理论性知识竞赛中的获奖项目和数量,都位居福建省高校前列。

网红"小葵"活用线上线下　第一时间"微"服务对应诉求

面对互联网一代，主流思想如何活化，正能量如何传播？福建师大就此进行了有益的探索。借助互联网，巧用、活用新媒体，让文明传播生动活泼、入脑入心，打造柔性思想引领方式，让有意义的事也有意思，实现主流价值的有效传导。

面对与网络关系密不可分的大学生，福建师大始终坚定"学生在哪里，我们就在哪里"的工作理念，把思想政治教育从线下延伸到了线上，不断地巩固和拓展网络思想政治教育新阵地。

发挥新兴优势平台粉丝量大、活跃度好等特点，福建师大建立起覆盖学校、学院、年级、班级、社团5个层级的新媒体矩阵，横向覆盖微博、微信、QQ、微视、易班"五网联动"的"微"工作体系。每天，1600多个官方账号每个至少发布一条正能量内容，随时随地为学生服务之余，利用时下最流行的直播、知乎平台，直播校园事、身边人，提升思想政治教育的覆盖面和亲和力。

在福建师大，有一个形象时刻活跃在学生当中，在理论学习的最前沿、在志愿服务的第一现场、在舆论引导的主力军中，都能看到她的身影。她就是学校的网络卡通形象"福师大小葵"，从2012年底诞生至今，以阳光、向日葵为原型的"小葵"，已成为传播主流价值的线上代言人，小葵新媒体工作室用动画、漫画、沙画、H5等学生喜闻乐见的形式，开发了数十种、560余件网络文化产品。

依托"小葵"，福建师大在全国高校率先成立社会主义核心价值观文创产品展示、体验、创作的"文创空间"——"福师大小葵馆"，通过现场展示、互动体验、产品共创等方式，让思想政治教育实现"眼心联通，同步共鸣"。当前，小葵馆的作用不断延伸，开馆两年多来，吸引了全国近400个单位前来交流学习，如今成为学习十九大精神和传播新思想的"网红阵地"。

此外，福建师大在全国高校率先研发的"青马易战"移动端软件，将思政课课程的知识点转化为12500多道试题，使在线学习马克思主义能随时随地进行；类似网络游戏的通关设置、排行榜展示、积分兑换奖品，以及答题情况纳入学生综合考评和思政课课程成绩等，增强了软件的思想性、学习性和趣味性，极大调动了青年学生参与学习的热情。

同样，架设在新媒体平台上的学生服务联动协调中心，通过"线上收集问题—线下协调联动—线上沟通反馈"的"微"服务，第一时间回应解决学生诉求。五年来，"有困难，找小联"成为校园流行语，在服务学生的同时，"小联"也成为校园文明风尚的倡导者和引领者。

福建师大党委副书记潘玉腾说，校园文明是福建师大相伴而生的文化积淀和优良传统，创新发展工作方法，让师生在春风化雨中感悟传承百年老校的思想价值和文化理想，是我们新师大人的承担和执着。

锻造师者"匠心"

（来源：福建日报 2018-05-31 11版 社会周刊教育）

王长平

福建师大作为我国建校最早的师范大学之一，福建省高等教育的发源地，是培养教师的摇篮，福建省六成的中学校长和特级教师出自于此。对教师言行当然有更高标准和更严的要求。

所以，锻造师者"匠心"，坚持教育者先受教育，师德师风建设，教师队伍业务水平提升一直是我们师大人坚守的方向。在师大，有独立建制的教师工作部（处），常态化评选表彰"道德模范""师德之星""文明家庭""我最喜爱的好老师"，每年举办"优师（youth）行动"暨新教师成长论坛，筑牢师德师风底线，让教师成为学生的"引路人"，成为"好老师"。

福建师大还是一所百年学府，一代代师大人在这里留下了丰厚的文化积淀，这种文化积淀融入血脉，沁入"师"心，成为风尚："三节三月三季"主题系列文化活动等，用师大文化铸造文化校园，建设生态"山水学村"；主动适应师生每日必网、无人不网的学习生活方式，构建覆盖微博、微信、QQ、微视、易班"五网联动"的思想政治工作"微"体系，以阳光、向日葵为原型的网络卡通"小葵"，成了传播核心价值，精准把握师生需求的"网红"；校领导接待日、"书记早餐会""校长面对面"等活动，拉近了学校改革发展与师生愿望的"同频共振"，解难事，办实事，做好事，更多的"红利"，增强师生的获得感、幸福感。"学生在哪里，我们就在哪里。"

福建师大的文明，还体现依法治校的执着，与民主管理同行。

作者为福建师范大学校长

福建师范大学坚持"四高"标准创建文明校园

（来源：精神文明导刊　2018年第6期）

福建师范大学文明办

长期以来，福建师范大学始终坚持文明创建与事业发展同步、常态创建与长效机制并重、校园文明与师生素质共进，强化组织领导，着力改革创新，深入发掘高校独有的特色亮点，用鲜活、丰富的实践深化文明校园创建，取得了明显成效。2017年，福建师范大学赓续全国文明单位等荣誉，荣获第一届全国文明校园（福建省高校唯一）称号。

一、坚守"初心"，高站位强化理论武装。一是强化中心组学习。坚持理论联系实际，着力提升学习质量，制定实施加强和改进中心组学习的文件，扎实推进党委中心组学习长效机制建设。与省委讲师团联合创办高水平思想理论杂志《理论与评论》。党的十九大召开后，校党委及时组织召开党的十九大精神专题学习会、学习宣传贯彻习近平新时代中国特色社会主义思想研讨会，在全省高校率先成立习近平新时代中国特色社会主义思想研究院、青年学生学习习近平新时代中国特色社会主义思想研习传播社；领导干部带头在《求是》《光明日报》等主流媒体发表学习体会文章，带动全校师生理论学习教育不断深入。学校作为省属高校代表在全省党委中心组学习经验交流座谈会上做典型发言，习近平新时代中国特色社会主义思想"三进"工作情况在中央宣传部、教育部和福建省委有关刊物上刊登。二是建好党委讲师团。在全省高校率先成立党委讲师团，推动宣讲队伍专家化、宣讲对象分众化、宣讲平台网络化、宣讲服务多样化，围绕重大理论和现实问题及时拟定宣讲专题、定期发布宣讲预告，为理论进基层提供菜单式宣讲服务。讲师团成员中有3人获评全国理论宣讲先进个人、2人获评全国优秀社会科学普及专家、3人获评全省社科普及名家，1篇宣讲报告获评全国优秀理论宣讲报告。出版《理论热点与青年学生面对面——福建师范大学党委讲师团宣讲录》，央视新闻联播、《光明日报》头版头条深入报道学校理论宣传工作的做法与成效。三是推进学习教育常态化制度化。坚持正面教育，通过"三会一课""先锋论坛""微党课"等载体广泛开展学习研讨，促进理论学习提质增效；坚持学做结合，引导师生党员在学校中心工作中体现作为，成立机关党员志愿服务队和大学生党员实践队，在实践中锤炼党性；坚持立行立改，着力解决了一批师生普遍反映的热点难点问题。2017年组织全校171名教师党支部书记开展全员培训和理想信念教育，着力提升基层党建工作科学化水平。四是创新社会主义核心价值观教育。持续深入开展节粮节水节电宣传月、文明礼仪竞赛、"我们的节日"等社会主义核心价值观主题教育活动。深入开展"师大好故事"系列社会主义核心价值观微传播教育项目。推出以我校学生、全省道德模范楚玉春为原型的公益微电影《扶郎花开》，获评2016年度国家新闻出版广电总局"弘扬社会主义核心价值观·共筑中国梦"主题原创网络视听优秀作品。师生先后5人次荣获"感动福建"年度十大人物称号。

二、打造"匠心"，高标准培育师德师风。一是创新师德师风建设机制。在福建省高校率先成立教师伦理委员会，推动师德建设从行政推动走向教师自律。独立设置具有实体性质的教师工作部（处），推进教师意识形态建设与业务管理相融合。围绕思想政治工作的重要领域和关键环节，出台《关于规范教职工网络行为的意见》《关于加强新形势下教师党支部建设的实施意见》等一系列规章制度，推动师德师风建设制度化、规范化。二是深入开展师德建设活动。每年举办"优师（youth）行动"暨新教师成长论坛、溪源青年沙龙等活动，持续开展"道德模范""师德之星""文明家庭""我最喜爱的好老师"等评选表彰活动，形成师德建设价值导向。定期对全体教师特别是新进教师、青年教师、回国留学人员、出国访学教师进行学术安全培训。学校于2015年10月成为首批18个"全国师德实践与创新基地"之一。三是强化师德师风监督考核。坚持把师德规范融入人才引进、课题申报、职称评审、导师遴选等各项工作，实行师德"一票否决"。建立党政领导听课制度、教学督导制度、教师互评制度，完善学生评教机制。建立师德投诉举报平台，在校学术委员会中设立学风建设委员会，加强学风建设、惩处学术不端行为，筑牢师德师风底线。

三、推动"入心",高品位建设校园文化。一是创建文化校园。弘扬学校百年优秀文化,强化文化育人功能,开展覆盖全学年、形式多样化、参与范围广的"三节三月三季"主题系列文化活动,推动"校园文化"到"文化校园"转变。"三节"即"文化节""体育节""科技节";"三月"即"学雷锋青年志愿服务月""大学生心理健康服务月""学生社团文化巡礼月";"三季"即"新生入学季""社会实践季""毕业离校季"。学生连续三届荣获全国"挑战杯"金奖、连续六年亮相央视"五月的鲜花"舞台,在五届全国大学生艺术展演中,届届出精品。二是培育文化精品。凝练和打造了"高雅艺术进校园、进社区""社团文化巡礼""散文行动""经典诵读"等10个体现学校特点、具有示范性的文化精品项目。以福建省十佳社会科学讲坛"理论名师大讲坛"为统领,统筹推进"名师讲堂""国学讲堂"等10个分讲堂建设。涌现出《台湾文献汇刊续编》《严复全集》等一批原创性、高质量、有影响的学术成果。三是强化文化引领。发挥高校以文化育人才和以人才兴文化的双重优势,深化中华优秀传统文化和闽文化研究,加强哲学社会科学创新体系建设,引领社会文化发展方向。近两届教育部人文社科成果奖我校的获奖数量,均位居全国高校前列。积极服务国家文化战略,成立印尼研究中心等一批研究机构,全力办好2所孔子学院、1个孔子课堂,孔子学院和课堂均被评为全球先进。学校已累计派出汉语教师志愿者16批882人,派出研究生支教团成员16批131人,为增强国家文化软实力贡献力量。四是提升文化品位。科学规划校园文化景观,累计投入近亿元,推动形成绿化、美化、人文化的校园环境。按照建设"河与湖相连,湖在景观中,水绕景观流"的立体化校园生态绿化景观的思路,打造绿色、生态、文明的"山水学村"。建成旗山大道、溪源江、宝琛广场名贤园、星雨湖沿岸、南区、仓山校区等六大雕塑群。

四、注重"走心",高品质传播文明风尚。一是完善"微"体系。加强"五微五阵地"新媒体矩阵建设,构建纵向囊括学校、学院、年级、班级、社团"五个层级",横向覆盖微博、微信、QQ、微视、易班"五网联动"的思想政治工作"微"体系。学校被授予全国高校校园网络文化建设试点单位、全国高校共青团网络新媒体转型创新试点单位。二是创新"微"传播。打造"福师大小葵"网络形象,采取微电影、漫画、沙画等学生喜闻乐见的形式,开发了数十种、600余件网络文化产品,并向全省高校推广。在全国高校率先成立社会主义核心价值观体验馆——"福师大小葵馆",通过现场展示、互动体验、产品共创等方式,让思想政治教育实现"眼心联通,同步共鸣",吸引了全国近400个单位前来交流学习,国家及福建省领导多次来校考察并充分肯定,并登上央视《新闻联播》。在全国高校中率先研发易班轻应用——"青马易战"移动端软件,让学生随时随地在线学习马克思主义。三是强化"微"服务。成立架设在新媒体平台上的学生服务联动协调中心,实行"线上收集问题—线下协调联动—线上沟通反馈"的工作机制,做到网上网下协同发力,推动学生诉求在第一时间响应、第一时间联动、第一时间解决、第一时间反馈,相关做法得到省领导点赞。线上线下联动,"书记早餐会""校长面对面"接收学生网络报名、提交提案,帮助学生答疑解惑,让服务学生成为思想政治教育的"敲门砖"。组建网络舆情研究团队,进行全天候网络监测和大数据分析,为精准开展思想政治工作提供有益参考。

文明花开繁似锦
——我校创建全国文明单位纪实

(来源:福建师范大学校报 2014-09-15 574期一版)

黄荣明

近年来,我校以创建"全国文明单位"为目标,以开展党的群众路线教育实践活动为契机,着力培育和践行社会主义核心价值观,大力开展校园文化建设,让文明之花在师大繁花似锦,开满校园。

培育践行社会主义核心价值观　争当"最美师大人"

8月14日上午,我校体育科学学院退休教师林淑芳在福州仓山区首山路永辉超市排队结算时,碰到一位七旬老人中风脑梗突然晕倒,林老师主动上前为老人实施心脏复苏急救,使老人脱离危险。待救护车将老人送走后,她才悄然离开。林老师救人不留名的举动引起了新闻媒体的广泛关注和纷纷点赞。

近年来，福建师大涌现出许多像林淑芳这样道德高尚的人。如从容指顾救人于危难的许倩倩、感动福建十大年度人物西部支教团、福建省第三届道德模范楚玉春等道德典型人物。

为了培育和践行社会主义核心价值观，弘扬师大人爱岗敬业、助人为乐、孝老爱亲的精神。今年，学校开展了校首届道德模范评选活动，让全校师生选出自己心中道德高尚的师大人，有15名师生荣获"福建师范大学首届道德模范"称号，14名师生荣获提名奖，他们中有离退休教职工，有在职教职工，还有学生。学校隆重举行了校首届道德模范颁奖典礼，并把道德模范的先进事迹编写成册为《道德之光》供师生传阅，在全校上下营造了学习道德模范、崇敬道德模范、关爱道德模范、争当道德模范的浓厚氛围。

校党委书记黄汉升表示，校首届道德模范是我校道德建设中涌现出的杰出代表，是践行社会主义核心价值观的时代楷模。他们是我们身边看得见、摸得着、学得到的"平民英雄"。他们的事迹质朴真实、感人至深，生动诠释了助人为乐、见义勇为、敬业奉献、诚实守信、孝老爱亲的道德内涵，集中体现了中华民族的传统美德和社会主义的价值准则。有效激发了广大师生对工作、学习、生活的热情，提高了校园文明程度和师生道德水平。

事实证明正是这样。许多像林淑芳、楚玉春、许倩倩这样平凡而美丽的师大人就是校园文明精心培育、呵护出的一朵朵文明之花。

文明催生正能量　志愿服务蔚然成风

近年来，学校认真贯彻落实中央颁布的《公民道德建设实施纲要》，大力开展道德讲堂，传递校园正能量。

自2013年道德讲堂建设活动开展以来，我校自上而下，高度重视，积极推进"道德讲堂"建设，挖掘了一批身边好人和道德模范典型，在全校形成"崇德向善"的好风气。现在，学校建有25个讲堂，覆盖仓山校区和旗山校区。截至今年6月，全校开设道德讲堂245场次，受教育师生人数达3万多人次。先后邀请"中国大学生之星"、省第三届道德模范楚玉春同学、省"张丽莉式"的优秀老师王晶、第四届全国道德模范提名奖获得者黄贺乐等为师生开展活动。他们的爱心无私、孝老爱亲、诚实守信的事迹深深感动着每一位参加活动的师生。不少师生表示,通过道德讲堂,自己不但受到了传统文化的精神洗礼,最主要的是促进自己成为道德的传播者、践行者、受益者。

通过身边人讲身边事、身边事教身边人、身边人讲自己事,学校营造了浓厚的文明健康、乐于奉献的氛围,全校师生也掀起了学习道德模范事迹、践行道德模范精神、树文明公德新风的热潮。

文明需要奉献,爱心凝聚真情。自从开展道德讲堂以来,校园志愿服务活动蔚然成风。目前,我校拥有注册志愿者29202人,占全校师生的71.62%。共有志愿服务队220支,三年来开展志愿服务活动583次,参与志愿服务活动达两万多人次。积极开展学雷锋活动和帮扶共建活动。如开展"雷锋精神在身边""我眼中的雷锋精神"等主题实践活动,多次组织学雷锋实践团(队)到农村基层、城市社区,开展以公共服务、帮助孤寡老人、关爱农民工子女等为主要内容的服务实践。

这种文明互助的精神和积极参与的生活态度,展现师大人乐于助人、无私奉献的形象,同时也是积极参与社会公益活动、传递社会正能量的原动力。

2013年,当四川雅安地震的消息传到学校后,我校全体师生员工情系灾区,捐物捐款,为雅安抗震救灾捐款42万多元,尽最大努力帮助受灾同胞渡过难关。

现在,在长期的志愿服务实践过程中,我校已经打造了属于自己的品牌项目。在海外志愿服务方面,我校是全国首家成批对外派出汉语教学志愿者的高校,自2003年以来已选派13批共880多名志愿者赴菲律宾、印度尼西亚、泰国等国开展汉语支教活动,志愿者多次受到习近平等中央领导同志的接见,受到支教国家的热烈欢迎,被誉为"高学历、高素质、高觉悟的中国新生代"。在国内志愿服务方面,2002年至今,我校共派出342人赴我国西部地区和福建省欠发达地区开展志愿服务工作。其中向西部地区派出13批共92名研究生西部支教志愿者,该团队荣获感动福建十大年度人物、福建省新长征突击队、福建省十佳志愿服务集体奖等荣誉。

与此同时,学校还加强师德工程建设,在全省高校率先成立了教师伦理委员会,拟定教师伦理道德规范,受理校内对师德失范行为处理的申诉,组织独立调查并提出处理建议等,推动师德建设从行政思维向价值思维转化,从行政推动走向教师自律。

今年教师节，我校两个集体获得全国教育系统先进集体荣誉称号，一名教师荣获"全国模范教师"荣誉称号。近年来，学校被评为"全国师德建设先进集体"，多人荣获全国师德标兵、全国模范教师、全国优秀教师、"全国五一劳动奖章""福建省道德模范""中国大学生自强之星"等先进典型，多个集体荣获福建省"雷锋团支部""雷锋班级"等荣誉。

心系师生　提高服务育人水平

一份国家助学金、一份社会助学金、一个勤工助学岗位、一份免费医保、一部免费手机、一张200元的电话充值卡、一个价值300元的生活用品爱心包、一份300元现金生活补助、一套军训服装、一本励志书籍、一张校园地图、一名作为大学学习生活联系人的高年级优秀学生干部。

这是今年学校的"特困生关爱计划"，每位家庭经济困难的新生报到时都能得到一份"爱心大礼包"。另外，为帮助家庭经济困难学生顺利入学，学校设立了3个"绿色通道"，提供缓缴学费、助学贷款咨询、医保咨询、心理健康咨询等服务。三年来，学校不断完善"八个一"的心理健康教育工作模式、"九位一体"的资助体系，共发放奖助学金15110.807万元，惠及学生104622人次，实现了"绝不让一位学生因家庭经济困难而辍学"的承诺。

近年来，学校坚持"师生所望就是工作所向"的理念，积极为师生排忧解难，打造温馨幸福的师大。

今年3月，我校以党的群众路线教育实践活动为契机，健全心系师生、马上就办的联动服务机制。上学期以来，每周开展一次校领导接待日活动，继续开展校党委书记早餐会、校长与青年学生面对面等活动，直接推动一大批问题的有效解决。仅2014年上半年恢复开展的校领导接待日，共开展16次活动，接待来访师生133人次，受理各类问题194件，校领导接待日成了师生反映和解决问题的一个窗口。在校长面对面活动中，学生提出"福州夏季天气炎热，希望宿舍安装空调"的诉求。学校为此投入1185万元，为两个校区的所有学生宿舍装了空调，在同学中引起强烈反响。8月28日，仓山校区师生服务中心揭牌。这是学校优化校区管理，急师生之所急，想师生之所想的又一重要举措。

服务无止境。为更好服务广大师生，学校主动适应网络迅猛发展的趋势，积极利用新媒体优势把服务育人的触角延伸到师生中。从2011年起，在学校、学院、年级、班级、社团五个层级构建微博体系，探索"五微五阵地"育人新机制，将团学组织微博建成思想引领的新阵地、成长服务的新阵地、组织动员的新阵地、答疑解惑的新阵地、工作创新的新阵地，得到了各级领导的充分肯定和新闻媒体的密切关注。省委常委、教育工委陈桦书记批示教育工委总结推广我校的做法，发挥网络在思政教育、服务学生方面的重要作用。2013年5月，学校在全省高校中率先成立学生服务联动协调中心，并把服务平台架设在微博上，搭建"网上网下"24小时服务学生平台，实行24小时值班制度，切实做到"马上就办"，及时做好意见答复、投诉解决和反馈事宜，更好地服务学生成长成才。截至今年7月，该中心发布与学生密切相关信息1610条，受理解决学生各类问题1093个。省委副书记于伟国来校调研时，称赞该中心是服务学生的一项创新举措，有效解决联系服务学生"最后一公里"的问题，成效很显著，很有意义，很值得肯定。

此外，学校还通过定期举办专题培训班、管理服务论坛，开展"优质服务月"、基础建设年等活动，不断提升"三育人"水平。

用生态文明的力量托起美丽师大

任何一所好的大学都是由若干故事组成的，而故事往往从学校里你所熟悉的一草一木、一砖一瓦开始。哈佛、普林斯顿、牛津等世界知名大学的建筑都有自己的故事，福建师范大学的每一处人文景观里也有着无数美妙的故事。长安山的日出，星雨湖的余晖，翠旗山迷蒙的云雾，溪源江翩翩的白鹭；挺拔的文科楼，雄伟的图书馆；古色古香的胜利楼，名师荟萃的名贤园……无处不在诉说着百年师大悠悠岁月与光辉历史，从内而外透露出学校深厚的历史文化底蕴和高雅的艺术气息，同时也进一步繁荣校园文化生活、提高校园文化品位。

近年来，学校以山水学村建设为目标，积极营造优美的校园生态环境。

三年来学校累计投入近亿元，用于校园基础设施改造、景观建设、绿化美化等。其中投入1000多万元，增添了近50件雕塑作品，形成旗山大道、溪源江、宝琛广场名贤园、星雨湖沿岸、南区、仓山校区等六大雕塑群，这些雕塑作品散落在校园各个角落，与所处的环境相得益彰。同时学校实施增绿补绿工程，注重区域特色景观建设，强化景观湖和河道的综合治理，重点建设并逐步形成了"一湖一江（星雨湖、溪源江）、两道两林（仓山、旗山大道，绿柳林和樟树林）、四区五园（行政区、教学区、北学生生活区、南艺术区，名贤园、桃花园、芙蓉园、桃李园、果树园）"等景观点，大力推动校园环境美化、人文化。现在学校已经构建起了以山林生态休闲公园、水体和道路为核心的"山水学村"校园生态网络，形成了点、线、面相结合的校园绿色系统，绿化率达40%左右。目前，仓山校区现有各种花卉树木233种，以高大乔木为主，其中国家一级、二级保护树种10个；旗山校区拥有桂园、竹园、果园、芙蓉园等九大园区，乔木、灌木300余种、上万株，基本实现"春有花、夏有荫、秋有果、冬有绿"的良好生态格局。

菁菁校园文化润心田，美丽校园孕育美丽文明之花。学校在积极营造优美的校园生态环境的同时，也在扎实推进节约型校园建设。近年来，我校持续开展了以"勤俭节约，从我做起"为主题的节粮节水节电宣传月，深入开展了"我光盘我光荣""我节约我光荣"行动，组织评选了十佳节能宿舍、十佳节能达人、十佳"三节"微建议、十佳"三节"微视频评选等内容丰富、形式多样的活动。去年来，我校坚决贯彻落实中央八项规定，精简会议文件，简化公务接待，完善出访管理，减少庆典活动，节约型校园建设开始取得显著成效。2014年全校性会议活动比去年同期减少了40%，"三公"经费压缩比例达55%。学校还启动了溪源江太阳能发电工程，构建了太阳能微网、并网发电以及全智能控制系统，目前已经发电98000千度，相当于节约35吨标准煤，减排二氧化碳98吨、碳粉尘24吨。一系列活动增强了广大师生的节约意识和节约自觉，"人人节约、事事节约、环环节约"的理念也渐渐深入人心。

2013年7月，我校接受省级生态文明教育基地评估，专家组对学校良好的生态环境和扎实的生态文明教育工作给予了充分肯定。11月，我校荣获省级生态文明教育基地称号。

荣获全国文明单位是我校建设高水平大学的重要里程碑
——访校党委书记黄汉升教授

（来源：福建师范大学校报　2015-03-16　584期一版）

黄荣明　杨莹莹

文明花开，喜报迎春。2月28日，全国精神文明建设工作表彰暨学雷锋志愿服务大会在北京举行，会上表彰了第四届全国文明城市（区）、文明村镇、文明单位。我校作为全省唯一高校荣获第四届"全国文明单位"称号。这是我校继连续六届荣获省级文明学校，2005年获得全国精神文明建设工作先进单位后获得的又一殊荣。就此，我们采访了我校党委书记黄汉升教授。

记者：我校荣获第四届"全国文明单位"称号。对此，您有什么感想？

黄汉升："全国文明单位"是中央文明委授予创建单位的最高荣誉。我校荣获"全国文明单位"荣誉称号体现了中央和省委对我校精神文明建设的肯定和认可，实现了几代师大人一直为之不懈努力的奋斗目标。我感觉，这一荣誉来之不易，我们应该倍加珍惜。

学校创建"全国文明单位"经历了一个长期的过程，早在20世纪80年代，我们就提出创建"全国文明单位"的目标，前后经历了30年的时间，现在终于如愿以偿。这一荣誉的取得，得益于省委、省委教育工委的正确领导，省委文明办、省委教育工委的有力指导，得益于学校历届党政领导班子的高度重视、常抓不懈，更是全校广大师生员工的执着追求、共同努力的结果。在创建全国文明单位的过程中，包括离退休教职员工在内的广大师生为学校创建全国文明单位付出了很大努力，用现在很流行的话来说就是"大家都蛮拼的"。因此，在这里，我要非常感谢学校历届的校领导和广大师生员工的不懈努力。

通过创建全国文明单位，我深切感受到要建设好一所大学，校园建设文明建设十分重要。因此，大家要倍加珍惜这一来之不易的崇高荣誉，一如既往地抓好精神文明建设工作，努力把学校建设得更美丽、更文明、更和谐，不断增强师生的幸福感、成就感和荣誉感，不断提升学校的文化软实力和综合实力，为加快建设高水平大学提供强大的精神动力。

记者：刚才您讲到，成功创建全国文明单位，可以说是圆了几代师大人的梦。您觉得我校精神文明创建的特色和亮点在哪里？

黄汉升：长期以来，学校的精神文明创建活动始终坚持求真务实、改革创新，在志愿服务、文明风尚传播、思想政治建设等方面形成了若干在全国高校具有一定影响力的工作特色和亮点。

一是志愿服务品牌化。我校是全国首家成批对外派出汉语教学志愿者的高校，自2003年以来已选派13批共880多名优秀志愿者赴菲律宾、印度尼西亚、泰国、越南等国开展汉语支教活动，并在印度尼西亚、菲律宾、美国建立了2所孔子学院、1所孔子课堂。志愿者多次受到习近平等中央领导同志，以及支教国家领导人的接见。此外，2002年至今，我校还向西部地区派出13批共92名研究生西部支教团员，该团队曾被授予"福建省新长征突击队"、福建省第三届十佳志愿服务集体奖等荣誉，并入选"2007年感动福建十大年度人物"。

二是文明传播网络化。"五四三"社会主义核心价值观微传播教育体系、"五微五阵地"、学生服务联动中心的经验做法受到了省领导的关注。新华社《动态清样》《中国教育报》《中国青年报》《福建日报》等媒体纷纷聚焦报道。省委副书记于伟国称赞学生服务联动协调中心是服务学生的一项创新举措，解决好联系服务学生"最后一公里"的问题，成效很显著，很有意义，很值得肯定。我校新媒体工作还获得中央、教育部和省委、省政府领导重要批示，《利用新媒体开辟育人新天地——福建师范大学打造社会主义核心价值观教育"微"体系》一文，被国家有关部门的信息刊物录用。中央政治局委员、国务院副总理刘延东做出重要批示，希望进一步总结好经验好做法，发挥好新媒体优势，结合大学生思想状况和现实需求，引导师生践行社会主义核心价值观；教育部部长袁贵仁，省领导陈桦、叶双瑜、李红等分别做出重要批示，对我校的新媒体工作予以充分肯定，要求总结推广我校经验做法。

三是办事服务优质化。在全省高校率先设立学生办事大厅、学生服务联动协调中心，在助学贷款、学费减免、勤工助学、奖助学金发放、学生理赔、就业政策咨询、后勤服务等方面为学生提供"一站式"服务。完善"八个一"的心理健康教育工作模式、"九位一体"的家庭经济困难学生资助体系、校院两级就业创业指导服务机制,全方位服务学生成长成才。学校荣获全国普通高校毕业生就业工作先进集体等荣誉;三年来共发放奖助学金1.51亿元,惠及学生104622人次,实现"不让一位学生因家庭经济困难而辍学"的承诺。

记者:创建全国文明单位是一项系统的工程,工作涉及方方面面,全校广大师生积极参与、全力支持,付出不少。您认为通过创建全国文明单位,学校取得了什么实实在在的成效?

黄汉升:精神文明重在建设、重在过程。近年来,学校以创建全国文明单位为契机和动力,全校上下齐心协力,团结协作,有力推动了学校各项事业的科学发展。具体而言,我感觉有以下四个方面的成效:

一是鼓舞了士气。在创建全国文明单位的过程中,大家为了一个共同的目标,一起努力奋斗。精神文明建设取得了丰硕的成果,既激励了人心,又增强了学校建设高水平大学的信心与决心,对促进学校的全面发展发挥了巨大的作用。

二是推动了发展。学校实现了从省属重点大学到省部共建大学的飞跃,被列为福建省重点建设的三所高水平大学之一。最近,中国校友会网和中国管理科学院武书连先后公布了大学排行榜,我校综合实力分别居第91名、93名,整体实力稳居全国百强行列。

三是提升了素质。近年来,学校通过开展先进典型评选、不断完善规章制度、丰富校园文化生活等措施,将社会主义核心价值观内化于心、外化为行、固化以制,形成了崇德向善的校园文化氛围,推动形成了良好的校风教风学风。学校曾荣获"全国师德建设先进集体"称号,涌现出"全国师德标兵""全国优秀教师""全国三八红旗手"、中国大学生自强之星、省第三届孝老爱亲道德模范等先进典型;有3人(团体)入选"感动福建十大人物"。同时,校园好人现象频现,为社会传播了强大正能量。

四是美化了环境。近年来,学校以山水学村建设为目标,积极营造优美的校园生态环境。目前我校校园绿化率达40%左右,基本实现"春有花、夏有荫、秋有果、冬有绿"的良好生态格局。学校多次荣获花园式单位、福建省野生动物保护工作先进单位、福建省野生动物保护宣传活动组织优秀单位、福建省爱鸟护鸟文明单位等荣誉。

记者：一路走来，学校在精神文明建设方面进行了深入的探索和实践，这些探索和实践对从新的起点出发推动学校精神文明建设再上新水平有什么启示？

黄汉升：回顾福建师范大学精神文明建设的探索和实践，我们深刻体会到，精神文明建设要取得实效，必须正确把握和处理好以下五个方面的关系：

一是远与近的关系。高校开展精神文明创建活动必须把长远目标与现实任务紧密结合起来。作为一所有着百年历史、深厚底蕴的大学，我们始终坚持把"建成社会主义先进文化和精神文明建设的示范区，建成广大师生、校友的精神家园"作为精神文明建设的总体目标。在此目标定位下，学校十分注重近期目标的不断实现，坚持把解决师生员工最关心、反映最突出的问题作为精神文明创建的主要任务，致力于从通过努力能够办得到、做得好的事情做起，以勤勤恳恳、点点滴滴、扎扎实实的工作，把精神文明建设不断推向前进。

二是大与小的关系。高校开展精神文明创建活动必须大处着眼，小处着手。既要立足大局、服务大局，从大局出发，往大处着眼，又要注重从小事、小节、小处着力。近年来，学校注重精神文明建设的总体谋划，突出抓大事，致力于改革创新，形成了一系列精神文明创建的特色和亮点。与此同时，我们也十分注重抓好师生的文明行为养成，深入开展文明有礼培育活动，整体推进学校精神文明创建工作，实现校园文明程度的稳步提升。

三是上与下的关系。高校开展精神文明创建活动必须上下齐心，共同推进。既需要学校领导和职能部门高度重视、深入调研、科学谋划精神文明创建工作，又要充分发挥广大师生在群众性精神文明创建活动中的主体地位，使精神文明创建既能够有科学的顶层设计，又能热在基层、热在群众，从而形成创建工作的整体合力。近年来学校坚持"师生所望就是工作所向"的理念，以党的群众路线教育实践活动为契机，健全心系师生、马上就办的联动服务机制，积极为师生排忧解难，打造幸福温馨师大，直接推动一批问题的有效解决，巩固和发展了精神文明建设成果。

四是标与本的关系。高校开展精神文明创建活动必须统筹兼顾、标本结合。长期以来，学校把精神文明建设渗透到师生喜闻乐见、丰富多彩的主题校园文化活动中，努力营造力争上游、和谐共进的校园文化氛围。与此同时，学校也十分注重健全完善体制机制，建立了"一把手"负总责的领导机制，形成了党委统一领导、党政群齐抓共管、文明委组织协调、成员单位各负其责、全校师生积极参与的领导体制和工作机制；形成了文明考评机制，定期开展文明学院、文明处室、文明宿舍、文明餐厅等培育和评选活动，把创建工作不断引向深入。

五是魂与体的关系。高校开展精神文明创建活动必须做到魂与体的有机统一。文化是大学之"魂"，是一所大学内在品质和外在影响的根本体现。学校始终把大学精神作为精神文明建设的核心内容，以校训校风涵养社会主义核心价值观，把大学精神贯穿到学校人才培养、科学研究、社会服务等各个方面和教师、学生、干部、后勤等各个群体。与此同时，学校还积极探索大学之"魂"的丰富载体，提升文化精神价值的传播力和影响力。特别是我们紧紧抓住新兴媒体快速发展的有利时机，积极运用微博、微信、微视、微课等新载体推动精神文明建设，开展了师大好故事、师大好声音、师大好精神、师大好榜样等系列社会主义核心价值观微传播项目，使新媒体成为传播社会主义精神文明的前沿阵地，成为提供健康向上精神文化生活的有效平台。

回望过去，我们倍受鼓舞，展望未来，我们信心满怀。学校获得全国文明单位后，要求更高，使命更强，我们要以此为新的契机，以更高的要求、更高的标准，坚持不懈地抓好精神文明建设，让文明创建为我校高水平大学建设再添新的动力。

第二部分

主任访谈

我校自1995年设置文明办至今已有20余年,其间经历了4任文明办主任(其中,前两届设有3位副主任)。为回顾和梳理学校文明创建的艰辛历程和辉煌成绩,校报记者开展了历任文明办主任系列访谈活动,力求再现我校文明创建的历史现场,还原师大人共同奋斗的昔日画面,让一段段文明创建的历程成为学校发展道路上一块块不可磨灭的丰碑,为新时代文明创建工作提供借鉴、增添动力。

通过访谈陈汤禄主任,我们了解到学校最早的《文明校园建设总体规划》,感受到顶层设计的重要性,体会到那个时期"人人讲文明,个个见行动"的校园风气。通过访谈陈炳钦副主任,感受到"清晨六点多,各个学院的辅导员就已经开始带领学生在包干区打扫卫生"的创建热情和"四个一千"的众志成城。俞子平同志担任主任长达8年,转战仓旗两个校区,文明创建"风雨阻不绝,假日不间断"。范庆洪主任见证了新校区从"远看挺漂亮,近看不怎样,细看不能看",到每一条路都开始有自己的名字,行道树都开始长成风景线的可喜变化。通过访谈郑文灿主任,我们了解了道德讲堂、文化走廊、道德模范、文明家庭、电影《扶郎花开》的来龙去脉,了解了全国文明单位和全国文明校园两块全国牌子的来之不易……

本次访谈活动只是对学校文明创建艰辛的点滴打捞,但却见证了学校长期的文明积累；只是通过一个主要工作人员的视角看文明创建，但却映现出了全校上下师生为文明创建事业共同奋战 20 多年的生动场景；只是学校文明创建经验梳理的小步骤，但却见证了学校文明创建不断跨越新台阶的大过程……

筚路蓝缕，文明创建开启制度化
——访福建师范大学第一任文明办主任陈汤禄

校报记者　吴苏婷　林思佳

陈汤禄，1942年生，中共党员，原校长助理。1995年8月至2002年11月，任校文明委副主任，其中1995年8月至2000年8月兼任文明办主任，2003年开始担任学校关工委副主任、常务副主任、执行主任至今。任职文明办主任期间，学校获第六届、第七届省级文明校园称号。

一份份陈旧发黄的材料，密密麻麻的黑色钢笔字，谈起工作时的满怀激情，这都是我们所看见的他。校园精神文明成就的背后，是他十年如一日的兢兢业业。俯身桌案，用光阴诠释奉献，用真情诠释热爱。

结缘师大　走近文明

1979年，陈汤禄从原成都军区转业至福建师范大学，担任地理系79级大专班的辅导员。从军人到教师，陈汤禄对党和国家始终怀有感激之情，他认为，辅导员的首要任务就是积极帮助学生克服困难，包括生活上的、学习上的、工作上的，同时鼓励学生们"走出去"，向更远更好的方向发展。那时，他估计还不知道自己的发展方向，会通过文明建设跟学校的发展联系得那么紧。

1995年8月，他开始出任学校文明校园建设委员会副主任兼办公室主任，之后便始终把"营造安定、文明、蓬勃向上、催人奋进的校园"作为文明校园建设工作的目标。"当时有一个8380的目标——8000名本科生、300名研究生、80名博士生，校园各方面的环境好了、管理好了，才能培育出优秀人才"，他这样说。

文明校园建设是高等学校的一项基础工作，是学校优化育人环境、促进良好校风形成的有效途径，也是学校整体办学水平、综合管理水平的重要体现。1995年以前，我校已成立文明校园建设相关工作的领导小组，但由于制度尚未明确、分工不够细致等原因导致文明校园建设成效不佳。为了使学校文明校园建设在原有基础上进一步规范化、制度化，1995年8月23日，学校正式成立"福建师范大学文明校园建设委员会"，统一领导全校的建设活动，委员会由陈一琴校长担任主任委员。

科学制定　坚决执行

文明办同时起草了《福建师范大学文明校园建设总体规划》（以下简称《总规划》），提出五大建设目标：坚定正确的政治方向；严谨良好的教风学风；高尚文明的行为习惯；健康浓厚的文化氛围；整洁安全的校园环境。同时，我校文明建设的指导思想是：以邓小平同志建设有中国特色社会主义理论为指导，高扬爱国主义、集体主义和社会主义主旋律，紧紧围绕学校教育教学改革这个中心，营造安定、文明的优良育人环境，形成蓬勃向上、催人奋进的精神文化氛围，保证社会主义意识形态在校园里始终占主导地位，努力培养有理想、有文化、有纪律的一代新人。

据此，校文明委成立了五个工作小组，分管教风学风建设、文明道德建设、校园文化建设、校园秩序管理和卫生绿化工作。教风学风建设领导小组以教务处长为组长，负责日常教学管理、考勤考试制度等；文明道德建设主要由学工处、宣传部和团委负责；校园文化建设由团委牵头，日渐发展成为今天"百花齐放"的景象；校园秩序则交由保卫处和总务处管理；卫生绿化由总务处分管，负责校园绿化、种植和雕塑建设等等。陈汤禄表示："做任何事情都要发动群众，制定规章制度，组织机构分工负责。责任清楚，制度清楚，做事就好办。"

1995年9月，文明校园建设进入"宣传发动"阶段，由各单位党政领导亲自向师生员工进行思想动员，以各科室、教研室、班级为单位集体拟订《文明公约》，并立诸行动，组织全校性的卫生大扫除。紧接着在全校范围开展以增强文明意识和参与意识为目的的"文明校园活动月"活动，通过党、政、工、团、学生会等渠道，利用广播、闭路电视、板报、校报等宣传媒介，开展多种形式的宣传教育活动，包括各类不文明现象曝光，以形成强烈的舆论氛围。同时，号召党团员、干部和积极分子行动起来，带头投入文明校园建设的各种活动。各级领导小组共同组织宣传文明校园建设的重要性，提高大家积极参与的意识，营造"人人有份，人人有责"的氛围，初步形成"人人讲文明，个个见行动"

的风气。

循序渐进　日新月异

1995年至1996年是"重点整治"阶段，以"二堂一室一场所"为重点，以学习纪律、清洁卫生和公共秩序为主要内容，开展校园全面整治。在这个阶段，全校师生主动参与义务劳动，校党委副书记、文明委副主任郑传芳每天早上在校园里巡查。"当时校园里根本看不到垃圾，学生们课余时间都拿着纸篓、夹子去捡"，陈汤禄回忆道。截至1996年9月，文明校园建设宣传发动阶段和重点整治阶段的各项工作任务已基本完成，取得了阶段性成果，集中体现在：统一了思想认识，师生文明意识逐步增强；校园的学习风气和文化氛围更加浓厚；加强了基础设施建设，"脏、乱、差"现象得到有效治理，育人环境正在逐步改善。

陈汤禄在当年的工作汇报中提到，"要克服两种错误的模糊认识：一种是认为我校入选211工程预审单位落空，因此没有必要再抓文明校园建设或者说可以松一口气；另一种认为文明校园建设是额外负担，是分外工作，有时间就抓一下，没时间就放一边。"开展文明校园建设不仅仅是为了进入211工程，更重要的是，它是社会主义办学的必然要求，高校文明校园建设是社会主义精神文明的重要组成部分，是学校总体办学水平和综合管理能力的集中体现。

1996年10月，党中央召开十四届六中全会，审议通过了《中共中央关于加强社会主义精神文明建设若干重要问题的决议》。为认真贯彻执行党的十四届六中全会精神，1997年3月，学校下发了《关于成立福建师范大学精神文明建设指导委员会的通知》，原校文明委更名为"精神文明建设指导委员会"，委员会主任由校长改为党委书记，这两个变化也表现了党委对文明校园建设的充分重视。

1997年至1998年，学校在继续整体推进、全面建设的同时，再次广泛发动全校师生，按照五条建设目标和五项基本任务，对近两年来文明校园建设的成绩和存在问题进行一次全面的严格的自检自评。各学院、各单位上下齐心合力，齐抓共建，使文明校园建设基本达到了预定的目标，整个学校处于蓬勃向上、催人奋进的氛围之中。

此外，1998年，我校共安排了100万余元的文明校园建设专项经费，可见学校及各领导干部对文明校园建设的重视程度之高。1998年至2000年是文明校园建设的"巩固提高"阶段，这阶段的目标是在基本达标的基础上巩固已有的建设成果，完善原有的规章制度，保障文明校园建设活动沿着规范化、制度化的轨道正常运行，并通过深化改革丰富内涵，把校园建设推向更高水平和更新境界。

成效初显　鉴往知来

陈汤禄用"四个千万"来形容文明校园创建初期的工作："千言万语""千方百计""千军万马""千辛万苦"；即用尽千言万语大范围反复地宣传，想遍千方百计调动全校师生的积极性，鼓动千军万马召集全员支持文明校园创建、执行相关举措，历经千辛万苦取得良好成就。正如我校校友原教育厅厅长郭荣辉所说："文明要经得起挑剔，没有水分。"陈汤禄在任期间，文明办与学校各部门相互协作，带领我校师生一丝不苟地完成创建工作、实现初期目标。

陈汤禄表示，福建师大作为百年老校，在文明校园建设方面有着独特的优势。"我们（师大）注重发展教育，有很好的革命传统"，学校始终致力于发扬"福建师大精神"，包括：由学校历史锤炼的"宝琛"精神；由历史风云孕育的爱国精神；由时代发展砥砺的创新精神；由社会服务提升的奉献精神；由校训校风规范的治校精神；由创校变迁积淀的办学精神；由校园文化提炼的人文精神。在这些精神的指导下，师大培养出大批优秀干部和高质量人才，具有高效的行动力和突出的个人能力。陈汤禄在职期间，我校精神文明创建工作蒸蒸日上，学校连续荣获第六届和第七届"省级文明校园"称号。

在省第七届高校文明校园初评检查组来校检查时，极大地肯定了我校文明校园建设的成果：我校的指导思想是明确的、创建的实际工作是认真的、领导是十分重视的、而创建的实效也是明显的。在宣传党的路线、方针、政策方面，学校还特别组织师生共同学习"邓小平理论"。校园文化氛围也十分浓厚，以师德为中心，对学生进行多方位教育。师生精神面貌良好，学生待人文明礼貌，师生治学严谨，养成了良好的习惯。我校的人文景观也发展较快并体现了师范的特色，布局合理、美观大方，有较高的审美价值，能起到潜移默化的作用。

这些成果都是较为突出的,也是陈汤禄在职期间携手文明办取得的良好成绩。

献身事业　历久弥坚

谈起在精神文明建设过程中摸索出的经验,陈汤禄表示,领导的重视是做好文明校园建设的关键。只有在各级党政领导的重视下,我校的文明校园建设才能不断引向深入。其次,陈汤禄还强调了"忠实"二字:"要不打折扣地贯彻落实党委和学校的精神,按学校的部署、规划完成任务。"最大程度地发挥文明办全体人员的作用,各岗位负责人既要团结协作,更要互相尊重,朝着文明创建的共同目标前进。再者,"我们自己也应以身作则、身先示范,遇到问题要第一个冲上去,不能退缩",陈汤禄笑着说,"完善精神文明建设工作,一靠领导,二靠群众。作为文明办的工作人员,要及时向领导汇报情况,亲自到场、亲自处理。规章制度非常重要,每个单位都要立下规矩、制定规章制度,只有组织机构分工明确、制度清楚,事情才能高效办成。"

2002年11月,陈汤禄正式退休,从校长助理和文明委副主任的岗位卸任,次年起担任学校关工委副主任、常务副主任和执行主任,为学校关心下一代工作建言献策,指导基层学院关工委开展工作。

陈汤禄认为,在当代,立德树人、人才培养依旧是学校工作的核心目标,教师和辅导员是学校教育的"主力军",必须和党中央保持高度一致,在习近平新时代中国特色社会主义理论指导下教育学生,除了关心学习、生活,更要关注学生的心理健康,对学生始终怀有爱心、责任心。在未来,要加强这一方面的工作,让校园更加文明、和谐,将师大的精神文明建设推向又一个高潮。

积极行动,文明创建从基础走向引领

——访福建师范大学第一任文明办副主任陈炳钦

校报记者　乔亚娟　卢亚霞

陈炳钦,1963年生,中共党员,1995年8月至2000年8月任校文明办副主任,现任福州外语外贸学院党委书记,政协第十三届福州市委员会委员。任职文明办副主任期间，认真落实校党委部署，在校文明委的领导下，与文明办同事一道，扎实推进文明校园建设，打响文明建设攻坚战，为师大文明建设做出了积极贡献。

他在校园洒下了许多身影，从清晨到日暮，忙碌在师大的各个角落里，栉风沐雨；他在学校见证了许多故事，长安山上的风景变换，图书馆前的护坡修整；他于困难中奋发而起，为文明创建砥砺前进，受命之日，积极开拓，给学校文明创建空白的领域增添了丰富的色彩。

两个支点，擎起文明校园建设的碧空蓝天

1995年，我校在全省省属高校中最先提出文明校园建设，率先制定并全面实施《福建师范大学文明校园建设总体规划》，那时候的陈炳钦还是我校的后勤党总支副书记兼任文明办副主任。1997年3月，陈炳钦担任专职文明办副主任。"在那个年代"——陈炳钦回忆的时候总是用这样的表述。他谈到，当时学校的整体校园环境谈不上整洁和舒适，校园靠近学生街的地方商业气息浓重，常年失修的房屋是极大的安全隐患，校园内部也存在着商店不规范、基础设施老旧等现象。令陈炳钦印象最深刻的当属旧图书馆门口旁的斜坡，斜坡上灌木、杂草丛生，护坡失修，显得十分杂乱。这一切使我校文明校园建设一开始就面临极大的压力。"压力来自师生对于改善校园环境的强烈愿望，压力还来自学校欠账多，基础相对薄弱，经费又十分有限，需要解决的问题很多，与师生的建设要求有着较大差距。"陈炳钦这样说道。

为解决这样的差距，必须做出更大的努力。陈炳钦谈到，一开始并不是每一个人都能达成共识，但是，校党委决心已定，目标明确，要求文明办扎实推进，随着建设步伐的稳步推进，随着校园面貌的逐步改善，共识日渐增进，推进渐入佳境。

思想达到共识，人人投身建设，师生的齐心协力是校园精神文明建设的驱动力。"清晨六点多，各个学院的辅导员就已经开始带领学生在包干区打扫卫生，清洁校园了。六点半，在时任校党委副书记、文明委副主任郑传芳的带领下我们开始检查校园。我们坚持了整整两年，风雨无阻，没有一天停歇。"这是采访过程中陈炳钦多次谈到的经历。

谈到文明校园建设的深刻记忆时，陈炳钦不假思索地说道，校领导的高度重视、全体师生的共同参与是我校文明校园建设的两个支点。正因如此，我校文明校园建设从一开始就充满活力。

四个"一千"，道出文明校园建设的众志成城

"在文明校园评估座谈会上，有一位老师用'四个一千'，高度概括我校文明校园建设的良好态势，给评估组留下深刻印象。我至今仍记忆犹新。"陈炳钦回忆说。"四个一千"就是千方百计、千军万马、千辛万苦和千言万语。

学校领导千方百计筹措建设经费。在学校党委会上，对于文明办提出的文明建设项目，校党委总是"一揽子给予解决"。文明校园建设初期，每年学校都拿出 300 多万元经费改善校园环境。陈炳钦回忆到："钱都用在刀刃上了，从文明建设最重要和最薄弱的地方下手。"当时文明建设的薄弱点在基础设施的建设上，投放的 300 多万大多用于修缮基础设施，对比较破旧的护坡、道路以及杂草丛生的地方进行修整。

"我校文明校园建设呈现了千军万马，历经千辛万苦齐创建的良好局面。"陈炳钦回忆说。国家检查文明校园有七个一级指标体系，共 1050 分，实际上是一个系统工程。校文明委根据指标体系的要求，成立了七个工作小组，全面展开各项工作，并进行常态化的检查。每天清晨、每到周三下午党团活动时间，校园内到处都有师生在清理环境卫生，劳动值周的同学带着工具在校园的各个角落巡逻、捡拾垃圾。陈炳钦回忆说，"不管任何时候检查出任何问题，我们都会及时与相关部门的一把手联系。无论是专职党政干部，还是双肩挑的大学者，都不会有任何抱怨。"有一次，陈炳钦他们在检查校园时发现了问题，于是立马给包干区的主要负责人、双肩挑专家打电话。打电话的时候是清晨六点多，由于这位专家有很严重的失眠症，一般非紧急情况不会有人在这个时间打扰他。可这位专家接到电话后，没有丝毫的生气和埋怨，立即安排整改。有人开玩笑说："阿炳，你胆子可真大。"正是陈炳钦的"胆大"，也正是像这个专家一样积极投身建设的全校师生的重视，让校园检查的严格性得以体现，检查效果也更能彰显。

"人心齐，泰山移"是师大校园文明建设所秉持的坚定理念。建设处于热潮

的时候，师生的共同参与成为陈炳钦最难忘的回忆。除了辅导员每天清晨六点带领学生打扫校园，学校的每一处区域也都有学生轮流值班，他们拿着纸篓检查卫生，随时捡拾垃圾，监督指导不文明的校园行为。"每位学生都参与到文明督导中来，去体会干净环境的来之不易。"陈炳钦说道。而这样的建设共识并不是一开始就达成的，在建设之初，有些学生对校园的严格检查并不理解。陈炳钦谈到，他们在检查校园时，会带着白手套轻轻擦拭图书馆高处的柜子，要求擦拭过后白手套上要一尘不染；地上有痰渍和粘住的口香糖，也要求一律清理干净。有人对这样的检查方式和严苛程度颇有微词。陈炳钦知道，越是这个时候，越需要积极引导和耐心疏导，他们经常用现场演示的方式让老师同学们信服。以身作则、事必躬亲是校领导、文明办各负责人所秉持的引导方式，也是当时文明创建的特色之一。让学生看到真正的行动而不只是形式主义，才会让质疑消除，才可以将学生带入文明建设的热潮中。

在领导的高度重视和师生的积极参与中，师大的校园精神文明建设取得显著成绩，学校面貌发生了深刻的变化。师生对此非常高兴，他们说千言万语难以表达辛苦劳动之后的喜悦。

随着环境的改善，文明校园建设逐步向精神层面纵深拓展。学校对开展文化活动有了更多的投入和更高的要求。"十佳歌手比赛""最佳主持人大赛"等校园文化活动的举办使校园的文化氛围更加浓厚起来。此外，学校还大力提倡不同学院准备具有不同学院特色的精品节目，让学院的学术特色融入精品节目中。

物质层面和精神层面建设双管齐下，校园的文明建设达到了一个新的高度。师大的校园精神文明建设时时处在发展中，永不停息。在建设的关键时期，是困难提供了动力，而动力又推动了成功。陈炳钦对此深有感触。

三点经验，引领文明校园建设的持续推进

谈到文明建设的经验，陈炳钦爽朗地笑了起来。20年过去了，那些同师生一起奋斗的场景依然历历在目。对于我校文明校园建设的总结，他概括三点经验：

首先，领导的重视是非常重要的，领导的科学谋划、顶层设计这一块是起

引领性作用的。作为文明办的工作人员,要把领导的重视转化为一个个可以操作的行动。

其次,全校师生的积极参与是成功的关键,没有师生参与的文明建设就只能是一阵风,从中只能看到形式主义,而没有实际行动。文明建设应该充分调动师生的积极性,让师生意识到校园的文明建设是与自己息息相关的事情。师生能够自觉参与、达成共识,文明校园建设就有了持久动力。

最后,在每一年的文明建设项目中,要不断地去捕捉、了解师生的真正需求。"从环境方面要解决哪些问题?从行为规范方面要解决哪些问题?让师生得到什么改善?怎样让他们有所得、有所获?这是我们一直要考虑的问题。"陈炳钦说道。

2007年,陈炳钦调到福州外语外贸学院工作,现任福州外语外贸学院党委书记。回顾在外语外贸学院的工作历程,陈炳钦笑着说:"在师大获得的工作经验是最宝贵的财富,我会在外语外贸学院的工作中用好这一笔财富。"

文明建设不仅给陈炳钦带来工作上的影响,也改变了他的生活。"影响太大了!养成了一些对自己一辈子都有用的好习惯。"他感叹道。他从中学到的最重要的一点就是守时。当初处在校园文明建设的时候,一直严整不守时之风,对开会迟到的人实行通报批评、单独入座等处理。这些措施的严格执行将守时的观念根植于人心,首先植入的是陈炳钦自己的心里。其次就是增强了自己的行为规范,"自己做好了,才能去要求别人"。

"校园文明建设既是基础性工作,也是引领性工作。基础性工作旨在创造一个舒适良好的环境,引领性工作目的是促进精神文明的发展。"陈炳钦这样总结道。

现在,学校正在进行"校园文化走廊"建设,旨在鼓励学院用好宿舍走廊,根据自己学院的特点装饰走廊,将文化在潜移默化中传递给学生。对于这样的形式,陈炳钦说道:"文化建设的载体可以有许多种,文化长廊建设是很好的方式。"他认为,大学文化有自己的传承与创新,不同的阶段都有该阶段的文化传播新形式和文明建设新方式,无论是校庆期间的校友宣传活动,还是现在的文化长廊形式,只要主题鲜明,能够传导正能量,都大胆去做。百年大道、宝球、宝鼎、宝琛塑像等已经成为师大的文化符号,甚至不同学院都有自己学院的文化符号，文化长廊与校园文化符号的建设是异曲同工的。

八年探索，文明创建转战仓旗两校区
—— 访福建师范大学第二任文明办主任俞子平

校报记者　林婉婷　张楚君　庄冰冰　郭妙欣

俞子平，1964年生，中共党员。2000年8月至2009年3月任校文明办主任，现任校武装部、保卫处副部（处）长。任职期间，学校获第八届、第九届、第十届省级文明学校称号，2005年学校获"全国精神文明建设先进单位"称号。

八年任职，承文明创建初期之艰辛，转省级称号之跨越；积极求索，夯仓旗两地文明之基础。他协同全校师生共同美化校园，用创新的智慧点亮精神文明创建的道路。他说："把所在岗位做到最好，就是对精神文明的具体贡献。"

"干净、整洁、安全、有序、美丽"，这是曾任八年文明办主任俞子平心中的文明校园应有的样子。在文明办主任的任职中，俞子平对文明校园有着属于他自己的独特见解。他回顾起学校从1995年开始的文明校园达标创建工作，经过历任校领导的重视和支持，在第一任文明办主任陈汤禄和副主任陈炳钦、陈依使的共同努力下，福建师范大学顺利通过了省级文明校园达标验收，获得省级文明学校的称号。2000年8月，俞子平接任校文明办主任一职，在原有的文明建设基础上对校园文明创建工作进行了原有的优势发扬和新的探索实践。

师生力量，校园文明创建的源泉

2003年之前学校办学主体在仓山校区，这个拥有近百年校史的老校区沉淀着浓厚历史底蕴。立足校情，创新搞文明建设是当时的特色和亮点。学校党政领导班子正确分析老、大、穷校三大特点对精神文明建设的利弊，明确思路。老校——福建师大办学历史悠久，学校老，破旧落后的东西很多，需要改造和修缮的地方也很多，文明创建的难度就比较大。大校——福建师大拥有1万多在校生，学校范围大、人员多，对学生进行思想教育、维护稳定、绿化校园环境的任务也就相对较重，大校造成了文明建设的任务多。穷校——福建师大仓山校区基础设施建设原来比较薄弱，学校经费有限，很多想办的事可能由于经费紧张而办不成或办不快，使得精神文明建设的力度受许多制约。

正如每个硬币都有正反两个相对面，老校、大校、穷校虽然存在诸多文明创建的劣势，但从另一个角度上看这也恰恰是福建师大文明创建的优势所在。老校的优良办学传统、师大人的顽强拼搏精神、精神文明建设的丰富经验和教训、较好的校风和学风等都对精神文明建设起到极大的推动作用。大校就是校园文明建设的一支强大生力军和力量之源，众人拾柴火焰高，把1万多名学生、3千多名教职工发动起来，就是一支难以想象的校园精神文明建设的强大生力军和力量之源。穷校，穷则思变，穷也能够转化为改变贫穷落后现状的干劲。正是这样，一方面学校精神文明建设任务艰巨困难繁多，另一方面我们又分析学校开展精神文明建设的有利条件。

俞子平回忆起当年打这一场"文明校园"攻坚战的最大感慨便是"困难面前，师生员工永远是最坚实的后盾"。迎难而上，发动广大师生员工，投入到文明校园达标建设中，学校大力开展包括思想教育、创卫、绿化美化、修缮、宣传工作在内的"五大战役"，打一场精神文明建设的攻坚战。

"风雨阻不绝，假日不间断"形容的就是当时全体在校学生参与校园创卫保洁劳动的情形。学生们除了参加规定的学期劳动值周外，每天早晨还必须按小组和宿舍轮值打扫校园的环境卫生，下雨天打着雨伞穿着雨衣，在校园的各个角落打扫环境卫生，人人积极参与到文明校园的建设中去。学生党员和学生干部作为榜样带头人，走到哪里，捡哪里，督导到哪里，实行全天候的校园保洁工作。在当时学校文明校园建设资金短缺的情况下，学生参加校园保洁工作，一年为学校节约开支近百万元，同时锻炼了学生，培养了学生的文明养成习惯，增强了学生文明创建人人有责的意识。

绿化是校园环境建设必不可少的一个环节，资金的限制使得无法实现全校园绿化全覆盖成为一种缺憾。没有资金，绿化就搞不起来，正当校领导为此事发愁时，师大学生们的又一举动深深地感动了大家。许多学生自发地把自己奖学金的一部分拿出来，有的学生甚至拿出了一半的奖学金来参与文明校园的建设,资金就这样一点一点地慢慢筹措用于购买树苗、花草。学生毕业离校时,都积极捐建美化一块绿地或捐建雕塑,用自己的一份力在母校留下永久性的纪念,为学校精神文明建设做贡献。目前在仓山校区14号楼到南安楼一带的苗圃仍部分保留着十几年前文明创建的历史痕迹。

新校区新征程,积极探索精神文明建设实效性

千禧之年,福建师大首次获得省级"文明学校"的殊荣,学校提出精神文明建设要干劲不松、力度不减、队伍不散的十二字工作要求,学校提出文明创建更应再上一层楼,冲刺国家级"文明校园",并以此作为一个新的增长点。

2003年之后,学校开始陆续搬迁到旗山新校区,校园建设的硬件发生了很大变化,山水学村的校园规划和建设已初具雏形,办学条件和学生生活条件得到了很大改善。校园精神文明建设要增强实效,一定要体现在师生思想道德素质和精神风貌不断提高;教风学风、机关干部作风、党风不断好转,校风不断优化;环境不断整治,绿化美化净化的"三化"程度不断提高;学校的安全稳定得到切实的维护;学校的各项工作不断开拓创新,取得新的突破和进展。

学校每一次召开的重要会议,通过的重要决议,领导的重要报告,都着重强调加强精神文明建设。通过全体师生各个部门的努力,校园精神文明建设的意识增强了,反对的意见减少了,学校的创建工作不断深入发展。2005年学校申报全国精神文明建设先进单位并获通过。我校的文明校园建设从省级到国家级迈出了历史性的一步,精神文明建设有了新成效和新发展。

多方联动,文明创建无处不在

文明创建工作与时代要求和学校的中心工作相结合,创建工作常新常绿。从2008年社会历史学院的同学第一次提出设想并付诸实践创设了福建师范大学漂书协会之后,漂书协会图书资源共享的传统一直延续至今。这从深度、广度、高度这三个维度上充实了我校图书馆的馆藏容量,让一些经典不被流失的同时,也解决本科教学评估问题,更是我校开展先进性教育活动取得实效的具体体现。

俞子平对于学生的精神文明建设这样谈道:"当同学们把宿舍、学校当成了自己的家,让精心维护宿舍的美好成了习惯,校园文明建设也就前进了一大

步。"要想做好校园文明建设,做好学生宿舍生活区的后勤保障工作就必须放在首位,这也是文明校园创建工作的基础定位。通过联合各学院的书记及辅导员,通过征文、摄影等多渠道进行文明宿舍的评比活动、宿舍文化建设等措施,着力增强学生宿舍管理的育人功能,促进我校学生宿舍的管理和服务水平迈上新台阶。从最表面的消除小广告到"温馨我'家'"摄影作品大赛、"我的寝室情怀"征文比赛以及"文明楼""文明居室""创建文明居室先进个人"等一系列多姿多彩的活动,宿舍文明的建设如火如荼地开展。这些活动不仅使学生的宿舍变得更加整洁温馨,同时帮助每一个参与其中的学生树立起一种"精致生活"的态度。

与此同时,文明办结合学校教学评估与后勤部门开展校园环境专项整治工作,95周年校庆期间文明办开展了"以优美的校园环境和良好精神面貌迎校庆"主题创建活动,在抗击SARS病毒期间文明办开展了"讲文明、树新风"养成良好的生活习惯、不随地吐痰专项活动等。从仓山校区逐渐搬到旗山校区后,文明办更是推出了"尊师让座,文明乘车""举手之劳、方便大家"等以"讲文明,树新风,我与师大共奋进"为主题的一系列文明礼仪主题教育活动,高举校园文明大旗,向提高校园思想道德素质进军,把文明创建的好习惯好传统带到新校区。

除此之外,我校始终坚持校园文明与师生素质共进,扎实开展文明校园创建工作。学校从人的思想文化水平到精神道德层面入手,重视科技创新研究,力求营造浓厚的学习氛围,倡导更上一层楼的良好校风学风建设。"课前准备要充分,衣冠整洁不迟到。尊师重教要严记,关闭手机不喧闹。上课听讲要专心,精神饱满不瞌睡。临时有事要请假,遵守纪律不溜号。教学氛围要营造,无关书籍不翻阅。教学互动要积极,敢于提问不被动。学问追思要严谨,学风端正不浮躁。教室公物要爱护,纸屑杂物不乱丢。课堂点名要诚实,诚信考试不作弊。课堂秩序要维护,荣辱是非不混淆。"在每一个教室的讲台旁都悬挂着《福建师范大学学生课堂"十要十不要"行为规范》,这其中,"十要十不要"阐释在担任文明办主任期间,俞子平是如何从小事着手,让点滴行为汇成文明风貌之大流。

校园文明的建成也绝非一日之功,把点滴小事汇聚起来才能成为支撑学校发展的力量。"每个人既是文化创建的倡导者,也是文明校园的参与者",在用餐文明这件小事上,文明办、学工部、后勤部门等多个部门联合行动,在发动学生改善用餐硬环境上花了不少心思和精力。当用餐无序成为学校文明建设的一大难点时,文明督导队便应运而生,他们在各个餐厅创设餐盘回收点、在食堂的每个窗口组织督促学生有序排队,形成一道独特的文明风景线。从无人收拾、毫无秩序的用餐环境变成队列整齐地排队取餐,用完餐后还会再收拾自己的餐具并将筷子、汤匙、碗分类放进餐具回收点的常态,这样的改变使环境变得整洁卫生,与此同时也提高了食堂的运作效率。随着时间的推移,刚开始仍需督导队员帮助维持的秩序现已经潜移默化成为一种习惯,形成人人心中的用餐文明观念。校园物质文明在点滴小事之中已经逐步渗透到精神文明中去。

学校文明创建本就应该是一项常态工作,提高人的文明素养更是人才培养的应有之意,这些都是学校工作的重要组成部分。每年都有新的同学进来,旧的同学毕业,而文明创建活动就这样一代一代传递,这也代表着,精神文明创建需要坚持更需要与时俱进。

采访结束时,俞子平对我们说:"在长达八年半的文明办主任的任职经历之后,最大的收获是学校本身就是精神文明的一部分,每个岗位尽管分工不同但都是在为培养高素质、高质量的建设者和接班人而努力。把所在岗位做到最好,就是对精神文明的具体贡献。"是的,每个人的力量与成就都是渺小的,但是如果都能在工作中团结一致、学会思考、找到价值,渺小也会汇聚成伟大,点滴也能汇聚出璀璨。

精雕细琢,只为厚积薄发圆梦想
——访福建师范大学第三任文明办主任范庆洪

校报记者　林韵滢　易蕾歆　柯碧惠

范庆洪,男,1972年生,中共党员。2009年4月至2013年6月任校文明办主任,现供职于福建省人民政府办公厅。任校文明办工作期间,学校在第十一届省级文明学校评选中成绩优异,为冲刺"全国文明单位"奠定了坚实的基础。

在福建师范大学的二十年学习工作和生活，使他的每一个细胞都充满着对母校的深深热爱。他将一腔深情尽数化为责任和奉献，统筹协调、总体规划、点面结合、重点突破，一簇簇参差不齐的小树种，变成了一排排整齐划一的行道树；一片片杂草丛生的荒芜地，变成了一道道错落有致的风景线；一条条道路、一座座建筑，被赋予了百年师大深厚文化底蕴，变成了一个个可以"读"的精美校园景观；一项项校园文化活动，精心策划，寓教于乐，耐人回味，激励师生向上向善……

福建师范大学校园文明的进步，毋庸置疑是伴随着百年璀璨绵长的历史而不断前进的。将文明校园建设的历史诉诸笔端、书于纸上、流传下来，就显得尤为重要。在这份漫长卷轴中，有这样一段时间、这样一个节点，是需要拿出来细细详谈的。我们有幸邀请到第三任文明办主任范庆洪，和他有了这么一次面对面……

校容校貌，文明学校的"脸面"

"认识一个人，首先是看他的长相。校园环境，如同一个人的脸面。对一所学校的判断，第一印象是校容校貌。"访谈中，范庆洪如是说。

2009年，在福建师范大学学习生活了17年的他，见证了学校点点滴滴的发展进步，也悉知校园文明建设中取得的成绩和存在的差距。据他回忆，2009年4月上任校文明办主任时，学校主体迁入旗山新校区已5个年头了，在前人的艰辛耕耘下，当时的仓山校区文明创建工作已具有扎实的基础：旗山校区，一方面，基础设施已形成一定规模，教学楼群、学生宿舍、学生食堂、办公用房和生活配套等趋于完备，各种功能布局比较合理；另一方面，各项规章制度逐步健全，百年历史文化底蕴日益向新校区辐射，师生精神面貌积极向上，为推进文明校园建设深入开展提供了有利条件、打下了良好的基础。然而，对一个占地面积达2800余亩、各类在校学生接近3万的新校区来说，还有许多亟待完善的地方。"旗山校区校园环境总体不错，但由于新建时间不长，校园环境还有进一步提升的空间。"远看挺漂亮，绿化率高、楼房新；近看不怎样，树种繁多、参差不齐；细看不能看，卫生死角多、车辆乱停放，这是他当时对新校区校园环境的总体感受。可以说，那时的旗山校区犹如一块质地顺滑、色泽光丽的上好玉石，具备优良的质地，必须赋予精细雕琢，方能绽放出更加温润夺目的光芒。

  面对这样的新校园，建设文明校园的重任就落在了范庆洪的身上。他接过了上一任文明办主任手里的刻刀石斧，成为了这块玉石的雕琢师。对他来说，这是一项新的历史使命、一场全新的挑战。就职之后，他不辞辛劳、片刻不停，马上着手进一步改造旗山校区工作，努力将她打磨成条纹清晰、脉络有致、不论"远看""近看"还是"细看"都完美的作品。他抓紧走访基建处、后勤管理处、后勤服务集团、保卫处、学生工作处、团委等部门负责人，提出想法，共商对策，争取支持。幸运的是，各部门负责人对这位新人给予了极大的支持，他的想法也得到校党委的认可。

  校园首要的"脸面"就是进校的第一印象，具体来说就是第一条道路。他与有关部处领导共同实地查看后发现，有些道路种植混乱的行道树使得学校的景观十分不美观，而校园绿化美化正是文明学校考评的重要内容。范庆洪对于校容校貌的提升，首先落实在对主干道行道树的重新规划和安排上。当时从南大门进校的600米左右主干道就种植了五六种不同类型的树种，大小不一、高矮不同，其他大部分区域与南大门附近的情况大抵一样，有的庭院树被当作行道树种在主干道上，有的不同品种的行道树被交叉栽种一起，有的不应种植的区域却种上了各类行道树。为改变这一现象，范庆洪提出"有所为、有所不为，一年规划一片，逐年推进，打一场校园环境攻坚战，争取几年时间全面提升校容校貌"。2009年，他提出"用钱买时间"的思路，将原仓山大道两侧品种不一、高矮不一、大小不一的树种转移至体育场馆南侧空地养护起来，等待壮大后再移植到合理区域，取而代之的是统一品种、统一高度、统一胸径、统一树冠的行道树。目前这两排行道树长势良好，犹如两排站岗的士兵，迎接着进校的每一位师生和客人。2010年，校文明办牵头发起师生"为母校献一份爱、留一份情"活动，改造了东大门进校一带行道树和龙江中路西侧沿线花圃。2011年，转以改造艺术地区与协和路一带行道树以及周边绿化。2012年初，原计划改造生活区一带的绿化景观，但因工作关系，他调离了福建师范大学。在他的带领下，经过三年的努力，学校的行道树规划更加合理美观，校容校貌更加秀丽。现在，我们走在旗山校区，放眼望去所看到的郁郁葱葱、苍翠挺拔的行道树，以及周边连片花圃的漂亮景观，便是当年范庆洪与全校师生共同努力的成果。

在环境卫生改造提升方面，范庆洪表示，应该注意日常维护和卫生死角的整治。由于新校区投入使用6个年头，校园内许多垃圾桶都已经损坏了，给师生们的日常生活和保洁人员清理垃圾带来了极大的不便。在校领导的支持下，范庆洪采用商业运作模式，引进一家公司为学校免费提供垃圾桶，并在仓山校区、旗山校区校园内每间隔50米安放一个垃圾桶，极大地方便了师生生活，也便于员工清理。范庆洪在改造卫生环境问题时坚持以人为本，在方便师生的同时极力促进校园卫生的改进，在后勤管理处和后勤服务集团的大力支持下，学校定期开展卫生死角整治，特别是利用寒暑假期间，组织人马对学校进行全面清理，既不影响师生正常教学秩序，又有效解决了学校环境卫生脏乱差问题。

精神面貌，文明学校的核心内涵

在范庆洪看来，整洁的校园环境，仅仅是文明学校的基础性条件，一所文明学校，更重要的是师生精神状态和学校所蕴含的文化内涵。为此，文明办重点抓两项工作：一是社会主义核心价值观的培育；二是挖掘百年师大的文化内涵，进而提升师生的精神素养。

社会主义核心价值观培育方面。范庆洪表示，按照中央和省里下发的文件通知要求，组织师生开展理论学习和理论教育，这是"规定动作"，对于提升师生精神素养具有很强的引导和灌输作用。要让师生自觉践行社会主义核心价值观，使之内化于心、外化于行，更多的还是要结合学校实际，开展更多形式多样、寓教于乐的宣传教育活动。在任三年中，他积极联系联合校内有关部门，利用每年传统节日开展中华民族优秀传统文化宣传教育，利用红军长征周年纪念日等开展革命精神教育，利用校庆日开展爱校活动教育。从形式上说，有征文、演讲、晚会等，让教师参与、让学生喜欢，在润物细无声中使师生接受到正能量。

范庆洪认为，借以百年师大文化内涵涵养师生，是提升师生精神风貌的重要途径。他根据新时期文明学校考评体系的新要求，组织修订了福建师范大学文明宿舍、文明楼、文明学院、文明处室评选办法,并延续了这一做法,既激励师生积极创建文明学校,同时又增强了广大师生对学校的认同感、荣誉感和主人翁责任感。与此同时,范庆洪发现,旗山校区运行6年来,校园的道路、建筑、景观等都没有相应的名称,学生宿舍楼以A、B、C、D区来命名,建筑以类似"钟楼"等标志来命名,道路却没有具体的称呼,师生及外来客人在校园里"云深不知处、只在校园中"。本来最有文化的福建师范大学,却似"文化的沙漠",让人感觉不到百年深厚的文化底蕴。在校党委宣传部、文明办倡导下,105周年校庆前夕,校园内掀起了一股为校园建筑和道路"征名"的活动热潮,广大师生员工、海内外校友热情参与,经过多轮论证、校长办公会议、校党委常委会会议研究,选定了旗山校区自南往北以前身校校名来命名道路的方案;各学生宿舍区以校园绿化集中的、大家喜欢的花或树名来命名,并冠以"榕苑""桂苑""桃苑""李苑"等;校园中的桥、湖名借以《中庸》《论语》《道德经》等经典名著中具有正能量的"金句"提炼而成。今天我们口中所叫的优师路、星雨湖、星槎桥等名称,便是海内外师大人智慧的结晶。这些朗朗上口的名称不仅使得师生、参观者在游览学校时能够更好地定位自己的位置,更彰显出福建师范大学悠久的历史与深厚的文化底蕴。同时,学校还引进了一些校友捐赠的雕塑,这些造型各异的雕塑体现着师大特有的艺术气息,为学校营造了浓厚的历史气息和良好的学风,在无形之中丰富着学校的文化内涵。

文明创建,靠的是全校师生共同努力

在文明办工作期间,虽然不断有难题需要及时解决,但范庆洪乐在其中。在对校园规划建设时,由于专业限制,他对树木种植、管护养护等知识并不了解,对此,他虚心向前辈、向"度娘"学习,不断完善自己的知识结构。"到现在,看到校内的花草树木,我还是能认出树种,知道它们的生活习性,可以说出管护办法",范庆洪笑着说。在其职,谋其位,虽然要操心的事不少,但看到学校文明的创建工作渐出成效,他深感欣慰。"在工作的过程中应该要摆正自己的心态,规划好目标,有所作为。"范庆洪总结道。

"文明学校的创建,依靠的是全校师生的共同努力,要在全校范围内统一思想、统一目标,形成合力,创建才有成效。"范庆洪这样说。对他而言,即使是师生们的"批评""牢骚"也是他干好工作的动力。"同学们在遇到问题时,发发牢骚很正常,不是坏事反而是好事,这是他们关心学校、热爱学校的表现。能够及时反映学校建设发展中存在的问题,我们才能知道自己工作上存在的不足,这是我们推动工作的一股动力。"正是老师同学们的"牢骚",使得他对一项项工作都认认真真;也正是老师同学们的"牢骚",推动着他落实好创建文明校园的每一步。范庆洪提到,他就职时还比较年轻,要让自己的想法得到实践,协调好比自己年长各部门负责人,就必须付出更多的真情,真心尊重、真心求教、真心付出。正因为他拿出了对学校的真心,感染了师生和各方负责人,大家都拿出了热心,共同推动了文明创建工作顺利开展。

"校园美观、内涵厚重、精神向上",范庆洪这样概括文明学校的特点。他认为,赢得"全国文明校园"的荣誉是全体师大人共同努力的成果、是大家的共同荣誉,要倍加珍惜这份劳动成果,进一步总结提炼文明创建工作经验,推动形成长效机制,保持好这项殊荣,让福建师范大学成为名副其实、当之无愧的"全国文明校园"。

继往开来,文明创建永远在路上
——访福建师范大学第四任文明办主任郑文灿

校报记者　王鹤琴　柯碧惠　易蕾歆

郑文灿,1970年生,中共党员。2012年5月,任校宣传部副部长兼文明委秘书长,2013年8月至今,任校文明办主任。任职期间,学校荣获"第四届全国文明单位""第一届全国文明校园"荣誉称号。

作为文明的传播者和自觉践行者,郑文灿时时以身作则,处处身体力行。面对新时代、新理念、新标准,他以匠心致创新,只为让师大变得更美。不忘初心,牢记使命,"文明创建永远在路上"是他不断激励自己的座右铭。

如果说从1995到2005是师大文明校园的艰苦创建期,2005到2015年是师大文明校园创建的成长收获期,那现如今便是迎来了师大文明校园创建的另一个崭新的时期。回首文明校园创建二十年的不易点滴,传承发展,开拓创新,继往开来,未来师大的文明校园创建史将由每个师大人来书写!

来之不易的荣誉:文明创建进入国家队

2017年,我国开展第一届全国文明校园评选活动。经过自愿申报、复查审核、遴选公示等环节,最终全国范围内494所学校(包括小学中学和高校)获得此项荣誉称号。其中高校只有39所,福建师范大学作为福建省唯一一所获奖高校出现在这份名单中,表彰那天正值我校110周年校庆的前一天,涂荣副校长代表学校进京领奖,这是献给学校110周年校庆的珍贵礼物,也是所有师大人的无限荣光。

虽然在2015年学校就获得了全国文明单位的称号,但全国文明校园的创建则更具有学校特点,围绕"六个好"标准,从思想道德建设、领导班子建设、师德师风建设、校园文化建设、校园环境建设、活动阵地建设开展文明校园创建。按照中央和省委文明办要求,所有全国文明单位的学校必须转评全国文明校园,而且是差额评选。对于2017年的福建师范大学来说,这是一个严峻而艰难的挑战,也是我校文明校园创建的一个重要里程碑、攻坚点。全省有四所高校参评全国文明校园,但获评名额只有一个。不仅如此,此次参评时间十分紧迫,2017年6月底接到评选文件,考评日期是2017年7月21日,准备时间不到一个月。相较于文明单位,文明校园测评体系指标变动大,对照标准多。在这样任务繁重、时间紧张的时刻,全校师生空前团结,齐心协力投入到这次迎评工作中,不少老师放弃暑假休息时间,攻坚克难,任劳任怨。本届文明校园测评指标多达160项,学校仅目录就做了154页,细分下去整理的材料更是装满了260个支撑盒子。

结合文明校园"六个好"评比标准,文明办凝练出"四高"标准创建特色:一是高水平的理论武装,二是高标准的师德建设,三是高品位的文化建设,四是高质量的文明传播。

在2013年全国文明单位创建期间,我校遇到最大的难点是道德讲堂的推进。道德讲堂作为中央文明办提出的全国文明单位测评指标中的一项,在推进学校道德教育方面起着重要的载体作用。但活动标准要求必须严格执行一系列规定程序过于教条化,其中有些过于规正的条件——譬如"向德鞠躬"这种形式化过重的环节，经党委常委会研究，学校领导认为"向德鞠躬"环节不适宜在校园中推行。但如果去掉这些环节，可能影响最终测评分数，道德讲堂的推进一下子陷入两难。最后，在校领导的决策下，我校还是决定去掉"向德鞠躬"等过于形式化的步骤。此举在省委文明办考评组专家进校考评时，不仅没有成为文明单位测评的扣分项，反而成了向其他高校推广的先进举措。

2012年我校以全国文明单位培育对象申报参评第四届全国文明单位，面对来自其他两所兄弟院校的强有力竞争，评选前期的准备压力随之而来。在学校历任领导的重视下，在全校师生员工的共同创建下，2013年初评时，我校以绝对的优势远超其他两所兄弟院校。2014年总评后，我校以全省学校文明单位第一名的成绩成功获评第四届全国文明单位，取得了我校在文明创建历史上第一个国家级荣誉，实现了二十多年来全体师大人的梦想。谈及得知评选结果的感受，郑文灿说："能在文明办工作期间获得这个荣誉我感到很幸运，这份荣誉里包含着几代师大人的心血，传承着师大精神。"

文明力量的传播：一部微电影，两本小册子

文明创建工作对郑文灿来说并不陌生。1993年刚从师大中文系毕业的他便担任了我校中文系辅导员的工作。两年后学校开始校园文明创建工作。由于当时学校经费紧张，校园的环境卫生是靠全校师生共同清扫和维护。学校的劳动周，每天清晨辅导员带领学生清扫卫生责任区，周末全体干部放弃休息参与劳动大扫除等等，创建之初，全校范围内轰轰烈烈的文明创建至今让每位老师大人记忆犹新、历历在目。从辅导员到文明办一路走来，郑文灿坦言："当年经历的文明校园创建工作对现在自己的工作有很大帮助"。正是带着责任和使命，郑文灿在文明之路上积极探索着。

在交谈过程中郑老师为我们讲述了一个故事。2013年，一个从学校道德讲堂中走出来的传播学院"励志女孩"楚玉春用自己带着父亲上大学的故事感动了每一个师大人。凭借着坚强不屈的精神，用稚嫩的肩膀为病重的父亲撑起一片天，成为孝老爱亲的道德模范。2013年，楚玉春荣获"中国大学生自强之星"和"福建省第三届道德模范"称号。2016年她又被评为"感动福建十大人物"。2014年拿到我校公共管理学院研究生入学通知书的她，不仅完成了父亲最后的遗愿，也给自己的努力交上了一份满意的答卷。2016年，以楚玉春为原型、由我校党委宣传部出品的公益电影《扶郎花开》于当年父亲节在福建电视台电视剧频道首播。影片一经播出，就收到较好的社会反响，该片荣获2016年度国家新闻出版广电总局"弘扬社会主义核心价值观，共筑中国梦"主题原创网络视听优秀作品以及第四届华东六省一市暨全国部分省市微电影（微视频）大赛故事类二等奖。作为"师大好精神"系列微电影创作活动中高水平电影作品的代表，《扶郎花开》充分体现了活动讲述师大好故事、传播师大好声音、弘扬师大好精神，让向上向善之风在师大校园蔚然成风的宗旨。

2014年，一本名为《道德之光》的小册子在福建师范大学广泛流传。这本书由我校文明办牵头编写，登载了校内15位道德模范的感人事迹，他们中有充满爱心、助人为乐的青年学生，有敬业奉献、虔诚勤勉的一线教师，还有孝老爱亲、血脉情深的普通员工，这些来自身边的"平民英雄"传递着满满的正能量。2014年，师大在全省高校中率先开展校园道德模范评选表彰活动，为道德模范举行颁奖典礼，广泛宣传道德模范事迹，引起师生乃至社会的热烈反响。

党的十八大以来，习近平总书记在不同场合多次谈到要"注重家庭、注重家教、注重家风"，强调"家庭的前途命运同国家和民族的前途命运紧密相连"。2017年4月，为选树一批学校文明家庭典型，以家庭文明促进校园文明，学校党委决定开展首届文明家庭评选活动。评选结束后，校党委宣传部（文明办、新闻中心）组织采写、汇编文明家庭事迹成《文明的力量》，还原10个文明家庭的日常点滴、展示文明家庭的立体风貌，为学校精神文明建设增添形象可感、触手可学的生动德育模范。其中，林忠东、陈俊玲家庭还被学校党委选送参评福建省第一届文明家庭并成功入选。

作为现任的文明办主任，郑文灿感叹："这个职位不仅赋予了我责任和担当，也让我对文明有了更强的自觉意识和更深的体会。"在他看来，文明创建的路途虽然漫长曲折，但永远是快乐充实的。

文明风尚的延续：牢记使命，文明创建在路上

对于我校来说，作为福建省唯一当选第一届全国文明校园的高校，这是一份殊荣，也意味着是一种挑战。上高位难，持高位更难，如何保持住"全国文明校园"这份至高荣誉，是压力，更是动力。

目前，我校的文明校园建设仍存在一些难题和顽疾，其中，最突出的问题在宿舍管理方面。一栋宿舍楼有不同学院的学生混住，在管理上，还无法做到步调一致。另一个令人头疼的问题就是宿舍的环境卫生。目前，部分宿舍楼垃圾桶仍直接放在楼道，到了夏季，垃圾的异味，严重影响到宿舍楼的环境卫生。对此，校文明办在2017年提出"垃圾下楼不落地"的倡议，并得到不少学院的响应。"目前，仓山校区基本做到了，旗山校区有个别楼宇做到了，但绝大部分楼宇还未实行，我们计划逐步推行、最终实现全部下楼的目标"，郑文灿介绍道。为了解决宿舍环境卫生的难题，实现"垃圾不落地"的目标，学校领导花了不少心思并提出解决的思路。首先进行宿舍楼的调整，2018年6月，学校以学院为单位相对集中住宿为原则进行学生宿舍楼的归并调整，减少因不同学院混住一栋楼产生的主体责任不明确而出现宿舍楼的管理问题。其次是解决垃圾桶的放置问题。2018年初，文明办协调学工处、研工部、后勤部门对每一栋宿舍楼垃圾投放位置进行实地勘察。出于方便同学和校园美观的目的，将垃圾投放点设置在方便投放、能及时清理、且比较隐蔽的位置。郑文灿告诉我们，在"垃圾下楼不落地"试点过程中，出现高层的同学不理解的情况，甚至有的同学找到办公室进行质询，郑文灿耐心地向同学们解释，跟同学们说明了这样做的利害关系，得到了同学们的理解和支持。

除了宿舍管理问题，校园自行车停放的不文明现象也是文明校园创建中存在的问题。针对车辆停放，2017年校庆期间，校文明办组织开展教学楼、食堂等公共区域文明志愿者引导活动，取得了明显效果。"文明停车这项工作，将持续推广下去。文明校园的创建和每位师生息息相关，文明校园的成果师生人人共享，同时也需要师生人人共建"，郑文灿如是说。

要保持住"全国文明校园"的称号，不仅要继续做好我校的文明常态创建工作，还需要明确规划，切实实施，为此，校文明办正围绕"入脑入心"十九大精神学习宣传贯彻、"美丽师大"文明校园夯实提升、"致敬经典"礼敬中华优秀传统文化等十个方面制定新一轮创建三年创建规划。在规划中，学校也将加强校史、校训的宣传，普及校史知识，让每个师大人都知道熟悉母校的历史，传承好师大精神。此外，我校将加强校园文化氛围营造，计划创建宿舍楼、教学楼文化走廊等项目，做好社会主义核心价值观景观建设等校园三分钟文化圈建设。

"美丽、文明、高雅、和谐"，郑文灿用这四个词语表达出自己对文明校园的期待。在郑文灿看来，美丽和文明是基础，在有序的校园下，每一位师大人应展现出良好的文明素质，实现高雅、和谐的目标。

"在文明校园创建上，虽然每届文明办主任经历的测评标准不同，但大家的目标是一样的。压力一直都有，因此不能放松，要永远记着文明校园创建一直在路上，永远没有终点。不管是谁担任文明办主任，都会坚决守护和捍卫师大作为全省高校文明校园创建的领头羊这个位置。"采访最后，郑文灿坚定地说。

第三部分 03

先进典型

　　自 1995 年文明校园创建以来，学校涌现出许许多多的先进典型，如全国劳动模范陈征，全国先进工作者谢树森，全国五一劳动奖章获得者黄汉升，全国模范教师汪征鲁、辜也平，全国优秀教师綦正芳，全国师德先进个人黄汉升、李建平，全国师德标兵黄茂兴，福建省杰出人民教师陈征、李建平、汪征鲁、黄志高等，细细地品读这些先进人物背后的故事，正是学校文明创建内涵不断提升的典型写照。

　　此外，学校十分重视挖掘和选树典型。本书摘登了部分道德模范、文明家庭、感动福建年度人物等践行社会主义核心价值观的时代楷模先进事迹。他们中有的充满爱心、助人为乐，为他人撑起一片明媚蓝天；有的敬业奉献、虔诚勤勉，在平凡的岗位做出了不平凡的贡献；有的几经病难折磨，仍不离不弃，相守到老，孕育出患难与共的恩爱家庭；有的世代从教，弦歌不辍，孕育出桃李满天下的教育世家；有的是历经磨难终迎花开、叱咤风云的奥运冠军。

　　一花引来万花开。在这些典型中，有些是充满朝气的青年学子，有些是兢兢业业的教师员工，还有一些继续发光发热的离退休老同志，是我们身边看得见、摸得着、学得到的"平民英雄"。他们生动诠释了中华民族的传统美德和时代精神，让我们深切感受到了道德的力量、善良的价值、时代的精神。通过学习他们的精神，让我们"思其贤""同其行"，将思想自觉转化为行为自觉，将先进典型的激励作用转化为干事创业、为师生服务的现实行动。

一　道德模范

福建师范大学首届道德模范名单

（按姓氏笔画为序）

一、离退休教职工组

陈钟英（文学院）

林秉钗（音乐学院）

欧阳一真（机关）

高时良（离休干部党总支）

章　镇（物理与能源学院）

二、在职教职工组

李向京（音乐学院）

周裕燕（附属中学）

郑炳铨（后勤服务集团）

曾庆先（图书馆）

谢树森（光电与信息工程学院）

三、学生组

许倩倩（经济学院）

吴爱英（体育科学学院）

文明之路 >>>

张瑞丹（物理与能源学院）
林浩辉（外国语学院）
蔡真真（信息技术学院）

福建师范大学首届道德模范名片

陈钟英，女，1926 年生，1950 年毕业于私立华南女子文理学院文史系。现任福建华南女子职业学院理事会理事长。2004 年，被评为"福建省杰出人民教师"。

六十余载人生无悔，三尺讲台一生坚守，她用青春和生命诠释着教育的含义；用爱和奉献，为我们讲述"教师"二字的分量。木铎钟声，响彻无边，她是师者的标尺，是教育的楷模！

——组委会给福建师范大学首届道德模范陈钟英的致敬词

林秉钗，女，1936 年生，中共党员，音乐学院退休干部。获得"世界华人百名抗癌明星""福建省首届抗癌明星"和"福州市抗癌明星"等荣誉称号。

面对病魔，她选择了奋力抗争；面对死神，她坦荡而乐观。她用敬畏、坚韧和不屈，将生的信念播撒进患者心中，成为抗癌宣传战线上的一名尖兵。在充满爱心的公益事业中默默奉献着，是她人生最大的快乐。

——组委会给福建师范大学首届道德模范林秉钗的致敬词

欧阳一真,男,1944年生,机关退休教师。

一个铁骨铮铮的真汉子,撑起了两个家庭。正因为对亲情有更深的理解,所以才选择不眠不休、不离不弃。他是苦难中不倒的柱,不断的梁,是家中老人生存的最大勇气。他的乐观开朗、任劳任怨,将一个大写的"孝"字写得淋漓尽致。

——组委会给福建师范大学首届道德模范欧阳一真的致敬词

高时良,男,1912年生,中共党员,福建师范大学离休干部,原教育系教授。先后被福建省委、省人民政府、省教委授予"优秀共产党员""先进教育工作者"等荣誉称号。

穿越一个世纪,见证历史沧桑。耄耋之年,终于了却心愿,加入魂牵梦萦的中国共产党。期颐之年,白了头发,花了双眼,却依然老骥伏枥、心向未来。他对信仰的执着与坚守,令人肃然起敬。先生之风,山高水长。

——组委会给福建师范大学首届道德模范高时良的致敬词

章镇,男,1936年生,物理与能源学院退休教师。他指导的学生在全国大学生物理教学技能比赛中连续五届夺魁,其中2010年囊括了团体奖和个人最高奖项——创新奖。

无尽细推物理即是乐，不用浮名绊此生。数十年耕耘不辍，源于对理想的坚定求索；年近耄耋仍退而不休，来自对信念的无限执着。他的教诲如春风化雨，润物无声，催得百花齐放、桃李满园。

——组委会给福建师范大学首届道德模范章镇的致敬词

李向京，男，1966年生，中共党员，1990年8月留校任教，现为音乐学院作曲系副主任，教授、硕士生导师。2014年被福建省委授予"全省优秀共产党员"。

他重症缠身，却依然心系学生，坚守三尺讲台，完成学年441课时，平均每周12课时的超负荷工作量，用音符谱写师者的乐章。他如水之恒，如水之韧，在生命的舞台上，始终保持着歌者的从容和优雅。

——组委会给福建师范大学首届道德模范李向京的致敬词

周裕燕，男，1977年生，中共党员，师大附属中学数学备课组长、高三（4）班主任、理科党支部书记，中学一级教师。

上苍用疾病考验人类的亲情，用磨难考验人们的意志，面对疾病与磨难，他如同海燕一样迎风搏浪、不畏艰险。他敬老爱亲、爱生如子，用磨不碎的决心、摧不垮的信念，生动地诠释着"爱"。

——组委会给福建师范大学首届道德模范周裕燕的致敬词

郑炳铨,男,1955 年生,中共党员,后勤服务集团员工,桃苑 12-13 楼管员,他管理的楼栋连续七年被评为"校级文明楼",2010 年被授予"省级文明楼"荣誉称号。

十一载光阴,四千多个日日夜夜,他用真诚的守护,点亮了平凡岗位的荣光。他用爱校如家、爱生如子的情怀,在日复一日细小而又烦琐的工作中,化成一曲爱岗敬业的动人乐章。他有一个朴素而又光荣的称号——楼管大叔!

——组委会给福建师范大学首届道德模范郑炳铨的致敬词

曾庆先,男,1973 年生,图书馆采编部工作人员。

最可敬的骑车"哥"!"你的上班路,我来载你走",一句承诺,17 年的坚持。20 多辆自行车,3000 多个日子,车轮"沙沙",谱就的是一首平凡人的道德之歌;车铃"叮叮",演奏的是一曲人间真情爱的奉献。

——组委会给福建师范大学首届道德模范曾庆先的致敬词

谢树森,男,1940 年生,中共党员,光电与信息工程学院教授、博士生导师,激光与光电技术研究所所长,我国生物医学光子学科学术带头人和医学光子技术领域的开拓者和奠基人。曾获"全国先进工作者""全国优秀科技工作者""全国优秀教

师"等荣誉称号。

他出生异国、求学他乡,却毅然选择回到故土报效祖国。他惜时如金,精益求精。他至善至朴,诲人不倦。他带着执着的追求、辛勤的汗水和闪着荣誉的光辉,一路走来,一生坚持。学为人师,行为世范,春华秋实,桃李芬芳。

——组委会给福建师范大学首届道德模范谢树森的致敬词

许倩倩,女,1991年生,中共党员,经济学院2012级产业经济学专业研究生。

从容指顾救人于危难,古道热肠助人于日常。她不仅仅只是救了一位危在旦夕的老人,也温暖了许多身边人。她让我们看到了当代大学生弘扬和践行中华民族传统美德的青春风采,她向我们表明当代大学生是富有责任、敢于担当的一代。

——组委会给福建师范大学首届道德模范许倩倩的致敬词

吴爱英,女,体育科学学院2011级体育教育专业学生。曾获"全国大学生社会实践优秀个人""福建省第五届特殊奥林匹克运动会优秀志愿者"等荣誉称号。

青春火,炫彩成花,助残扶弱;英才园,桃李诗话,一路芬芳。志愿服务,传递温暖笑容;矢志奉献,成就美丽人生。她用纯洁的心灵,奏响青春向善的乐章,用爱洒满助残路。

——组委会给福建师范大学首届道德模范吴爱英的致敬词

张瑞丹，女，1991年生，中共党员，物理与能源学院学生，现已被录取为北京大学量子材料中心2014级博士研究生。

她积极进取，自强不息，勤读力耕，立己达人。家庭的责任她勇于分担，课业的压力她从容面对，工作的繁忙她积极应对。怀着一颗爱和感恩的心，她以奔跑的生命姿态写意青春，放飞理想，一路追随。
——组委会给福建师范大学首届道德模范张瑞丹的致敬词

林浩辉，男，1988年生，中共党员，外国语学院2012级笔译专业研究生。

总有一种力量让青春的步伐昂首前行，总有一种感动让我们慷慨激昂。这种力量就是自强不息，这种感动就是感恩回馈。他创造了一个个校园勤工助学的传奇，他也刷新了爱心家教的免费记录。他阳光、坚韧、诚信，他在追逐一个华美的儒商梦想。
——组委会给福建师范大学首届道德模范林浩辉的致敬词

蔡真真，女，1992年生，信息技术学院2011级平面设计专业学生。

"你是我的眼，带我领略四季的变换；你是我的眼，带我穿越拥挤的人潮"。她是无声的春雨，她是和煦的春风。她用青春、爱与光芒，让黑暗拥有方向。她用默默无闻的行动诠释着人间真爱。致敬！奉献的青春最美丽！

——组委会给福建师范大学首届道德模范蔡真真的致敬词

部分道德模范先进事迹

亲情是我奔跑的动力和希望
——记福建省第三届敬老爱亲道德模范楚玉春
（来源：福建日报 2013-10-06）

日前，福建省第三届道德模范评选结束，今年6月刚大学毕业的楚玉春当选为省敬老爱亲道德模范。这位年轻的女大学生，在福建师范大学传播学院上学期间，虽遭遇母亲突然病故、父亲罹患肺癌的连续打击，却不抛弃不放弃，带着爸爸上学。她用温暖的人间亲情，昭示着超越磨难的勇气；用朴实的人间大爱，诠释着舍与得的真谛。

妈妈，您别倒下

2009年跨入福建师范大学时，楚玉春满怀憧憬，无忧无虑地享受美好的大学时光。但是大一暑假回家，妈妈糖尿病加上肾衰的坏消息让她有点发蒙。

命运自此向她展开了残酷的一面。

"爸爸是桥梁建筑工人，哥哥劳务输出在国外，弟弟正上高中，妈妈务农。我是家里唯一的大学生，梦想着未来能成为一名像柴静一样的记者。"说起当年的青涩,楚玉春苦笑了一下。

哥哥不在家,弟弟还未成年,整个暑假都是楚玉春和爸爸带着妈妈一路辗转看病。"听医生说治疗顺利也只能维持5-10年的生命时,我曾想到退学,好好陪陪妈妈。但是妈妈坚持让我回校继续学业。"

回到学校后,楚玉春似乎一夜长大,没再向家里要过一分钱。"一周做6天的家教,下午一放学就赶去坐公交车,来回路上得4个小时。"2011年寒假,带着勤工俭学积蓄的1000多元钱,挑选了一台血糖测试仪,楚玉春回到了河南驻马店的家里,一家其乐融融。

然而,不经意的一场感冒,引发母亲持续不断的高烧。紧急住院第二天,母亲就突然离世,留下措手不及的一家人沉浸在悲伤痛苦之中。

回到学校的楚玉春有些消沉,"状态非常不好,做什么事情都没劲"。

2012年暑假,又一个晴天霹雳降临楚玉春一家。"早在母亲去世时,爸爸就出现小便不适,但他一直忍着没说,耽误了治疗。"出现便血的父亲被查出右肾溃烂,不得已进行了切除手术。"爸爸没生病时是家里的顶梁柱,现在大山塌了。我不能再消沉了。"楚玉春的心态再次调适过来。

过完暑假回校,楚玉春进入大三学年,她更加勤奋地在课余打工,每月给在老家休养的父亲寄500元生活费。

爸爸,我扛您上学

寒假回家,父亲的精神状态让楚玉春深深担忧:每天不停地抽烟,沉默苦闷。"他需要更好的照顾,更需要我的精神支持。"带着爸爸上学的念头闪过楚玉春的脑海。面对着实际的经济困难,楚玉春走上了"被迫"创业的道路。

经过市场考察,她发现校内的鲜花市场竞争小,成本也少。2012年3月,一家名叫"花意"的花店在福建师大文化街开张。一个月后,楚玉春又在福州大学新校区开了一家水果店。对于楚玉春而言,即使每天奔波在学业和店铺之间,每天上课和进货忙得脚不沾地,这些苦和累都不算什么,"重要的是爸爸和哥哥弟弟都在身边了"。

2012年7月,楚玉春带父亲到福州总院体检。当从医生口中听到"中央型肺癌"几个字时,她几近崩溃。

"癌症恶性度高,而且位置也不好,无法手术,可能只有9个月的寿命。"

坐在医院走廊里的楚玉春痛哭不止，"那一刻觉得天真的要塌下来了！"

"我一直在奔跑，不怕苦不怕累。好不容易把爸爸接来，就是想好好照顾他，这是我很小很小的心愿。"20岁出头的女孩，在短短两年间经历了别人大半辈子才会经历的人生起伏。

擦干眼泪的楚玉春，善意地欺骗父亲只是肺炎，一面顶着盛夏的酷暑，奔波在福州各大医院咨询医生。最后，无奈的楚玉春带着父亲回到河南进行放疗和化疗。积蓄很快花光。为了让父亲安心治病，楚玉春经常估摸着时间站在病房门口堵住催款的护士，然后在楼道里打电话四处联系借钱。

在父亲艰难求医治疗的过程中，楚玉春三兄妹用最朴实的坚持和团结迎接苦难，为父亲撑起了一片温情的天空。"弟弟负责花店，哥哥操持水果店，我完成学业，照顾父亲的饮食起居。"

相濡以沫的一家人互相扶持鼓励着走过了一年，如今父亲的病情稳定，楚玉春也顺利完成学业。

舍与得之间的平衡

今年6月大学毕业后，楚玉春没有参加任何单位的竞聘，继续创业，努力拓展着花店和水果店的业务，尽管她的心中还有着成为记者的梦想。

"现在我能多陪陪父亲，让他每天都能吃到我亲手煮的饭，每天都有我的陪伴，这就是当下我最有意义的'工作'。"楚玉春说。

每当大学的同学来家中看望，父亲总是带着羡慕。"他总说女孩子最好安安稳稳找份工作，平时逛逛街好好打扮，享受最好的时光。其实他觉得是拖累了我。"楚玉春对于父亲的心思心知肚明，但是她有自己的坚持，"一辈子很长，我不觉得这样的几年是荒废。对于父亲来说，这几年也许就是他的余生，如果我没把现在最应该做的事情做好，我会后悔一辈子。"

家庭变故让楚玉春学会了坚强，在舍与得之间寻找着平衡点。而身边人的帮助则让她学会了感恩。

楚玉春永远记得2007级4位学长和福建师大团委黄一菁老师雪中送炭的2万元汇款，帮她父亲度过了最艰难的治疗初期；她也记得校领导的每一句鼓励和每一次帮助，坚定了她继续前行的脚步。如今，她懂得施与比获得更为珍贵。

"我不会抱怨命运的安排。作为儿女，为父母付出多少都不为过，也不值得言说。亲情是我向前奔跑的动力和希望。"楚玉春面对苦难绽放出最美丽的微笑。

"母亲的过世是我无法弥补的缺憾,现在我用给予来填满它。"她与福州福乐家园的一位残疾人章文玉成了朋友,她在住处附近的一家盲人按摩店做起了义工……

"当发觉能帮助别人时,自己的内心也无比温暖。"楚玉春在心中深植公益的梦想,从小爱到大爱,最大限度地感恩社会、回报社会。(记者张颖)

献身教育　老而弥坚
——记文学院离休教师陈钟英(福建师范大学第一届道德模范)

"华南(华南女子职业学院)就是我的生命,就是我的归宿。"这是陈钟英老师的心灵独白,更是一位教师无私奉献的赞歌。陈钟英老师在教师这个岗位上已经度过了六十多个春秋,如今已是88岁高龄的她,虽然深受糖尿病的困扰,但仍然出任华南女子学院的理事长,担任学院的法人代表,一如既往地为华南女子学院奉献着。

恰同学少年　意气风发

1946年,对于陈钟英老师来说注定是不平凡的一年。这一年夏天,中专毕业的陈钟英老师怀着对教师的崇高敬意,毅然决然地报考了华南文理学院。从此,陈老师便与"华南"二字结下了不解之缘。

回想起那年放榜时的场景,陈钟英老师感觉一切仍历历在目。当时的她根本不敢自己去看榜单,直到被告知自己榜上有名时,陈老师脑袋里紧绷的那根弦才慢慢松开。那时她就在想,我能够上大学了,能够按我自己的愿望和意志去行事了。在陈钟英老师眼里,女子应该独立,不仅要在经济上独立而且要在思想上独立,而上大学则是迈向独立的第一步。在华南文理学院度过的四年时光,对于陈钟英老师来说,那是一段最为轻狂的青春岁月,也给她今后的人生留下了一笔宝贵的财富,她在这里收获成长,收获快乐,收获友情。陈钟英老师说,师生间与同学间如亲情般的温暖是她最难忘怀的事。那时余宝笙老师是她们学校的训导主任,"学校当时对学生的管理非常严格,晚自修要点名,临睡前要查铺,但我总有办法溜出去看电影,到点再溜回来"。虽然因此她也被余宝笙老师记过小过,但这丝毫没有影响她和余宝笙老师之间深厚的师生情谊。还有当时的华南实行"一帮一"的特殊制度:大二的学生抽签选取要负责照顾的"新生妹妹",在生活和学习上给予帮助。陈钟英老师始终无法忘记当年元宵节时,和"姐妹"们一起赏灯看月的场景,那时的情谊,延续至今。

陈钟英老师于1950年毕业于华南女子文理学院文史系,毕业后留校任教,投身教育直至今日。"余宝笙老师是我的恩师,我崇拜她,钦佩她,崇拜她为教育事业奉献终身的精神。"在余宝笙老师的影响下,陈钟英老师同样兢兢业业,将自己最好的学问无私地传授给学生。后来在余宝笙老师的带领下,陈钟英老师和校友们共同兴办了华南女子学院。

忆往昔峥嵘岁月稠

人生几多风雨,在陈钟英老师漫漫人生路上,有过无忧无虑的青年时代,也经历过中年时代的人生磨难,但她从来都是积极乐观的。"文革"期间,她曾被画得满脸污痕抓去游街。"(我)只把它当成一场'戏'",散场后一人直奔教工食堂很开心地大吃了一顿,然后才大摇大摆回宿舍,才去擦脸。她当时只觉得饿了,且心中有一个信念一直在支撑着——"我要活下去!""倒行逆施的事情是不会长久的。"果然,下放到尤溪的她不到两年就回来了。

在人生事业中,陈钟英老师一直保持着这种乐观的心态。她有着不输男子的飒爽英姿,毫无闺阁的软弱姿态。在困难面前,陈钟英老师丝毫没有被吓倒,即使在跌入谷底的时候,她也不绝望,不放弃。在陈钟英老师的心中有一股坚定的信念,千磨万击还坚劲,任尔东西南北风。

1984年,在一批有理想有抱负的老华南人的不懈努力下,新中国第一所民办女子高校——福建华南女子职业学院成立了。五十多岁的陈钟英老师,不辞辛苦,与海内外的校友们一起踏上了创办新华南的艰苦征程。1983年年底到1987年,陈钟英老师担任福建师大副校长,对办学的一些情况比较了解,当老华南的余宝笙院长提出想要再办一个女子学院时,两人一拍即合,说做就做。"我也比较乐观的来对待,实在是没有考虑到办一所学校是很难的。"陈老师刚开始并没有意识到这一点。哪知随后一系列的困难接踵而至,仅经费问题就像座大山让所有老华南人感到十分沉重。而当时已经81岁的余宝笙老师也从未有过办校经验，没有当过家，就这样，在余宝笙老师的带领下，一支带着一腔办学热情的队伍毫无顾忌，勇往直前。

随后，陈钟英老师与余宝笙老师辗转香港、美国筹募捐款。"那时候我们办华南时，国内外的老校友合计只有700多人，她们年岁也都大了，许多人靠自己的退休金来养老。"虽然办学经费像一只拦路虎一样挡在前面，但是陈钟英老师和校友们的办学士气依然高涨，并没有因此受到影响。除了校友捐款筹得的一部分经费外，当时的省委书记项南也给予了极大的支持，省政府两次拨给华南40万元，这对华南来说无疑是一场及时雨。华南女子职业学院建校初期，处境困难，28位老华南校友来为"新生"的华南服务，无论是教书，还是做行政工作，每人每月只有70元的"保姆费"。陈钟英老师说，当时学校还没完全起步，我们在原单位也都有工资，大家只是象征性地拿一点工资。"华南就是我们一手创办的，为它服务，就像照顾自己的孩子。"陈钟英老师对我们解释道。陈钟英老师为华南付出巨大心力，虽然工资并不高，但从来没有一句怨言。一直以来她只想过奉献，却从未想过向华南索取。

在建校过程中，一路洒满艰辛，但是陈钟英老师凭借着热情和执着，抢抓机遇，不断开拓创新，攻克一切难关并培养出一大批接班人和有志之士，一点一滴地将华南女院办出特色，创造了新中国民办教育的奇迹。

敬业奉献　大爱无声

陈钟英老师至今未婚，亦没有领养子女，她把自己所有的年华和精力都奉献给了学生，奉献给了教育事业。对于终身未婚，陈钟英老师有自己的考虑，她解释说，其实早在新中国成立之前就已经形成不结婚的观念，而影响她终生不结婚的原因有两个：一个是受学校的影响，想要全身心地投身于教育，且喜欢这种生活方式，自由自在；另外一个是受当时社会的影响，旧社会，男女不平等的观念根深蒂固，女子在社会上毫无地位，但她却具有新时代女性独立自主，巾帼不让须眉的观念。虽然没有人生伴侣，但陈老师表示一分钟也不觉得孤独、后悔。她笑称："虽然年纪大了经常生病，但从未感觉到孤独，有弟弟等家人的照顾，我一分钟都不曾孤独。"

在教育事业上，陈老师兢兢业业，而在科学研究上，她也是孜孜不倦地追求。陈钟英老师表示这一生中最让她感到满意的一件事就是搜集林徽因的作品。

20世纪80年代，福州才女林徽因开始备受学界关注，但是关于林徽因的研究资料却十分有限。作为林徽因的同乡，陈钟英觉得有必要为这位才貌双全的乡贤做点什么。于是，1983年她便开始了一项寂寞而浩繁的工程——搜集林徽因散落在各种旧报旧刊中的作品。陈钟英老师和同事陈宇依靠系里提供的科研经费，精打细算，省吃俭用，从北京、天津、上海，再到昆明、重庆等地，常常在各地的图书馆、档案馆一待就是整整一天。就这样一点一滴地搜集、抄写、整理，终于出版了国内第一本林徽因诗文集。为学术界了解、研究林徽因提供了一份珍贵的材料。著名哲学家金岳霖先生得知此事后，惊讶地对陈钟英老师说："你们做了一件大好事啊！"而每当学界同仁向她致敬时，她总是轻描淡写地说："这只是下了笨功夫，不值一提。"

2004年12月22日，由于为民办教育做出的突出贡献，陈钟英受到了省政府"兴学育才，造福八闽"的表彰，获得"福建省杰出人民教师"的殊荣，并且获赠一辆价值十五万元的轿车。这份荣耀实至名归，奖励的轿车也能够带给当时78岁高龄的陈钟英很多生活上的便利，但陈钟英毫不犹豫地无偿捐给了福建华南女子职业学院，作为学校的办公用车。这个行为感动了全社会，但陈钟英却平静地说："华南的校训是'受当施'，我认为接受馈赠就应当有所付出。"这正是她对教育的理解，一生辛勤耕耘、不计回报，将最美好的年华留给崇高的事业。

木铎钟声，响彻无边。陈钟英老师几十年如一日，将最宝贵的青春年华献给自己所钟爱的事业，把所有的时间和精力都奉献给了学生，一生都在为教育事业燃烧着、奉献着。她是师者的标尺，是教育的楷模！

（福建师范大学校报记者：陈雯琳　陈阳　杨丹艳）

执着追求　百年守望
——记教育学院离休教师高时良（福建师范大学第一届道德模范）

爱岗敬业　热情奉献

说到高时良教授，有许多的头衔：曾担任福建省教育厅研究室主任兼编辑委员会主任，福建省新教育研究所研究员，福州大学副教授，中央教育科学研究所副研究员,福州师范专科学校教授,华东师范大学教育科学研究所兼职研究员,福建师范大学教育史教研室主任、教授、研究生导师,福建省教育志编委会顾问、终审,民革福建省委顾问……而摘下这些光环的高教授,平时也只是一个低调谦和的老师。"高教授的工作还是以教书育人为主,他从来不会忽视学生的教育。"高教授当年的学生,如今就职于福建师范大学教育学院的黄能贤教授说。

"高教授对学生是比较宽容的,并不会很严厉地要求学生,而是根据学生的情况来引导学生。"高教授的学生说。因材施教,是高教授的教育方针,他不急于求成,不急于定目标,能够根据不同的学生进行教育,能够根据学生不同的兴趣给出不同的建议。每次上课前,高教授都会认真写好教案,不管上过多少次课,高教授都会不断补充自己的教案,从不懈怠,直到他离休时,手头的教案已经堆得像一座山。每次上完课后,高教授都会在课堂上稍作停留,因为担心学生有疑问却找不到自己。有时学生的问题自己没能在课堂上很好地回答,高教授都会去图书馆查阅资料,然后给学生一个满意的答复。

"学生学习自觉,有问题就和老师交流,老师有自己的见解会提出自己的观点,学生有自己的想法也会提出来,有的时候还会和老师争论。"黄能贤教授说。"学术争鸣"常常会出现在高教授的课堂上,高教授开放宽厚的教学思想,谦和慈祥的性格让学生可以自由地提出问题,高教授也乐于和学生交流。学生和老师面对面交流,在辩论的过程中也得到了新的启发,这样的教学相长正是现在教育所提倡的,而在高教授的教学生涯中却已是极其常见了。在问到和老师有争论会不会害怕老师责怪自己时,黄教授笑道:"高教授是个温和的人,我们都把他当成亲人一样,怎么会害怕呢?"在高教授的课堂上,虽然人数不少,但每个人都能感受到高教授对自己的重视,享受到了一对一的教育,每一个学生都获益匪浅。

高教授很好地诠释了教师的这个称号,他的爱岗敬业,对学生的谆谆教诲,与学生的每一次学术争鸣都留在了学生的脑海里。"这是难忘的回忆,将会不断地激励着我向他学习,做一个尊重学生、孜孜不倦的好老师。"高教授的学生林老师说道。

离而不休　发挥余热

高教授离休后不仅没有停止工作,而是利用离休后有更多属于自己支配的时间,继续在自己所专长的教育史研究领域辛勤耕耘,开辟了他学术研究的一片新天地。他深知自己年岁已高,但他与时间赛跑,把宝贵的时间全身心地用在学术研究上,天天坚持写作,力争多出新专著、新论文。他的学术研究由此进入了一个高产期。先后出版专著《学记评注》《中国古代教育史纲》(获省社科优秀成果奖)、《学记研究》(2007年获省优秀图书一等奖,全校只有三人获此殊荣)、《中国古典教育理论体系》《中国教育史论丛》等20多部。取得了无数研究成果,获得了许多荣誉和奖项,而如今依旧笔耕不辍。从2012年底开始,高教授又开始着手撰写《中国近代教育史史料学》,届时,必将在我省乃至全国近代教育史研究领域中再添佳作。

很难想象,这是一位已经百岁高龄老人所做到的。"他从来不把学术工作当作一种负担,而是把它当作生活的一部分,并乐在其中。这样的研究精神,他一直都在坚持。"黄能贤教授告诉记者。1937年,高教授从厦门大学毕业后到省教育厅做编辑工作,后任编委会主任。1938年随省政府内迁永安。高教授在永安一方面做着抗日宣传、团结民众的工作,一方面坚持自己的学术研究。黄教授说,"文革"期间高教授曾被批斗,在那种政治压力下,他顶住外在压力,坚持学习,依然花费很多精力和时间去收集和整理大量的历史资料。"文革"结束以后,高教授的坚持成就了他创作的高峰。十年的动乱与迫害,多少学者荒废了工作,放弃了学术研究,甚至放弃了生命,但是这些伤害没有动摇高教授对于学术的坚持,反而使他更坚定地沿着研究的道路走下去,这在当时是非常难得的。如今的高教授遵循着自己的生活规律,早上起床吃完早饭,在家里走一圈,便开始学术研究,一工作就是数个小时,和壮年时候的自己一样。高教授曾经说过:"人说,退而休,我不是这样子,我的生活是没有什么无事可做的说法的。"离休,在高教授的世界里,与在职是没有区别的,因此,年龄的增长同样无法动摇他对学术工作的热爱与坚持。

对学术研究的追求与执着,高教授坚持了一辈子,如今高教授早已将这种精神烙进了骨子里,烙进了生命里。"如果不做学术,高教授会觉得很空虚,闲得慌。""高教授认为人的生命是有限的,他现在很担心自己写不完。"对于高教授来说，他要把有限的生命投身到无限的事业中，为中国的教育事业发出百点热，耀出千分光。"离休了不是无事可做，还是可以发挥一点余热的。"高教授曾这样说过。他几十年如一日，奋战在科研一线，活到老，学到老，他不因势而变的努力勤奋，无论顺境还是逆境的坚持，使他在百岁高龄依旧盛开绝美的学术之花。

爱党好学　不忘初衷

每一份坚持的背后，往往有一个深沉而伟大的信仰。它支撑着人们顶扛风雨地坚持下去，不言放弃。

高教授曾说："二十多年前，我跟很多人一样经历了风风雨雨，但我有个不变的信念——党是正确的。这个信念就像一股力量支持着我，使我没有倒下。今天我只是捧着一颗心来，尽力之所能及，不懈怠在思想感情上的追求，做一只春蚕。回顾这几十年的岁月，我将千言万语归纳为一句话——我的工作、生活乃至于生命，都是党和国家给予的。正如大家所常歌唱的'没有共产党，就没有新中国'。我得说没有共产党和大家的帮助，就没有我的今天。在今后的岁月里，不管遇到什么情况，我都永远跟着党走。"2001年12月12日，高教授以自己的实际行动证明他完全符合一个党员的条件，经组织批准，以90岁高龄光荣地加入了中国共产党，实现了他终生的愿望。

其实，早在抗战时期高教授在永安就接受了进步思想，1949年9月参加福建民联和民革组织工作的革命斗争，解放初期他就要求加入中国共产党，一心跟着党进行革命和社会主义建设。然而在后来的一些政治运动中，因为种种原因导致了高教授没有办法加入共产党，这让他曾经饮恨一时。到了改革开放初期，他虽然是民革的一员却仍然想要加入共产党，不断地提出申请。可惜在当时，党需要民主党派的重要人士一起协助工作，所以高老的追求只能一拖再拖。直到2001年，他才终于历尽荆棘，以九十岁高龄加入了他一生所追求所信仰的共产党，成为一名真正的共产党人。化茧成蝶，这也算是对其坚持不懈，历尽沧桑给予的一个最好的答复，而这种长达七十年之久的政治上的坚持，是何等传奇。

高教授在其教育学研究中，对孔子教育着力最多，其坚持的精神也与孔子最为相像。孔子66岁时结束游政游学的生涯，开始以老病之躯整理国故，教学育人，始终不改其志。高教授九十岁入党，百岁高龄还秉持着坚持学术研究的精神。这些都是中国知识分子的信仰——不忘初衷，一生坚持不懈，矢志不渝。高教授无论是在政治追求上还是在学术研究上，一直认定共产党是能够救国治国的，认定教育学的学术研究工作能够述其所志，有用于世。无论这条路上有多少艰难险阻，无论这条路他走了多远，走了多久，高老也从来没有忘了自己为什么开始，为什么而付出了一生的心血。他把生命不止，奋斗不息，这种中国古代文人的精神诠释得淋漓尽致。

高教授对党的追求，对学术工作的坚持，就像一盏灯塔，指引着无数共产党人与学者们劈波斩浪。

（福建师范大学校报记者：林凡艺　罗雁泽）

爱心洒满平凡路
——记图书馆教师曾庆先（福建师范大学第一届道德模范）

"你的上班路，我来载你走"，一句简单的承诺，17年风雨无阻的坚守。一辆每天近乎准点骑行在阳光社区通往福建师大仓山校区图书馆路上的自行车，都在以一种平凡的姿态告诉我们：善，就在身边，已成习惯。

始终如一的善行

始终如一的善行，路漫漫其修远兮。

清晨7点，曾庆先早早地起了床，洗漱用餐后，麻利地从二楼扛着自行车下楼梯，轻快地骑着车出发去阳光社区接陈斌。他一手扶住车把，一手小心翼翼地将陈斌扶上后座，等她坐稳后，便跨上车座，蹬着踏板，在交通拥挤的街道上慢慢地骑行。

曾庆先是图书馆采编部一名普通的工作人员。陈斌是曾庆先的同事，患有小儿麻痹症，走路不方便。当曾庆先看到陈斌因身体不便上下班困难时，便主动伸出援手，每天接送陈斌上下班，这一接送就是17年。在这17年里，无论刮风下雨、严寒酷暑，大家总能看到曾庆先载着陈斌或躬身蹬着自行车，或推车在车流行人中穿梭而过的身影。

从阳光社区到福建师大仓山校区图书馆短短十几分钟的路，一路多是上坡路，路面也不平滑，曾庆先对这条路线的路况早已十分熟悉。何时骑行，何时下车推行，什么路段用怎样的动作力度，曾庆先如今已能拿捏得十分准确。而在早年的一次接送中，由于曾庆先刚接完紧急电话，骑车一着急，不小心摔倒了。陈斌的体质本来就弱，这一次的摔倒虽没什么大碍，曾庆先却一直非常内疚，在之后的接送过程中他骑车更加小心，时刻注意着身后陈斌的安全。

陈斌从事的报刊记到工作需要每天及时给阅览厅派送新到期刊，因此即使在寒暑假期间，也都要在固定的时间进行加班。但纵然如此，曾庆先依然坚持放弃自己的休假时间，接送并陪同加班，毫无怨言。除了在正常上班时间负责陈斌往返的接送外，当陈斌参加单位组织的活动、郊游，到医院体检身体等需要接送时，曾庆先也都主动请缨，负责接送照顾。曾庆先俨然已成为陈斌的绿色便利快车。

就这样，一句"你的上班路，我来载你走"的承诺，一份沉甸甸的责任，一颗感动你我的善心，他十七年如一日，风里来雨里去，从没有萌生出一丝倦怠厌烦和后悔的想法，用实实在在的行动演奏了一曲人间真情爱的奉献。

善行源于本能

善行源于本能，于他而言已如常事。

曾庆先并未觉得自己17年来坚持接送同事上下班有多伟大，他反复强调这只是一种本能，一种自然的行为。"前几年电磁炉还没有普及，大家基本是靠烧煤做饭，所以就有很多人骑三轮车拉煤，上上渡的长坡时，他们很吃力，周围的人看到车子下滑时就会感到十分不忍，都会停下脚步上前帮忙推一把。这就是一种本能、习惯。"曾庆先说。

曾庆先把这种行为归结为一种本能、习惯，他表示自己接送陈斌上下班只是同事间简单的互帮互助，普普通通，不值一提。"在我来之前，图书馆就有轮班接送陈斌的传统了。后来我进了采编室，和她在同一间办公室，看见许多同事与陈斌经常出现下班时间凑不到一起的情况，所以我就很自然地想把这个任务揽过来，毕竟在同一个办公室比较方便。"他说，"其他人看到也都会做的。"

曾庆先对记者说到，环境对于一个人的成长十分重要，当一个人养成帮助人的习惯的时候，就会本能地去帮助人。在曾庆先的成长经历中，家庭的教育对他的影响很大，他的父亲曾是福建师大的教职工、母亲是校医院的药剂师。

从小在父母的言传身教下，他养成了一种奉献社会的意识与乐于助人的性格。曾庆先说，来到图书馆工作后，感觉图书馆就像个温暖快乐的大家庭，所以他更觉得自己应该要帮助他人。"陈斌于我就像个大姐姐一样，她是个很厉害的人，也常给我很多帮助，常能给我很好的启发与指导"。

爱心会成为一种本能，成为一种习惯，这种本能和习惯已经深深地烙进曾庆先的骨子里。在记者采访他的那天早上，一位同事的妈妈生病要去医院，需要有人从六楼把老人背下来，接到电话的曾庆先二话不说立马答应帮忙。"图书馆同事有需要时经常会很自然地想起找他，而曾庆先也少有推辞，大家都很信任他。"曾庆先的同事说，"老实勤奋，认真工作，人缘极好，心地善良，热心不计较，大家都叫他'阿牛哥'。平时采编室常有搬运工作，他总是率先上场，经常搬得满头大汗，甚至全身衣服都湿透，一股脑儿直接坐在风扇底下让衣服风干。"

平凡中的感动

图书馆采编部期刊216房间是曾庆先和同事的工作室，做好每一期期刊的采购、登记、派送等就是曾庆先的日常工作。作为采编部的职工，曾庆先踏实肯干，认真参与图书、期刊的整理采编工作，十余年来专注采编任务，为师大图书馆引进了一批批优质期刊，丰富了莘莘学子的精神世界。"做我该做的工作"是他对自己的一句评价。

记者偶然发现办公室里有几株正在生长的绿萝，分别摆在几张桌子上，为办公室增添了一丝绿意。"之前我们的办公室里有更多的绿植，后来搬走了。我们的办公室是朝北的，即使是有些被别人说不易生长的植物在我们的办公室里，也能生长得格外的好。"在旁边位置上的陈斌说，"我觉得我们的采编部也是一个温暖的家，办公室里也总是充满着欢声笑语。"也许正是因为这样温馨的环境，绿植才能更有活力地生长着吧。

工作之外，曾庆先还是一个爱看书爱玩游戏的人。"他就是我们的百科全书，引经据典也是他的强项。"同事说，曾庆先爱看书，他是一个知识渊博、涉猎颇广的人，所以同事们平时有问题也总喜欢去问他。以一个平凡者的身份将心中善念付诸实践，没有伟人的雄心壮志和轰轰烈烈，他在平凡的工作与生活中获得满足与快乐。这份平凡朴素之美，天下莫能与之争。

小善之心持之，则为大善，则成大德。曾庆先作为一名普通群众，坚持做十七年好事则实属不易，他做好事不张扬，不慕名利，不求回报，彰显出一个人的美好品质与德行，谱就了一首平凡人的道德之歌。

（福建师范大学校报记者：余诗涵　叶艺华　洪康玮）

用成功报效祖国　用真情谱写赞歌
——记光电与信息工程学院教师谢树森（福建师范大学第一届道德模范）

谢树森，光电与信息工程学院教授，博士生导师，中共党员。曾任物理与光电信息科技学院院长，现任激光与光电子技术研究所所长，医学光电科学与技术教育部重点实验室学术委员会常务副主任。他是国家有突出贡献中青年专家，享受国务院特殊津贴专家，先后获得"全国优秀教师""全国先进工作者"和"全国优秀科技工作者"等荣誉称号。

他奉行"无为不入室，有情始做人"的人生格言和行为准则，五十余年如一日，一步一个脚印，带着执着的追求，辛勤的汗水和闪着光辉的荣誉坚持在教书育人和科研的第一线。五十年来，他对科学的热忱不曾改变，对莘莘学子的真诚不曾改变，岁月带不走的是他留下的宝贵财富，是他对育人事业朴实执着的坚持。

悠悠闽江水　拳拳爱国心

谢树森教授出生在新加坡的一个华侨家庭，他的祖父在20世纪曾是新加坡福建同乡会常务副会长，家道殷实。少年时期父亲病逝后，他随母亲留在福州生活。数年后，他的祖父回乡要把他带回新加坡，但是，他们母子毅然放弃了新加坡国籍，只为做纯粹的中国公民。1962年，他从浙江大学毕业并留校任教，从此定下了献身教育事业的人生基调。1974年，谢树森教授从浙大调回到刚刚复校不到一年的福建师范大学任教。他后来曾在美国加州大学从事博士后研究工作，曾受聘新加坡南洋理工大学任客座教授，有许多机会留在美国或是新加坡工作和生活。尽管这些地方有更好的生活环境和工作条件，但谢树森教授还是选择回到祖国，执意留在了福州——他祖辈曾经生活的故土。正如谢老师所言："闽江水养育了我，我已经离不开母亲和福州了。"科学无国界，科学家有国家，谢老师的爱国情怀是根深蒂固的，他眷恋着他的祖国，热爱他所从事的教育事业，深爱着他工作的大学，即使在他的工作与才能不被重视的时候，他依然不离不弃，乐观豁达，默默耕耘。

悠悠闽江水，流淌的是他对教育的执着；拳拳爱国心，不变的是他对祖国的一片赤诚。

甘为人梯，以校为家。说起谢树森教授和实验室的故事，可能要装几箩筐。他每天早上带着夫人给他备好的午餐到实验室，中午就在实验室用餐，晚上工作到十点左右。天天如此，月月如此，年年如此，几十年如此！他所在的实验室大楼，周末或节假日晚上还亮着灯的房间，那就是谢教授的办公室。现在他已年逾古稀，并且先后患高血压、高血脂、糖尿病和心脑血管疾病，日服10余种药，但仍是早出晚归，坚持工作，乐此不疲。

作为我国生物医学光子学和医学光子技术领域的一位开拓者，谢树森教授在光学界享有盛誉。早在20世纪90年代初他在国内率先开展"组织光学""光剂量学"和"光活检"等基础和应用的研究，并实时结合到研究生培养工作中去。他负责主持并撰写我国生物医学光子学领域"九五""十五"和"十一五"发展战略研究报告。曾担任中国光学学会第六届理事会副理事长，是我国生物光子学与激光医学专业委员会一、二、三届副主任委员。谢树森教授先后获得国家科技进步二等奖1项、福建省科学技术进步一等奖2项和二等奖6项。他带领的学术团队2005年获批我国首个医学光电科学与技术教育部重点实验室；2006年获全国高师院校首个光学工程一级工科博士点；2011年获批教育部科技创新团队，为培养高质量的研究生和研究型人才构建了平台，夯实了基础。

"无为不入室，有情始做人。"这也是谢树森教授献身教育，甘为人梯，几十年如一日孜孜以求的真实写照。只有真正热爱教育事业者，才能以教育为乐，为它奉献一生，又甘于清贫、甘于寂寞。

春风化雨五十载　教书育人半世纪

2012年11月9日，一个特别的日子，来自海内外100多名谢老师的弟子欢聚一堂，共同庆祝恩师谢树森教授从教50周年。谢先生桃李满天下，能成为他的学生是一种幸运，更是一种幸福。"欲立学者，先立人"，谢先生治学严谨，对学生要求严格，在立教理念、学术道德、个人修为等诸多方面以身作则，用行动诠释着"学高为师,行正为范"的真谛。在教学上,谢老师精益求精,力图将复杂的物理问题具体化、形象化,他总是告诫我们,那些看似高深莫测的物理概念和光学理论,其实都是可以用浅显、简单的语言来表达。谢老师始终能把自己研究领域的深奥理论生动浅显地展现给学生,让学生能体会到该领域的乐趣,思维和实验之精妙、生动,而不入俗套。是故,凡谢老师的课,教室里总是座无虚席。他的学生总是说:"我们爱上谢老师的课,他上课总是充满激情,时常采用流利的英文为我们介绍学科的国际前沿最新研究进展。""谢老师不愧是一名杰出的教学名师,上他的课是一种美的享受。"

谢树森教授十分重视研究生的培养,如今,他的学生已遍布海内外,其中包括国务院特贴专家李晖教授和赖克中教授、以及入选国家第七批千人计划的牛津大学廖廷俤博士等一批优秀杰出人才。他尽可能地充分利用优势资源,为研究生提供好的成才环境。谢老师热爱学生、关心学生,他把学生当作自己的儿女一样来看待,就算是毕业多年了,已经不在他身边了,他仍然像慈父一样关注着学生的成长和进步。谢树森教授指导的硕士研究生、现任上海交通大学理学院教授的黄梅珍曾说:"每次回到福州,对我来说,最快乐的事情莫过于能跟百忙中的导师见上一面。与他促膝交谈,听他介绍学科建设取得的成绩、科研项目取得的进展,以及人才团队培养和建设情况,向他汇报我的工作情况和家庭近况,倾听他对我研究工作及计划的建议,为我指点迷津,每次交谈我都受益匪浅,有一种'听君一席话,胜读十年书'的感觉。"

无为不入室　有情始做人

谢树森教授说:"这五十年来,一直有三种爱支撑着我的作为,包括长期保持高强度的工作。一是我热爱教育事业,二是我热爱我的学生,三是我爱我的人生生涯。"孜孜不倦这五十年来,谢树森教授做得最多的,还是育人。他培养的一大批杰出的人才,才是他最大的欣慰。我校原校长李建平教授评价谢树森教授时说:"千军易得,一将难求,在我看来,谢教授不仅是将才,而且是帅才。他文理兼通,温文尔雅,更具备着高尚的情趣。"

早在20世纪80年代,谢树森教授就开始在我校开展医学光子技术的研究,这是一个在国际上刚刚兴起、在我国完全空白的研究方向。他领导研究组从零开始,艰苦创业,高瞻远瞩,率先开拓在我国尚处空白的"组织光学"及其应用技术的研究方向,为我国生物医学光子学和激光医学技术的发展做出了重要贡献。他视野开阔,团结包容、锐意进取,担任校教职工代表大会主席期间,学校被评为"全国教职工模范之家",是福建省唯一一所获此殊荣的高校。

谢树森教授十分重视教学工作,力戒在治学、执教方面的浅薄与浮躁,保证让品学兼优、胜任教学工作的教师成为教学主流力量。提倡专家教授上本科生的基础课。在继承优良传统基础上,他坚持创新是教学改革灵魂的基本原则,强调创新本身要符合教育规律,教学内容的更新既要与时俱进,又要因"地"制宜,教学手段的改革要有利于知识的高效传授。"高瞻远瞩,锐意进取的优秀管理者"是对谢树森教授最好的评价,也是对他工作成就的肯定。

"众鸟高飞尽,孤云独去闲,相看两不厌,只有敬亭山",李白的诗篇给了谢树森教授别样的感悟。他说:"教学与科研,就是我心中的敬亭山,永远是相看两不厌的。上好课,带好学生,尽我所学去成就年轻人的事业,就是我最大的成就与快乐,其他的快乐没有享受到,又有什么关系呢?"

谢树森教授在学术上成绩卓越,在育人上桃李满园,而在为人上,更加恪守着自己的原则,展示着一名师者的崇高风范。"无为不入室,有情始做人",这句话是谢树森教授的座右铭。他一直坚信且坚持的是,一个人不论身处何处,身居何职,都应该按职责要求,有所作为,而除此之外,人活世上,要与人为善,真诚待人,做有情有义的人。谢树森教授对"无为不入室"的践行,是他不懈工作的动力,是他卓越成果的源泉;对"有情始做人"的感悟,是他为人为师的准则。在朴素的身影里,我们可以看到,一个高尚的灵魂,在播撒爱和智慧。

我校原副校长汪征鲁教授送了几副对联给他,其一便是"春华秋实嘉惠后学,闲云野鹤无欲人间"。在治学和育人上,谢树森教授用不懈的努力践行着他的理想,在修身和为人上,谢树森教授向我们展示着一个科学家的魅力和风采,更让我们看见,智慧和信仰,在他的身上闪耀着光芒。

(福建师范大学校报记者:林策)

用美德和智慧传递青春正能量
——记经济学院研究生许倩倩同学(福建师范大学第一届道德模范)

许倩倩,经济学院 2012 级研究生。她从容指顾救人于危急,古道热肠助人于日常。在面对一个晕厥的老人时,她毅然决然帮助老人渡过难关;她孝敬老人、关爱儿童,积极参与公益活动,把琐碎缀成坚持;她博学不穷、笃行不倦,注重学术创新、坚持全面发展,在校期间荣获 17 项校级(含)以上奖项。

从容指顾救人于危急

"成为想要成为的人,要有正确的价值观,良好的品质,开放的思想,不满足袖手旁观,不沉溺于顾影自怜,不给自己设限,不被他人定义,有耐心,愿意付出。"正如朋友圈里许倩倩写的那样,面对一个晕倒的老人,救还是不救?曾拷问着无数中国人的良知,而许倩倩却果断地选择了前者。她说当时看见老人晕厥时什么都没想,第一反应就是救人,这一过程只有短短十几分钟,容不得半点犹豫。当被问到会不会担心这样做可能带来不利的后果时,她却认为如果因为害怕而不去做,可能会更后悔。在把老人送上救护车后,她的心里仍然牵挂着这位老人,担心着他的病情是否能够好转。

2013 年 11 月 1 日,原本准备去福建医大附属口腔医院拔智齿的许倩倩,乘坐了福州 165 路公交车,那时,车上的爱心专座上坐着一对晨练后准备去左海公园逛逛的老夫妻,许倩倩恰巧站在他们身旁。然而,当公交车停在凤凰池站的时候,许倩倩突然听见身边的婆婆喊了起来,连声音都变了样,"老头!老头!你醒醒啊!"她转身一看,老伯已经瘫坐在座位上,脸色惨白,额头上全是汗。车内乘客顿时不知所措,眼见老伯的生命危在旦夕,慌乱之际,许倩倩也来不及多想,立即拨通了 120 急救电话,接着走到司机身边说,"师傅,有个老人晕倒了,赶快去医院!"

当她向 120 报告了所处地点之后,想起原南京军区福州总医院在凤凰池附近,为了争取急救时间,她请求就近的原南京军区福州总医院支援。她一边让公交车司机迅速开车到医院,一边听从电话那头值班护士的指导,并将信息转达给车内的乘客。热心的乘客们听到指示马上散开,打开车窗,让老伯可以呼吸到新鲜空气。婆婆也掏出随身带的速效救心丸，急掐老伯的人中，在大家的帮助下，撬开了老伯的嘴巴，给老伯喂下速效救心丸……老伯从发病到被送进医院的抢救室，仅仅用了10分钟，然而这短暂的10分钟却关乎一条生命。当日接诊吴老伯的急诊科医生表示："对于心脏病人，耽误10分钟的后果不堪设想。"由于抢救及时，老伯最终脱离了生命危险。这时，许倩倩才悄然离开。事后，记者从120通话记录上找到了她的电话号码，这才联系上这位"做好事不留名"的姑娘。

"我做的都是一些应该做的事情。换了任何一个人，在当时的情景下，都会毫不犹豫地伸出援手。"接受记者的访问时，许倩倩是这样回答的。11月4日，中央电视台《中文国际》频道与《新闻》频道分别以"温暖中国心"和"传递正能量"为主题播报了许倩倩在公交车上救人的事迹，新华社、海峡都市报等多家媒体也对此进行了报道。不少网友也称赞她的行为彰显了当代大学生敢于担当的责任意识，体现了临危不乱、处变不惊的综合素质和应急能力，向社会传递了青春正能量。

古道热肠助人于日常

对于许倩倩救患病老伯这件事，她身边的朋友一点也不感到意外。救老人的事迹只是她众多乐善好施、助人为乐事迹的一个缩影。她向来有助人为乐的古道热肠，从同学口中得知：她很有爱心，遇见行动不便的老人会主动上前搀扶，热心参与公益活动，到老年公寓探望孤寡老人；她关爱儿童，利用假期免费为村里的近10位孩子补习英语、数学，向他们描绘精彩的大学生活，鼓励他们追求梦想；她关心农民，利用自己的专业优势，积极参加宁德银行2011年"送金融知识下乡"活动，赴屏南参加金融知识宣传和调查等活动；她关注民生，组织团队对泉州市40家大中小民营企业及500位工人进行调研，形成调研报告，为农民工群体贡献微薄力量……诸如此类的事迹数不胜数。"一个时代的精神是青年代表的精神，一个时代的性格是青年代表的性格。"许倩倩展现了人性的真善美，体现了社会的正面力量，用朝气蓬勃的青春正能量温暖全社会。

志存高远笃行于足下

许倩倩不仅是乐于助人的典范，也是一位学习优异、发展全面的阳光女孩。

翻开她的履历，琳琅满目的奖项令人赞叹，在校期间两次获得校长嘉奖令，荣获校"优秀毕业生""三好学生""优秀共青团员干部"等17项校级以上奖项。许倩倩为自己即将完成的大学生涯交上了一份完美的答卷。

2008年，她考入福建师范大学生命科学学院。结合自身兴趣，通过层层选拔，她转入经济学院经济学专业，还攻读了英语专业第二学位。通过刻苦钻研、勤学好问，她渐入佳境，连续3年获得校奖学金。与此同时，她积极参与科研，主持完成校本科生课外科技计划项目立项，先后在CN刊物上发表了5篇学术论文。

在成绩面前，许倩倩并没有骄傲。相反，她从未停止过追逐梦想的脚步。她坚持学以致用，注重学术创新。2010年，她带领团队，历时近一年，完成项目《城镇化过程中的劳动力争夺——泉州民营调查》，该课题贴近时代热点、具有借鉴意义，获得第十二届"挑战杯"中国大学生课外科技作品竞赛铜奖。2011年，她参加首届海峡两岸大学生网络商务创新应用大赛，不断学习电子商务专业知识，克服种种困难，她的团队作品《凡客诚品的校园商圈掘金之途》最终获得华南赛区团队专项一等奖的好成绩。尽管学术创新已经占去了她相当多的精力，但是她仍积极参与学生工作，为同学们服务，曾担任校资产管理处学生助理、院学生会学习实践部副部长等职；在体育方面也不逊色，曾获得校、院运会的多项好成绩。由于各方面表现突出，2012年，她取得硕士研究生推免资格。

作为一位大学生党员，许倩倩积攒着每一分努力和勤恳。她用执着与坚毅书写青春，用美德与能力帮助他人，展现出了一名当代大学生乐于助人、勇于助人、善于助人的雷锋精神和自我超越、迎难而上、自强不息的人格魅力。许倩倩也用她感人至深的行动告诉我们：这种乐于助人、不求回报的雷锋精神就在我们的身边。

（福建师范大学校报记者：陈奕兵）

爱心洒满助残路
——记体育科学学院吴爱英同学（福建师范大学第一届道德模范）

来自福建师大体育科学学院2011级的吴爱英，入学三年来，积极投身爱心助残服务达200余次，服务时长达500多小时，曾荣获"全国大学生社会实践优秀个人""东亚区特奥大学计划融合活动优秀志愿者""福建省第五届特殊奥林匹克运动会优秀志愿者"等称号，在残疾人朋友心目中，吴爱英就是他们的"小老师""干女儿""好朋友"。

常怀感恩之心　人才会快乐

当被问及"你为何会从事助残服务，并长期坚持不懈"，吴爱英总是淡淡一笑："人只有常怀感恩之心，才会快乐"。

吴爱英同学来自福州闽侯的一个小村庄，虽然生活在贫困的环境中，但这并没有磨灭她的自信心和对梦想的执着，她试图用自己的正能量感染身边的人。在吴爱英小学的时候，学校里有个同学属于残障人士，不方便行走。但面对既不是好朋友也不是同班同学的她，吴爱英说："当我看到她的时候，第一感觉就是要去帮助她，不然觉得自己会过意不去"。从此每天下课后吴爱英都会和班上的另一个女生去帮助这位残障女生，一个人拿辅具，一个人背她到食堂吃饭。每当吴爱英背她到食堂时，她会甜甜地说一句："姐姐，谢谢你！"吴爱英满足地说道："当时虽然很累，但是听到她这句话就很开心。"一颗善良的种子就这样在吴爱英幼小的心中种下，在真情的雨露下，慢慢发芽。

"从小到大，学校的领导和老师都对我很关心，他们知道我的家庭条件不好后，在生活费上和学业上给了我很大的帮助。"吴爱英感恩地说道。在领导和老师的关怀和帮助下，吴爱英顺利考上大学，这让她的父母感到高兴与欣慰，但女儿大学的学费与生活开支也让这个贫困的家庭陷入忧愁。进入大学后，吴爱英成功申请进入了福建师大贫困学生库，获得了一定金额的困难补助。她说："每每收到补助金的时候，我总在想，在接受这份沉甸甸的爱的同时，我要拿什么出来奉献呢？"

正是怀着这样一颗感恩的心，吴爱英在大一时就加入了体育科学学院青年志愿者协会 Bridge 助残服务队，认真学习各项助残专业技能，不管任务多累，她总是积极完成。大一一学年，她的志愿服务时长就达到 200 多小时，并获得"体育科学学院青年志愿者协会月之星""福建省助残服务优秀志愿者标兵"等荣誉称号。吴爱英说："妈妈总是告诉我，只要在自己的能力范围内，能帮助别人就尽量去帮，帮助别人也可以让自己快乐，要用感恩的心去对待人和事。"吴爱英在用实际行动帮助他人的同时，内心也收获了一份快乐和满足。

用真心与热情架起"心桥"

吴爱英说："Bridge 又名心桥，喻指通往残疾人心灵的桥。"她加入这个团队，就是希望可以用自己的热情感染残疾朋友们的内心世界，让他们渐渐地与人交流，而不是因为身体的缺陷将自己封闭在自己的世界里。

吴爱英回忆起第一次参与 Bridge 的助残活动，出发前的一个晚上，师姐用一个小时的时间教了她们一套轮椅健身操。"当时还有点小兴奋，因为觉得自己有能力去帮助别人了。"吴爱英笑着说，但是第二天真正去教的时候，她发现其实没有自己想得那么简单。才大一的吴爱英还没有学会教授这个特殊人群的适当速度，当残疾人朋友说她教得太快了的时候，吴爱英的脸瞬间就红了。然而残疾人朋友安慰她说："没事的，反正你怎么教我们就怎么学，我们学得比较慢，你慢慢教，但是我们会认真学。"残疾人朋友温暖的话语，让吴爱英有勇气再一次站在台前，一步一步地教他们。志愿服务最大的魅力也许就在于此，当你用真心和热情去奉献时，你也将收获他们的真心与微笑。

在炎热的暑假，大部分的学生都回家避暑时，吴爱英却带领学院其他同学在福建省体育康复中心开展爱心助残社会实践活动，教授残疾人朋友轮椅健身操、轮椅健身术以及轮椅广播体操等。"那时我们开展'三下乡'社会实践，刚好碰上残联有一个大型活动，需要健身操的表演，我们便机缘巧合与残联结缘了。"吴爱英回忆。吴爱英也发挥了她体操专业的特长，配合残联的活动，创编了一套轮椅健身操。吴爱英和她的伙伴们以微笑和关爱，传播友情和爱心，以温暖和无私，在那些需要帮助的人身边播撒欢欣和希望。吴爱英同学也因此被评为 2013 年"全国大学生社会实践优秀个人"。

在谈及爱心助残事迹时，吴爱英总是说："我只是做了我应该做的，其实她们给予我的更多"。在吴爱英帮助过的残疾人朋友中，有一名叫周秀锦的阿姨，在活动开展之初,周阿姨不太喜欢参加集体活动,但一段时间的接触后,周阿姨渐渐喜欢上这一群善良、有责任心的孩子,并积极参加健身锻炼,还称吴爱英同学为自己的"干女儿"。周阿姨说:"是她们的热情与爱心感染了我,让我走出自己的生活小圈子,融入到这个大家庭里;我也把她们当作自己的孩子一样看待,看她们瘦了,都觉得心疼。每次训练结束后我都很舍不得她们离开呢。""大家每次都觉得话都还没有说完就要走了。"吴爱英边叹气边说道。从残疾人朋友身上,她也学会了坚强、乐观的人生态度,收获了人与人之间的善良与真诚。

"在我心中志愿服务精神就是无私的奉献,并且是建立在快乐的基础上,要做到我奉献,我快乐,因为只有你快乐地去做一件事情,才能让这件事情往好的方向发展。"这是吴爱英的一个服务理念。作为一名志愿者的她,在点点滴滴里默默奉献,不求回报,不求名声。

团结才是力量

在记者提及吴爱英同学助残服务所获得的荣誉时,她急忙谦逊地说:"我们是一个团队在服务,我做得还很不够"。2013年,吴爱英同学因在助残服务中的优异表现,被推为体育科学学院青年志愿者协会Bridge助残服务队队长。此后,吴爱英同学在参加助残志愿服务时,又担负起服务队的各项日常工作和大型助残活动的策划、安排,积极宣传助残志愿服务,引导更多的大学生参与到爱心助残行列。

当了队长后,吴爱英就觉得自己肩上的责任更重了。"当了队长后,什么都要考虑周到。像人员的组织、调配,这些人员该在什么岗位上,该负责什么工作,都要考虑,即使稍微没有安排好,也会影响整件事情的进程。"吴爱英说道。对于吴爱英而言最大的挑战是人员招募和安排他们到具体岗位。在招募人员时,必须要了解这位同学是否能胜任这份工作,吴爱英解释道:"现在有很多志愿服务就会挂钩到服务时间,出去服务是代表体科院、代表师大的形象,所以各个方面都要考虑好。"于是吴爱英每次都在众多报名的人中认真挑选出能胜任的人。在培训阶段,要协调每个同学的课余时间也是一件非常烦琐的事。每个同学来自不同年级、不同班级,每个人的课余时间都不一致,所以在协调时间方面也是需要她的认真与耐心。最令吴爱英感到欣慰的是,每次分配任务时,同学们都非常积极去配合，非常积极上心。

"Bridge 的团队精神就是团结，一根筷子很容易折断，一捆筷子就不容易折断了。有事情大家都会坐在一起商量对策，三个臭皮匠顶过一个诸葛亮嘛。"吴爱英欣喜地说道。2013 年 9 月 28 日，Bridge 助残服务队在"特奥大学计划融合活动"中的优异表现，得到了"网易""东南网"等网站的宣传报道。在这次活动中，当时有以志愿的形式要求大家留下来整理会场，令吴爱英感动的是，在活动结束后，30 多名的志愿者几乎都留下来了，直到整理好会场才走。对于吴爱英而言，Bridge 助残服务队就像她的第二个家。从一名普通的志愿者到要挑起大梁的队长，吴爱英不仅交到了很多志同道合的朋友，而且也变得更加自信。

吴爱英和她的队友们虽然只是茫茫人流中的沧海一粟，但无私奉献的志愿服务精神，让她们团结成为助残道路中风雨无阻的坚实力量！

（福建师范大学校报记者：杨莹莹）

福建师范大学首届道德模范提名奖名单
（按姓氏笔画为序）

一、离退休教职工组

邓国天（马克思主义学院）

刘玉英（资产经营公司）

张　卿（离休干部党总支）

林丽卿（数学与计算机科学学院）

林学齐（附属中学）

二、在职教职工组

丁革民（教师教育学院）

方纲厚（福清分校）

日语系教师志愿者团队（外国语学院）

杨文琴（闽南科技学院）

赖正维（社会历史学院）

管理学系教师帮扶学生创业团队（协和学院）

三、学生组

陈宗慧（法学院）

黄艺娜（社会历史学院）

彭艳芬（福清分校）

二 文明家庭

福建师范大学首届"文明家庭"名单

(按姓氏笔画为序)

一、离退休教职工组
齐裕焜、郑　汀家庭（文学院）
陈逢珍、陈汤禄家庭（地理科学学院）
贾作佑、林瑶瑟家庭（离休干部党总支）
黄　湘、林弄玉家庭（后勤服务集团）
檀东鍟、陈惟乐家庭（外国语学院）
二、在职教职工组
孙丽红、朱向荣家庭（外国语学院）
张　梅、郑国斌家庭（后勤服务集团）
陈俊玲、林忠东家庭（音乐学院）
陈　颖、魏　稼家庭（机关党委）
钱庆荣、张　莹家庭（环境科学与工程学院）

福建师范大学首届"文明家庭"简介

齐裕焜、郑汀家庭（文学院）

家庭简介：

齐裕焜，1938年生，中共党员，教授，博士生导师，曾任福建师范大学中文系主任，曾获校教学名师、福建省优秀教师等荣誉称号，享受国务院政府特殊津贴。妻子郑汀，1937年生，中共党员，曾任福建师范大学

财务处处长，曾被评为校"三八红旗手"。其父齐子义先生创办福州逸仙业余外语学校，开办免费英语学习班，深受好评，曾被授予"全国优秀教师"荣誉称号。子孙5人都是高校教师，在各自岗位上谱写教育新篇。

四代从教，一心为国，矢志培育栋梁。古道热肠，助人为乐，行仁爱之风。齐裕焜教授一家，用学问为莘莘学子授业解惑，用善举给身边的人带来温暖和光明，用家风传承美德和价值。

陈逢珍、陈汤禄家庭（地理科学学院）

家庭简介：

陈逢珍，1942年生，中共党员，教授，原地理科学学院地球信息科学系副主任、测绘专业和土地管理专业带头人。2003年退休后在学院从事关工委工作，现为旅游学院关工委主

任，2016年荣获"全省教育系统关心下一代工作先进工作者"荣誉称号。丈夫陈汤禄，1942年生，中共党员，原校长助理。2003年开始担任学校关工委副主

任、常务副主任至今,长期从事高等教育管理工作,对教育工作有着深厚的感情和丰富的经验。儿子继承父辈的军人传统,军校毕业后在海军服务现转业到宁波市人大工作;女儿在福州台江区地方税务局工作。

伉俪二人同为转业军人、志同道合、互敬互爱、爱岗敬业、甘于奉献、家庭和睦;二人以身作则,言传身教,形成了淳厚的家风,家庭成员之间孝老爱亲、教子有方,经营出一个洋溢着温暖、有爱、幸福的文明家庭。

贾作佑、林瑶瑟家庭(离休干部党总支)

家庭简介:

贾作佑,1934年生,中共党员,曾任福建师范大学医院院长,现为福建师范大学离休总支阳光二支部成员。曾荣立三等功、获"五好战士"和"渡江战役胜利奖章"等荣誉,部队转业后到我校医院工作,为我校师生和福州市民诊疗10万余次。曾任学校康复协会会长、抗癌协会会长,带领病友积极与癌魔做斗争,被福州市授予"抗癌明星"光荣称号,获学校"优秀共产党员"称号。妻子林瑶瑟,1943年生,中共党员,福建师范大学附属小学退休高级教师,曾被评为福州市优秀班主任。子女三人在不同岗位上脚踏实地,努力工作。

贾作佑几番与癌症做斗争、家庭妻贤子孝的事迹早已传为美谈。自2001年贾作佑被查出肺癌二期后,妻子林瑶瑟悉心照顾,携手走过十七年抗癌之路。十七年间的所有难关都被两位老师坚定的信念与乐观的心态——攻破,他们以实际行动谱写了一曲爱的生命乐章。

黄湘、林弄玉家庭(后勤服务集团)

家庭简介:

黄湘,1942年生,中共党员,后勤服务集团退休职工。妻子林弄玉,1942年生,中共党员,师大工会退休职工。儿子也在平凡的岗位上默默奉献,一如他们的父母。黄湘夫妻在部队结缘,经历坎坷,如今二人都已年过75岁。黄湘身患癌症多年,8年前又中风,半身不遂长期卧床。儿子、儿媳忙于工作,黄湘的起居全靠妻子林弄玉一人照顾,一年又一年,林弄玉从无怨言。

黄湘夫妻生活和睦,多年来风雨同舟。夫妻恩爱至上,邻里异口同声称赞这是一对好夫妻。人们说,如果没有妻子的精心照顾,哪有今天……相守如初、相濡以沫,是这个家庭即便面临坎坷和绝症也能几十年融洽和睦的秘诀。

檀东鍟、陈惟乐家庭(外国语学院)

家庭简介:

檀东鍟,1949年生,曾任福建师范大学外国语学院教师,获学校"本科课堂教学优秀奖"。妻子陈惟乐,1952年生,曾任福州高级中学物理特级教师,荣获全国优秀教师、

福州市首届"十佳教师"、福州市"三八红旗手"等荣誉称号。父亲檀仁梅生前是我校教育系教授、教育科学研究所所长,儿子陈鲁倬与儿媳妇张薇是我校物理与能源学院教师。

他们世代以教书育人为己任,全家五人都是教师,其中三代四人在福建师大工作,三位获得博士学位。檀东鍟、陈惟乐夫妇琴瑟和鸣,相互扶持,风雨同行。檀家积极践行关爱、孝顺等传统美德,形成勤俭朴素、淡泊名利、爱岗敬业、惟教为乐的良好家风。

孙丽红、朱向荣家庭(外国语学院)

家庭简介:

孙丽红，1970年生，中共党员，外国语学院英语视听说教研室主任，硕士生导师，曾获外国语学院"优秀共产党员"、外国语学院"我最喜爱的好老师"、中国人民解放军驻闽某部队首届"最美军嫂"等荣誉。丈夫朱向荣，1971年生，中共党员，中国人民解放军驻闽某部队大校，副研究员，多次被评为优秀共产党员，获得全军科技成果一等奖1项，二等奖5项，三等奖4项，荣立三等功1次。两人育有一子，其子继承了父母的优秀品质，好学上进，在校获过多项荣誉，为师生所称赞。

生活中，孙丽红作为"最可爱的人"背后的支持者，主动承担照顾家庭的重任，扮演着复杂而不冲突的角色：贤惠的妻子、慈爱的母亲、孝顺的女儿和媳妇、优秀的共产党员、受学生欢迎的好老师，始终乐观爱笑，默默付出。这个温暖和谐的三口之家，生活中互敬互爱，事业上齐头并进。平凡的他们创造着不平凡的幸福人生。

张梅、郑国斌家庭（后勤服务集团）

家庭简介：

张梅，1969年生，中共党员，福建师范大学实验幼儿园在职教师，曾获评后勤服务集团"先进工作者"。丈夫郑国斌，1965年生，中共

党员，于师大网络与继续教育学院工作，曾获评校优秀共产党员。公婆皆为退休职工，婆婆刘玉英2014年荣获校"道德模范提名奖"。独生女儿为在读硕士。

张梅、郑国斌夫妻结婚25年来互相关心支持，做到事业和家庭两兼顾。一家五口共同创建和睦家庭，父母子女、公婆儿媳之间关系融洽和谐，十分令人称羡。对长辈孝顺、对朋友诚信、对他人热心、对工作负责，他们用言行传承着平凡而普通的家风。

陈俊玲、林忠东家庭（音乐学院）

家庭简介：

陈俊玲，1973年生，中共党员，福建师范大学校工会女工委主任，音乐学院教授，硕士生导师，声乐系副主任，曾获第八届福建青年"五四奖章"、福建省"环保使者"等荣誉。

丈夫林忠东，1963年生，致公党员，致公党师大总支在职支部主委，音乐学院工会主席，艺术实践部主任，副教授，硕士生导师，曾获校民主党派、团体"优秀教师"。夫妻二人均多次获教育部奖项、教育厅通报表彰及校长嘉奖令等。独生女儿继承了父母的优秀品质，才艺出众、充满爱心。

陈俊玲家庭是一个典型的教育之家，出色的艺术之家。夫妻二人爱岗敬业、无私奉献，同时热心公益，用爱心点亮希望。夫妻还以身作则，与女儿共同打造出一个尊老爱幼、和睦温馨，拥有"尊重、有爱、善良、诚信、勤俭"优良家风的文明家庭。

陈颖、魏稼家庭（机关党委）

家庭简介：

陈颖，1962年生，中共党员，文学博士。我校学报编辑部主任兼党支部书记、学报哲社版主编、编审，传播学院、文学院硕士生导师。曾获中国出版政府奖优秀出版人物（优秀编辑）奖、全国高校社科学报优秀主编等。

妻子魏稼，1962年生，中共党员，学校办公室机要文电室原主任、六级职员，曾多次荣获机要保密行业全省先进工作者。夫妻育有一子，现为高校辅导员，尽职尽责，传承家风，敬业奉献。

这是一个温馨美好的三口之家，三位家庭成员互敬互爱互谅。工作上，他们忠于职守、兢兢业业；生活中，他们孝老爱亲、传承良好家风。在真挚的亲情里，互相鼓励，一同前行。

钱庆荣、张莹家庭（环境科学与工程学院）

家庭简介：

钱庆荣，1967年生，民革成员，现为福建师范大学环境科学与工程学院副院长（主持工作），曾获校统一战线优秀教师等荣誉。妻子张莹，1971年生，曾任职师大教务处，现为家庭主妇。夫妻现育有一儿一女，儿女天真活泼，家庭充满天伦之乐。

钱庆荣与张莹有着令人羡慕的幸福家庭，他们结婚多年以来，夫妻恩爱、同舟共济、关怀子女、邻里和睦，并从平淡中悟出和谐生活的真谛。妻子多年来无微不至的陪伴、全心全力的支持，让钱庆荣得以专心致志于学习工作，成为科研战线上踏实的行路者、教育征途中学生们的指航灯。

部分福建师范大学首届"文明家庭"先进事迹

敦厚家风　四代承续
教育世家谱写和谐篇章
——记文学院齐裕焜、郑汀教授家庭

四世家传，谨为人师

齐裕焜教授的父亲齐子义先生（1910—2002），毕业于上海大夏大学（现为华东师范大学），长期在国家海关和外贸局任职，精通英语。1971年，秉承着"为人民服务"的热忱，心怀着对孩子们的爱，齐老先生开办免费英语学习班，当年就吸引了100多名青少年参加，这在当时可算是一个奇迹。改革开放以后，

齐老先生进一步创办了福州逸仙业余外语学校，成为当时福州业余教育的一面旗帜，诸多媒体报道了他的事迹，《人民日报》1983年5月28日第3版报道称："福建省外贸局退休干部齐子义不计报酬，常年为国家培养外语人才。从退休前的1971年至今，共辅导了500多名干部、青年学生和待业青年学习英语，现在有的已出国留学，有的已考上外语学院，有的已安排到外贸、旅游部门工作。"正像他的一个学生在诗里说的："虽然您不是一位教授，您的学生却遍布世界每一个角落。"这位不是教授的人民教师，在1989年被授予"全国优秀教师"荣誉称号。

齐裕焜教授在父亲的影响和熏陶下，也十分热爱教育事业，立志教书育人。1965年北京大学中文系中国文学史专业硕士研究生毕业后，齐裕焜教授毫不犹豫地选择了教师行业。在齐裕焜教授担任福建师范大学中文系副主任、主任期间，为中文系的学科建设做出了巨大贡献。他在繁重的行政工作的同时，从事古代小说研究和教学工作，坚持担任本科和研究生课程。怀着对学术负责、严谨治学的态度，其科研成果《中国古代小说演变史》获国家教委首届人文社会科学优秀成果二等奖，《中国讽刺小说史》《中国古代小说研究》获福建省社科优秀成果三等奖。曾获福建师范大学教学名师、福建省优秀教师等荣誉称号，享受国务院政府特殊津贴。在与学生的沟通中，他更愿意以朋友的身份和他们交流，他认为为人师表不仅仅是授业解惑、言传身教，更应当将培养学生品格放在第一位，因此学生们都非常喜欢他的课堂。齐裕焜教授的夫人郑汀，曾担任福建师大财务处副处长、处长，高级会计师，勤勤恳恳工作，曾被评为福建师范大学"三八红旗手"。

齐裕焜教授的长子齐学群，曾任中国空气动力研究与发展中心高超声速研究所研究室主任，获"军队科技进步一等奖"、国防科工委"科技进步三等奖"。从部队转业回榕后，在福建省教育厅先后担任科技处、规划处处长等职。2014年6月起到大专院校工作。从部队转业后的近20年，也在为教育事业的发展积极工作。次子齐学东，1992年毕业于福建师范大学中文系，后获文学硕士学位，现为福建广播电视大学文法系副教授。儿媳林佩璇为福建师大外国语学院副教授、硕士生导师。他们和自己的祖父、父亲一样，坚持在教学第一线，担负繁重的教学科研工作，获得师生的一致好评。

孙女齐飞获得厦门大学生态学专业硕士,孙女婿黄腾是香港理工大学工程与商业管理专业硕士。因长辈对于教育事业的热爱和执着深深地影响了他们,最终他们也投身于人民教师的行列。齐飞,现任职于福州大学生命科学学院;黄腾,现任职于福州大学至诚学院财经系。

相亲相爱,和睦家庭

齐裕焜教授的父亲毕业于高等学府,母亲出身于书香门第,是冰心的表妹,他们都有着很深厚的传统文化修养,又接受过科学、民主思想的熏陶。因此,忠孝仁爱、严以律己、宽以待人成为齐家四代人的传承,成为他们立身处世的家庭底色。在家庭里父慈子孝,夫妻、婆媳、兄弟和睦相处,团结互助,相亲相爱。

对子女的教育,齐裕焜教授说"没有特别严厉的要求,我们很民主,只希望营造一个宽松的家庭氛围给他们"。也许正是因为在不同于虎爸狼妈的民主家庭教育下,齐学群和齐学东两兄弟相继考入名校,成为邻里称颂的一段佳话。采访中,齐教授一句"国家哪里需要就去哪里,自己愿意干什么最重要!"令人印象深刻。没有对子女职业的束缚,只希望他们从事自己喜欢的工作,为祖国多献一份力量就足矣。

古道热肠,守望相助

特别值得称道的是,齐家热心助人,和朋友、邻里、学生都保持着良好友爱的关系。

在齐子义老先生心中,人人应该平等。他对工友、对保姆、对三轮车夫,都十分尊重和客气。在国家经济困难时期,有一位工友的女儿得了结核性脑炎,当时药品十分匮乏,他不怕麻烦,托人从香港寄药,亲自送给工友,为他女儿治病。有一位同事,"文革"中被审查,在"学习班"里生病,家里人来不及赶来照顾时,他就主动帮助打饭打菜倒夜壶。夏荣强先生在21岁时患严重眼疾,导致双目失明。从1981年起,在齐老先生的热心帮助下,熟练地掌握了英语,建立了全国第一所盲人免费的业余英语学校。后来,夏先生成了福建省盲人协会主席,第十、十一届全国政协委员。他回顾自己的成长过程说,除了国家、家庭的支持外,"更有我心中所敬仰的齐伯伯的帮扶和教诲"。

齐裕焜教授夫妇继承和发扬齐老先生的助人为乐精神。一位在师大工作的齐裕焜教授的学生回忆说，他的妻子从外地调来本校工作，在上班时突发消化系统疾病，同单位的郑汀老师亲自随救护车陪同到省立医院，齐裕焜教授一家又多方托人帮助解决了住院床位问题，其妻子得到很好的治疗，终于转危为安。这位学生深情地说："齐老师一家的帮助，我和妻子至今感铭在心"。若得知学生家庭困难，齐教授和郑老师或慷慨解囊，或帮他们介绍兼职，都会尽力帮忙。很多学生甚至毕业后成家、买房，都能得到齐教授和郑老师的帮助。对于同事、邻居，他们同样热心帮助。一位从外地调来的老师，两个孩子的工作问题都是齐教授千方百计地找人帮忙落实，这位老师后来遇到生活困难，齐教授虽已退休多年，仍不顾自己年老体弱，热情帮忙解决问题。当问及他一直坚持善举的动力何在，齐裕焜教授说："从小身处这样的家庭和社会环境，父母告诉我们要积极奋斗多做贡献，不要总有怨言。""怀着知足常乐的心态、及时行善"，已成为从小植根于心底的一种习惯，久而久之习惯成自然，于是别人眼里的坚持也就成为自己心中的常规。

齐家四代传承的家风就是他们家的传家宝。如今，齐裕焜教授的儿子儿媳和孙女孙女婿身为教师，也热心帮助学生、帮助身边的同事朋友。他们的家庭，就像一个雪夜中的炉火，给身边的人带来温暖和光明。

（福建师范大学校报记者　王鹤琴）

红烛生辉　世纪深情
——记地理科学学院陈逢珍、陈汤禄家庭

小家庭　大梦想

1961年7月，19岁的陈逢珍高中毕业，在家乡郴州被选送到北京解放军测绘学院就读地图编制专业，同时参军入伍。她还记得，朱总司令（朱德）曾经题词："努力建设人民的测绘事业。"她说："踏进校门时，我们就宣誓立志为中国人民解放军的测绘事业奋斗终生。"临近毕业受到"文化大革命"的影响，本该在7月份进行的分配工作因故推迟，陈逢珍与同届学生均滞留在校。陈逢珍回忆起过往："那年，学校放宽了对学生谈恋爱的管理，班上谈对象的同学也开始大大方方地走动。"在班级团支部书记的搭桥牵线下，她和同学陈汤禄谈起了

恋爱。次年8月，两人在北京天安门定情。

此时，推迟近两年的工作分配下发，陈逢珍被分配到中国人民解放军原沈阳军区，地处大连；陈汤禄则被分配到原成都军区，远至西藏。好友在分别前曾对他们说："你们不仅要经受艰苦生活的考验，还要经受两地分居的考验。"1968年3月，两人在大连结婚。婚后，陈逢珍留在原沈阳军区测绘部队，陈汤禄远赴西藏，就此开始异地分居。

在原沈阳军区，陈逢珍先后担任测绘部队技术员、分队长，培训女兵制作军用地图。1969年，中苏边界爆发武装冲突，战场急需指挥作战的地图，陈逢珍带领女兵们在边界地区（特别是大兴安岭无人区）进行测绘工作。由于形势紧张，"都是背着枪画图，一有情况还要进入防空洞"。

"我们有共同的奋斗目标，从未想过放弃，更多是去克服这些困难。当年，我们一个月的工资加起来100元多一点，同时要负担老人和孩子的生活。但也就这样走过来了。感到很幸福，并不觉得艰难。"陈逢珍笑着说。

"舍小家为大家"，两人十年如一日地朝着共同目标努力，为社会主义建设时期的国防测绘事业竭诚尽智，体现着向上的家庭追求和高尚的家国情怀。

携手前行　砥砺家风

1979年，国内格局逐渐稳定，陈逢珍和陈汤禄二人脱下军装，转业到福建师范大学，回到家乡福州。军旅生涯中多年的教员经验，让陈逢珍坚定了自己从事教育事业的想法："我希望能够发挥自己的专长，为社会做贡献，于是来到师大。"两人都是党员，丈夫陈汤禄转业从政，从事学校管理工作；她依旧从事教师职业。

当年，教师的待遇并不高，初到师大的陈逢珍和陈汤禄一家四口居住在老校区22号楼，一栋筒子楼里，房间大小不足十平方米，平时煮饭都在走廊。"我的两个孩子当时睡的是一张双层床铺，大的睡上面，小的睡下面。"陈逢珍说，除却生活上的困难，初到福州的一家人对新工作、新生活还有一段摸索适应的过程。在专业上，教师需要有扎实的理论基础，部队则更加重视技术和实践能力，弥补缺漏、巩固知识成为陈逢珍重要的学习任务，此外，她还参加学校教务处开办的培训班，从零开始学外语。"我觉得当军人这段经历，使我们变得坚强，能吃苦，也更能适应生活。"

今年，陈逢珍和陈汤禄即将步入金婚，他们已携手走过近50个春秋。"生命诚可贵，爱情价更高"，不忘初心、相互信任，共同的追求将两人紧紧联系在一起。"开始时，我们看彼此的优点比较多，走到一起；结合后，更多是包容对方的缺点，学习对方的优点。"陈逢珍说，不断磨合、共同进步，婚姻生活才能越来越美好，家庭也越来越和谐。

生活中，陈逢珍始终秉持着俭朴持家的优良传统。"我的公公是一名裁缝，我的父亲是制作油纸伞的，他们都是靠着勤劳发家、勤俭持家，才有了更好的生活。这是祖祖辈辈流传下来的好风气。"有一回，友人来家拜访，发现她小学五年级的儿子穿着打补丁的旧军装，颇为意外。"男孩子活动量比较大，把裤子蹭坏了，缝补一下还能穿。"陈逢珍说："孩子们学习进步时，她总是以学习用品和精神嘉奖作为奖励；学校里捐书捐物的活动，她更是十分支持孩子们参加。"

此外，陈逢珍、陈汤禄夫妇二人非常重视家庭文明建设，"一家人要有共同的奋斗目标，保持初心，同心同力谋发展"，家庭成员之间相互尊重、交流学习，形成相互信赖的亲密关系；与时俱进，在各自的工作岗位上尽心尽责、积极上进；营造温馨和谐的家庭氛围，尊老爱幼，乐于奉献，身体力行为后辈树立榜样。家庭教育中最重要的是品德教育，父母和家长应当把美好的道德观念传递给孩子，帮助孩子形成美好心灵，引导孩子健康成长。古人言："爱子，教之以义方"，这正是陈逢珍家庭的教育理念。

通过耳濡目染和言传身教，"艰苦奋斗，自强不息""严以律己，宽以待人"等优良品质早已融入每一位家庭成员的血脉之中，共同形成了淳厚朴实的家风。家和万事兴。正如她在《半个世纪的深情回忆》里所说："家无论大小，五十年来，始终充满爱，充满情，充满和谐和幸福。"

献身事业　历久弥坚

2002年起，陈逢珍、陈汤禄二人先后退休。陈汤禄从2003年起开始担任学校关工委副主任和常务副主任，为学校关心下一代工作建言献策，指导基层学院关工委开展工作。他关注贫困学生群体，亲自联系校友资助我校贫困学生；关心爱护老同志，时常陪同主任前往慰问生病住院的老同志。学校关工委工作先后多次被授予省级以上关心下一代工作先进集体荣誉称号，这些成绩的取得与他积极协助主任开展工作是分不开的。

退休后,陈逢珍在地理科学学院关工委科教组工作,2008年起担任地科院关工委副主任,通过思想引领、学生党建、教学督导、专题立项等工作,将学校的关怀送到青年学子身边;2009年,被委派至旅游学院组建关工委、开展学生工作。2016年12月,被评为"全省教育系统关心下一代工作先进工作者"。

退休后,他们也并未放松学习,每天坚持看新闻,学习运用电脑、智能手机;同时加强身体锻炼,散步是两人每天的必做的功课,参加老年舞蹈队,旅行,把生活过得丰富多彩。

"老人家要有良好的心态,对自己有准确的认知",陈汤禄说,"身体允许、学校需要,我们就继续做下去。"年过古稀的陈逢珍和陈汤禄并不服老,依旧朝着新目标前进。

现如今,两人的一双儿女也已成才,儿子继承父辈的军人传统,军校毕业后在海军服务现转业到地方;女儿在工作岗位兢兢业业,连续三年获得优秀;第三代的孙子和外孙女,也传承了优良的家教家风,在学校表现优秀。

陈逢珍和陈汤禄夫妻两人在事业上相互扶持,在生活中相濡以沫,以实际行动,用心用爱书写新时代的"文明家庭"。

(福建师范大学校报记者　吴苏婷)

献身教育,艺术即为爱
——记音乐学院陈俊玲、林忠东家庭

艺术生活,共创和谐家庭

陈俊玲、林忠东的家庭是一个典型的教育之家,出色的艺术之家。陈俊玲曾获得第八届福建青年"五四奖章"、福建省"环保使者"、校"十佳青年"、校"优秀共产党员"等荣誉称号,并多次获教育部奖项、教育厅通报表彰及校长嘉奖令等荣誉。林忠东是我校音乐学院工会主席、音乐表演学科负责人,自小学习音乐,良好的音乐素质使他早在中专学校学习时就获得全省大提琴比赛第一名,任职以来多次获教育部奖项、教育厅通报表彰及校长嘉奖。女儿林苗悦获福建省音乐家协会颁发的"小音乐家"称号、市教育局颁发的"十佳歌

手"称号、2014年"福州市三好生"、2015年福州市"少年先锋章",国画作品《秋之味》获教育部主办的"全国第四届中小学生艺术展演活动"三等奖,钢琴演奏、歌唱、国画、书法等多次获省、市、校各级艺术类赛事奖项等。

陈俊玲、林忠东要求自己在单位做优秀职工,在家庭也要做称职的一员,将职业道德和家庭美德完美统一。陈俊玲说:"我们既是生活中的伴侣,又是事业的相互支持者。在家我们经常交流工作体会,相互取长补短,遇到困惑相互开导,相互支持;彼此间的共同观点是先做人、后做事。不管社会上的环境如何变化,走自己的路,坚持做人的最基本的原则,摆正自己的位置,家庭事业两不误。"

当问到良好的家庭关系如何形成时,他们回答道:"尊重彼此,互相关心。不论工作还是生活,总会有矛盾、分歧甚至争吵,这都是正常的,但一定做好及时的沟通,理智地解决工作中、生活上的各种问题。"

谈到教育孩子方面,夫妻二人认为:"父母是孩子最好的老师,父母要以身作则,言谈举止对孩子会产生很大影响。轻说教、重引导。要学会倾听,每天都会跟孩子聊天,关注她的感受。在生活上不溺爱,养成勤俭和独立的品格,教她做人要有诚信,鼓励她树立远大理想,做对社会有用的人。对于小家来说,把孩子培养好,也是对国家,对社会的一种贡献。"因此,夫妻俩不管多忙,都会抽出时间陪伴孩子,创造一个温馨、和谐、宁静的家庭育人环境,让孩子能健康地成长。陈俊玲说:"我们的女儿林茁悦是一个讲道理、明事理的孩子。我们不苛求她完美,但希望她能够脚踏实地,做一个知足快乐的人。"

对于双方的父母,他们一起关怀照顾,用孝心来抚慰老人的晚年生活。女儿也耳濡目染,在陈俊玲腰椎受伤养病期间,一直关心体贴着妈妈,主动承担力所能及的家务。在学校尊敬老师、关心同学,在家庭孝敬父母、关心长辈,在这样的氛围中,形成了和谐孝敬的家庭真情和"尊重、有爱、善良、诚信、勤俭"的良好家风。

父母的一举一动子女都看在眼里,牢记在心里。女儿林茁悦深受感染,她努力学习,勤于练琴。夫妻俩在引导学生积极乐观的同时,也不断鼓励和教导着自己的孩子,遇到困难不要气馁,成绩不理想时不要挫败,要积极主动寻找原因,力争进步,做更好的自己。他们家里最大的房间就是书房,每到晚上,一家三口都在同一个大书房里学习和工作，三张书桌独立而又和谐，陈俊玲说这样的布置营造了一种互相影响的学习氛围，也在无形之中让孩子获得一定的安全感。

师道传承，秉承育人理念

学习音乐的悠悠岁月，让林忠东和陈俊玲沉浸在音乐的美好时光里，对音乐的热爱仿佛就是"身体中的细胞"，不可分割。

梁启超曾言："凡真学者之态度，皆当为学问而治学问。"这也正是夫妻二人作为老师一直坚守的治学原则。教书育人之路，只有端正态度，扛得住艰辛，方能出成绩。林忠东说："凡事都要靠日积月累、细水长流，特别是教育，从来就没有捷径可走。只有下得苦功夫，耐得住寂寞，才能有所成就。"

真正的教育，不只是知识的传授，还应该有品德的培育和个性的养成。"用欣赏的眼光看学生，用宽容的心态对学生，用慈母的心境爱学生。"是她一直坚持的教育理念，"踏踏实实，勤勤恳恳"是她一直坚持的做事信条。和蔼可亲的陈俊玲给她的学生们留下了非常深刻的印象。她以认真负责的态度教给学生丰富广博的知识，同时，她以谦逊的待人态度和严谨求实的治学精神深深地影响着学生。不管是在校生还是毕业生，每次与他们见面，她总会与学生们聊一聊，谈谈最近的学习和生活方面的情况。课后她也常用微信、电话与学生沟通联系，不厌其烦地指导学生。

俗话说："亲其师，信其道。"林忠东说："在教学中，在生活里，我们注重以身作则、率先垂范，用自己的人格魅力去影响学生，引导学生树立正确的人生观、价值观、世界观；用自己的爱心去感染学生，让学生懂得世间的真善美和假恶丑。"作为一名平凡的教师，他们一直用真诚的工作热情，充足的工作干劲，永不停歇的进取精神，默默耕耘在自己的岗位上，用实际行动书写着新时期教师的风采。

一路前行，奏响爱之乐章

陈俊玲、林忠东的家庭是一个热心公益，扶贫济困，奉献爱心的好家庭。多年来夫妻俩一直践行着"做公益，一直在路上"的信念，点点滴滴的公益行为都渗入到他们的生活与工作之中。林忠东常年担任福建省教育系统庆祝教师节晚会的导演，福建省艺术院校新春音乐会艺术总监，以及教育部每年的"高雅艺术进校园"全省各大中小学校的巡演任务，学校学院的常年演出也都是他在负责，常常是忙完这场马不停蹄地紧接着下一场的筹备和演出。陈俊玲担任歌唱类节目编导以及自己的独唱，与其他参演师生一起，每年为全校近6000名师生奉献精彩的公益演出。陈俊玲作为福建文艺志愿者艺术团的骨干成员，多次参加省文联、省音协组织送文化下基层活动，到龙岩、南平、三明、泉州等地市开展慰问演出，开设公益讲座，培训和指导基层声乐骨干教师，受到广泛好评；林忠东作为院工会主席，积极组织老师参加各项活动；陈俊玲担任校工会女工委主任近三年来，她积极组织和发动全校女教职工参加"春晖助学"活动，献出爱心，捐款资助在校贫困女大学生，帮助他们顺利完成学业。多年来，他们义务资助了多个项目，助养孤儿，帮助困难群众和学生。2016年陈俊玲作为学院"最美资助人"代表推选到学校参选。

在父母的影响和带领下，女儿林苗悦也积极参与公益活动。2008年汶川大地震、玉树大地震的赈灾义演，只有6岁的林苗悦跟随妈妈来到义演现场，用自己的实际行动呼吁现场的小朋友们献出爱心，捐出压岁钱1000元，红十字会工作人员颁发了爱心捐助证书；和妈妈一起，捐出1000元压岁钱资助团省委和省青联组织的"援藏援疆"爱心捐款活动；林苗悦还利用书法特长，为退休老教师书写春联。陈俊玲家庭始终怀着一颗感恩的心，热心助学，放歌公益，用爱心点亮希望。

谈到热心公益、奉献爱心，积极参加多个各类公益活动并捐款捐物，陈俊玲说："我小时候得到过很多人的帮助，明白心存善念的深意；再又受到了父辈与老师的教育。我们很感谢福建师范大学，因为我们深切感受到了根植于师大精神之中'善'的传承力量，让我们拥有同样坚定的态度热衷于公益。"

林忠东和陈俊玲作为教育工作者，恪尽职守，扎实工作，严谨笃学，奋发进取，用爱心感召学生，认真负责地培养人才，不断地为教育事业做出贡献。他们谦逊好学，尽职尽责，数年如一日，用无悔的青春和执着的爱，照亮着艺术教育的希望之路，奏响着永恒不变的爱之乐章。

（福建师范大学校报记者　李新燕）

家庭和睦事业兴　尊老育幼有良经
——记机关党委陈颖、魏稼家庭

夫妻和谐比翼飞

融洽的夫妻关系是家庭和睦的基础。结婚29年来,夫妻俩不断在柴米油盐中磨合靠拢,渐渐形成了互补的默契。陈颖是土生土长的福州人,魏稼在西北长大。南北结合的家庭首先面临着诸如饮食等生活习惯的相互适应问题。刚结婚头几年和父母住一起,魏稼只好顺应公婆的饮食习惯,尽管有诸多不适应,但没有太多抱怨。后来学校给夫妻俩另分了一套住房,丈夫体谅妻子从小生活在北方形成的饮食习惯,主动向她靠拢。其次是一些生活细节的融合。从小生活在省会兰州市的魏稼有出行遵守红绿灯的习惯,而在乡镇长大的陈颖则没有很强的遵守交通规则的意识。刚结婚那阵,两人一起骑自行车上街,在十字路口遇到红灯,陈颖随大流闯了过去,而魏稼则停下等绿灯。妻子抱怨丈夫不遵守交通规则,丈夫却辩解"大家都闯红灯,自己不闯显得很傻"。观念和习惯的冲突尽管带来了二人之间小小的不愉快,但最终当然是丈夫向妻子学习,改掉了不守交规的陋习。"两人性格的差异、生活节奏的快慢,还有很多其他方面,在家庭生活中都需要不断谅解、包容和相互适应"。陈颖认为,体谅是最好的磨合剂。

他们对彼此工作的尊重、理解和支持也是有目共睹的。魏稼由于工作的特殊性经常需要加班加点,节假日有时也不能休息。每逢妻子无法按时下班,陈颖总是耐心等待,无论多晚,两人都一起回家,这在机关已传为佳话。遇到紧急情况,陈颖深夜陪护妻子到办公室办理急件不是一次两次。"有一次是在凌晨2点多开车陪她去,我实在困极了就趴在方向盘上打盹,等到她办理完毕,天都亮了。她的工作性质特殊,作为家人只能理解和支持。"陈颖憨厚地笑着说。

魏稼对丈夫的工作也给予了充分理解和支持。我校哲社版学报是全国核心期刊,很多作者希望在学报发表文章,作为主编,陈颖要经常承受来自各方面的压力，偶尔，一些熟人也会通过魏稼向陈颖传话，希望给予关照。当文章经过专家审稿达不到发表的质量要求，需作退稿处理时，妻子总能支持丈夫的公正决定，从无怨言。两人亲属中有许多是从事学术研究或教学工作的，但陈颖从未给予特殊关照，降格在学报发表过论文。这种以身作则，廉洁奉公的处事态度，不仅营造了健康向上的工作氛围，也是良好家风的折射。

尊老教子乐融融

晚辈和长辈关系的和谐是家庭文明的重要标志，尊重关怀老人是晚辈妥善处理和长辈关系的要义。这个家庭有3位80多岁的健在长辈，夫妻俩虽没和老人们常住在一起，但孝心常在，陪伴长辈，时常嘘寒问暖。老人家年纪大了，有时候有点絮叨，但夫妻俩一致认为，"尊敬老人，首先是要有耐心。不厌其烦听老人唠叨家庭琐事，也是做儿女的一种责任"。虽然工作繁忙，但一有时间，夫妻二人都会和老人电话聊聊家长里短，给老人精神上的慰藉。一家三口在周末和节假日经常前往老人住所看望，帮助解决老人生活中遇到的困难。老人生病住院则会悉心照料。除此之外，他们还不时带着双方老人一起外出踏青或到近郊旅游，他们去过平潭、长乐海边、南靖土楼……采访前一周，夫妻俩还陪着老母亲到老家永泰的景点逛了一天。

夫妻俩尊重关爱长辈的行为潜移默化地影响了孩子。他们的儿子陈巍延从小耳濡目染，也养成了尊重长辈、关怀老人的孝道意识和习惯，陪外公下下象棋、聆听老人家有些絮叨的教诲、教老人使用智能手机等，陈巍延学会对长辈足够的爱心和耐心。关怀老人，让晚辈和长辈间感受到越来越多温暖，尊老爱幼的传统美德在陈颖、魏稼的家庭中体现得淋漓尽致。

父母是孩子最好的老师。在孩子教育问题上，夫妻俩最注重孩子的思想品德教育。他们认为，"品德是基础，一个人的德行好不好决定了他一辈子的路能走多长。"孩子优良德行的养成是一切教育的基础，是将来顺利融入社会的前提，而对于学习成绩一时的优劣，他们并不过分关注和苛求。

他们以自己日常生活中的言行举止给孩子树立榜样，潜移默化地影响着孩子的为人处世。为了克服独生子女娇生惯养的懒惰习性，在孩子小时候，他们鼓励儿子做一些力所能及的家务事，如扫地、洗碗、叠被子等，慢慢地，培养了孩子勤劳的习惯和独立生活的能力。"而且孩子还养成了整洁、有条理等比较好的生活习性"陈颖说道。

在孩子的学习兴趣和能力培养上，夫妻俩的观点是顺其自然，决不揠苗助长。他们从不强迫儿子做他不喜欢而又非必须做的事，"孩子的兴趣不用强迫。他喜欢，你拦都拦不住；他不喜欢，你强迫也没用。"这是陈颖、魏稼夫妇俩的育儿经验之一。

儿子陈巍延在父母的身教言传下，养成了良好的品行，以诚待人、阳光开朗、认真勤奋。工作以后，每当回家时，都体恤父母，主动帮忙做家务。

敬业奉献事业兴

无论在什么岗位上，只要干一行爱一行，就能创造出不俗的工作业绩，是陈颖、魏稼对事业的价值共识。

陈颖从1984年大学毕业留校在学报编辑部从事编辑工作，至今已整整33个年头，已成为我省高校学报界的资深编辑、学术领头人。年轻时，他也曾对这一职业彷徨过。大学刚毕业那几年，社会上人才奇缺，一些同事耐不住学报工作的单调平凡，陆续跳槽到别的单位，陈颖也有很多机会去党政机关从政或到报社出版社当记者编辑。但他在师大长大、在师大求学，这里有他熟悉的师友，他对这里的一草一木都饱含深情。最终，对母校难以割舍的情愫让他选择了留下，扎根长安山，并逐渐热爱上学报编辑这一平凡的工作。

从事编辑工作以来，陈颖一直秉持着严谨、一丝不苟的态度。他坦言，这得益于父亲的熏陶。陈颖的父亲生前是我校中文系教师。"父亲军人出身做事认真严谨。他给学生上课的教案写得非常工整清楚，只要有一个字写错了，他都会整页重写。"父亲的认真严谨对陈颖的工作态度产生了深刻影响。

"不管你所在的平台多大或多小，只要你努力了，都有机会创造出成绩。"平静的述说下，是陈颖多年沉淀的经验。虽然学报编辑部属于学校的"边缘部门"，但陈颖依然能在平凡中做到了令人瞩目。迄今，他已独立出版学术专著3部，发表论文80多篇；独立承担并已完成省部级科研课题2项，主持在研国家社科基金重点项目1项；科研成果获省部级奖3项，并被遴选为"福建省出版行业杰出专业人才人选",荣获"中国出版政府奖优秀出版人物(优秀编辑)奖""全国高校社科学报优秀主编""全国高校学报事业突出贡献奖""福建省优秀学报编辑工作者"等荣誉称号。其担任主编的我校哲社版学报先后入选"全国中文核心期刊""中文社科引文索引来源期刊(CSSCI)""中国人文社会科学核心期刊"等,并先后被评为"全国百强社科学报""全国高校三十佳社科期刊""全国高校精品社科期刊""华东地区优秀期刊"等。

魏稼对事业也有着同样的执着与专注。1992年,她开始在校党委办公室从事机要工作,一干就是25年。机要工作需要高度的责任感与保密意识,是项十分重要而低调的工作。25年里魏稼严格遵守保密规定,认真对待每一份机要文件的阅办。她经手保管过的各类文件数以万计,从未发生过文件丢失或泄密情况。因为岗位特殊,别人无法顶替,即使生病她也是默默坚持。有一次她脚部受伤,行走困难,就靠丈夫用自行车驮着上班;还有一次背部不慎肋骨断裂,她依然强忍疼痛坚守岗位。魏稼的认真的工作态度和强烈的责任心获得了领导和同事的认可和赞誉,先后多次被评为该行业全省先进工作者。

"家庭是船,事业是帆。帆儿推动船行,船儿扬起风帆。"家庭和睦,才有精力投身事业,事业发展,有力促进家庭美满。陈颖、魏稼用亲身经历完美诠释了这一生活真谛。

(福建师范大学校报记者 柯碧惠)

福建师范大学首届"文明家庭"提名奖名单

(按姓氏笔画为序)

一、离退休教职工组

尤小平、鄢华香家庭(福清分校)

刘文叔、陈美珍家庭(附属中学)

庄明水、黄金珠家庭(教育学院)

黄登辉、龚美娜家庭(音乐学院)

二、在职教职工组

马玉珍、江　浩家庭（附属中学）

陈松林、吴　政家庭（地理科学学院）

林树生、卢玉梅家庭（闽南科技学院）

郑淑彬、陈跃聪家庭（光电与信息工程学院）

三　感动福建人物

福建师大支教团：甘肃漳县奉献五年

（来源：海峡都市报　2007-12-05）

师大支教的志愿者一拨又一拨奔赴甘肃漳县

干涸西部　他们带来海的气息

本报记者李帅　包华　实习生　陈燐　文图

人物档案

08号候选人　师大支教

他们是一群福建的年轻人，却在遥远的甘肃漳县家喻户晓。他们有一个共同的名字："福建师大西部支教爱心联盟志愿团队"（下称师大支教）。2002年初，师大启动了研究生志愿服务西部计划，至今已派遣了6批、34名志愿者到漳县支教。2006年，支教团队获得"福建省新长征突击队"的称号。

这些年轻人给干涸的土地带来海洋的气息，不但送去了知识，还架起了福建与甘肃的爱心桥梁。截至去年6月，师大支教通过各种社会联系，共捐助了939名贫困学生，资助学生的范围涉及漳县13个乡镇几十所中小学。组织倡议捐款总计42万多元，图书十万多册，衣服二万余件，并在各方努力下，在当地建起了希望小学。

【领悟缘起】

"土是黄的，雪是白的，孩子的脸颊被风吹得发红……他们的破书包里，左边是硬邦邦的馍，这是一天的饭，是'生命'；右边是上学的书本，是知识、是'希望'。每天早晨6点多，天蒙蒙亮，孩子们就背着自己的'生命'和'希望'，登上裸露的山梁去上学……"

昨日，在师大支教的一次交流会上，面对即将去甘肃漳县支教的学弟、学妹们，陈榕峰仍感慨不已。

"去甘肃要带点什么？净水器？暖手宝？"有人问。

陈榕峰答："多带点钱，因为支教的人最缺钱。那里的孩子太苦了，看到他们，你会情不自禁掏光自己口袋里最后一分钱。你会觉得自己能为孩子做的事情太少了。在那里，你会发现，自己的钱竟会有如此高尚的用途。有时候，这钱会变成孩子脚上的一双鞋，有时候会变成一个本子，甚至只是一棵白菜……"

所以，2003年8月去支教前，陈榕峰一个人打了三份工，拼命地挣钱，然后带着知识，也带着血汗钱去了西部。一年后，她的钱用光了，带着对学生们的牵挂回到了福州。

【领悟感动】

一双终生难忘的鞋

支教过程中,陈榕峰洗过一双终生难忘的鞋子,这是她的学生冯彦的鞋。陈榕峰用了整整五脸盆的水才洗干净,才看清鞋子的"真面目":这是一双看不到牌子的运动鞋。鞋面已破了一个大洞,侧面的橡胶龟裂,鞋底的橡胶都快没了,鞋的侧面与鞋底连接的地方裂开了,脚趾头的位置已经下陷。

冯彦家住漳县农村,距学校三十来公里,还要翻过一座山。由于家贫,冯彦就这一双"像样"的鞋。平时他总是极力掩饰,不让大家注意到他的鞋子。直到有一天,他从家里回校,陈榕峰发现他的脚一拐一拐的,一问,才知道他的鞋底被山上的刺扎穿了,伤到了脚底。

陈榕峰"强行"给冯彦买了双新的鞋子,并把这双破得不成样子的鞋子洗了还给他。陈榕峰知道,冯彦舍不得把这双鞋子扔掉的。果然,冯彦后来把鞋子给补好了。从此,冯彦在雨天才穿新鞋,天晴的时候,陈榕峰仍能看到冯彦的脚上,穿着那双让她一辈子都忘不掉的鞋!

"赚够钱"再去甘肃

陈榕峰说,她是师大支教第二届志愿者。学姐梁素丽告诉她,要好好准备,尤其是钱,因为"去西部需要经济支撑,那里的孩子们太苦了,太需要帮助了"。在本科毕业的那年,陈榕峰利用课余时间打三份工,"赚够钱"后再去支教。

到了甘肃,和学生们生活在一起,陈榕峰真切地感受到这一切。大多数的学生,早上吃家里带来的干馍馍或大饼,午饭晚饭都是面片。刚从家里来的时候还有土豆或大白菜可以加,"弹尽粮绝"的时候就只能是白水煮白面,再加点盐和辣子。看着他们乐呵呵的样子,陈榕峰心里真不是滋味。她把自己在福州拼命挣的钱给学生买面和大白菜。有时候,她会悄悄溜进学生宿舍,把这些放在学生们的小桌上。

非典时的那些花儿

陈榕峰的支教心来自梁素丽。梁素丽是师大支教的首批志愿者,2002年就到了漳县。梁素丽最难忘的是非典的日子里,孩子们送来的"那些花儿"。

2003年4月底,因为非典,全校停止期中考,放假9天。为了支教老师的安全,校长让他们不要离开学校,安排了值班老师逢集的时候帮他们去买菜。

校园一下子空了,他们感觉是被"软禁"起来了。孩子们怕老师闷着,时不时跑来看他们,隔着铁门给他们送大丽花、野梅子,还有的送香囊,里面装着中药材,说是能防非典。

水管烧黑了才有水

周成潭是第五届师大支教的志愿者。当时他被安排在漳县二中支教。漳县二中附近有一个小学。"那里的小学生想喝水,要不去溪里捞点,要不把嘴凑到水龙头上接",他说,一下课所有孩子都跑向了水龙头,一个个排着队把嘴巴往水龙头里塞,喝饱了走开。有时候孩子没东西吃,饿了就跑这里喝水。

周成潭说,天一冷,水龙头就结冰了,有时候孩子一连两天都喝不上水,实在渴得不行,只能用报纸往水龙头上烧,直到水管烧黑了,水才会流出来,也不管里面是冰水混合物,孩子们对着水龙头就是一阵狂喝。周成潭说,自己支教的中学里有锅炉,可以烧开水,可是许多小学没有开水供应,家远的学生带着馍当午饭,就是凉水就着硬馍吃。他回福州后,募集捐款,一定给小学买一个锅炉,让孩子都喝上开水。

师大支教的志愿者一拨又一拨,但不变的是和孩子们的感情。虽然在西部支教了一年,但他们都觉得自己给孩子们做的事情还太少。他们建立的"西部爱心联盟",就是为了联系社会上所有有爱心的群体或个人,让更多的人伸出援手。

朱鹤健:博导玩泥巴玩出中国第一

(来源:海峡都市报 2010-01-25)

本报记者 张志宏 潇璇 苏燕梅 实习生 陈品洪 文/图

在国内,福建师大朱鹤健教授第一个写书介绍美国土壤系统分类制,广受同行好评;他把自己的研究成果运用到农业中,给农民带来不菲的收入。

【感动缘起】

很多人对脏兮兮的泥巴避之唯恐不及,而福建师范大学教授、国际欧亚科学院院士朱鹤健教授却对泥巴情有独钟。他把"玩泥巴"当作一生的职业,还玩出了成就。去年,他被中国地理学会授予"中国地理科学成就奖",也成为福建地理科学界获此殊荣的第一人。

在马平镇和长汀县村民的眼里,朱老是他们的"财神"。朱老在这两个县建立了两个博士点,他提出耦合理论和技术体系,从时间和空间上实现生态最佳融合,他的研究成果使得土地收入提高2～4倍,当地村民因此增产增收。

在学生心中,朱老是位宽厚仁爱的长者。他关心学生的生活和发展前景,是最受学生欢迎的老师之一。

朱鹤健教授在工作中

【感动特写】

分镜头一

他远赴非洲一年多,研究土壤;他写书介绍了美国土壤系统分类制,被认为是中国学者撰写世界土壤地理专著的第一人。

1973—1974年,国家派朱鹤健到非洲塞拉利昂共和国考察一年多,他的主要工作就是收集泥土的样本,外行的人,还以为他在"玩泥巴"。

他研究的是红泥巴,学术上叫作红壤。在非洲期间,他利用英国学者提供的美国土壤系统分类图件与调查资料,研究了美国土壤系统分类在红壤的应用,写出塞拉利昂季节性沼泽区土壤调查报告。随后朱老写出《世界土壤地理》,全面介绍了美国土壤系统分类制及其在世界各地的应用,该书出版后,被同行广为应用,并被认为是"中国学者撰写的第一部有关世界土壤地理专著,具有特殊重要意义"。

分镜头二

他在马平镇和长汀县建立了两个博士点,把自己的研究成果和当地农民传统的农作方法进行有机融合,当地农民年人均纯收入增长值近两倍。

朱老提出了农业资源系统的耦合理念,简单地说就是把作物的生长周期和生长环境和其他畜牧业有机融合起来,寻找并利用它们最佳的契合点,让它们产生最佳的产值和效益。

从2000年开始，朱老指导漳浦县马平镇着手制订规划，根据农业系统耦合的原理，引入蜂、牧草、牛、食用菌等物种，丰富了原有较简单的农业生态系统结构。

福建属于丘陵地带，山坡众多，朱老利用山坡的特点，海拔从高到低依次利用发展。山坡高处种树林，山坡低处种果树和牧草，低洼处开田种水稻。

就连田间的水塘河流，朱老也详细地进行了规划，水面上发展养鸭业、池塘或河水的浅层架设水网箱发展养殖业、深层水发展放养业。随着农业系统耦合的建立，大大地提高了农业资源的利用率。

自从2000年实践以来，马平镇国民经济持续快速发展，农民年人均纯收入增长16%，是此前农民年人均纯收入增长值的近两倍。

分镜头三

朱老的学生说："老师从不张扬，总是润物于无声。他对学生的生活很关心，细致到吃穿用等具体细节上，逢年过节，不是我们先给老师送礼物，倒是他送东西给我们。"

说起自己的老师，林惠花声音有点哽咽，"当时我在学习期间结婚，又生小孩，当中遇到很多困难，我曾经想过放弃学业，幸亏老师一直在鼓励我，就像父亲一样在生活上给我很多的帮助，让我拥有了勇气挺了过来。"不仅是对她，林惠花说，就在去年有一个小师弟结婚，家里比较困难，得知消息后，朱老师就收拾自己家未用的生活用品，拎了一大包亲自送过去。而朱老师自己生活却很朴素，主张东西够用就行。

为了和学生们更好地沟通交流，朱老师好学新事物，每逢节日都会给学生们发上电子邮件，一个也不落下。去年圣诞节还没到，学生们就收到朱老师寄来的明信片。上面还写着新一年的计划："加强锻炼，继续为学生服务。"

如今已经79岁高龄的朱老，在2004年9月退休后，又返聘博士生导师，讲授两门课程至今，执教56年。朱老曾经说过："我曾有过这样的心情表述：奋蹄催鞭急，育人盼腾骧，耕耘忙作乐，只为桃李芳。

每见一批批学生毕业，就像农夫喜见丰收一样，策励我再作耕耘。如今步入老年，依然眷恋讲坛，醉心教学，有人不甚理解，诚是犹记擎桅杆，后生好远航。这都出于爱学生、爱教育之心怀。"

周大昱：嫁人要嫁周大昱这样的人（图）

（来源：海峡都市报 2010-04-19）

栏目主持　苏燕梅　王浩志

59岁的周大昱和妻子唐淑英，住在福州仓山区康山里小区。1995年12月的一天，唐淑英突然昏倒，送到医院治疗，最后还是成了植物人。15年来，周大昱无微不至地照顾着已成植物人的妻子。不少女同事感叹地说，下辈子要嫁人，就要嫁给周大昱这样的人。

昨日下午，记者来到周大昱的家中，主卧摆着两张床，一张上面躺着唐淑英，另一张是给保姆睡的。唐淑英的眼睛不停地转着，嘴里发出

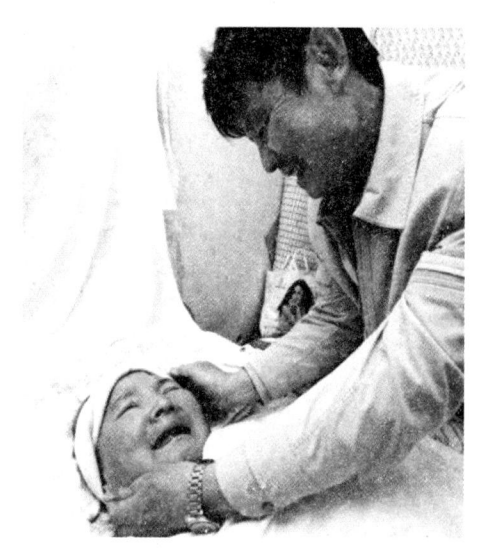

老周每天都要这样和妻子"聊"上一小时

"啊、呀"的声音，脸上很红润。床边的桌子上，电视一直开着，电视里正在播着电视剧。

周大昱坐到妻子床边，一手拉起唐淑英的手，一手轻轻地摸着唐淑英的脸，嘴里小声地唤着妻子的小名，开始给妻子讲今天的所见所闻。"我每天都要和妻子聊上1小时，单位上的事、朋友的事、儿子的事，我全部都会告诉妻子。"周大昱说。

主持人好奇地问，为何开着电视。周大昱说，怕她太闷。

他每天都要把电视和广播打开，给妻子听"电视"、音乐，让她快快乐乐地过完每一天。周大昱的同事林先生说，由于电视长时间开着，15年来，已经用坏了两台电视，现在的电视还是最近新买的。

生活上,周大昱把妻子当刚出生的孩子一样呵护。每天,他要给唐淑英擦两次身,洗一次头。由于唐淑英的牙齿已掉光,周大昱磨了米糊,每天,他都要买来胡萝卜、白萝卜、苦瓜、菠菜、黄瓜等八种蔬菜,磨成汁,拌进米糊煮;另外,还经常买猪脚、排骨、鱼等,熬成汤,喂给唐淑英吃。

有人劝周大昱再找个伴,都被周大昱拒绝了,"是保姆就不是妻子,是妻子就不是保姆"。不少女同事有时来周大昱家里,看到周大昱对妻子的照顾,都感叹地说,下辈子要嫁人,就要嫁给周大昱这样的人。有时,同事和家人吵架,领导就让同事到周大昱家看看,同事回家后都与家人和好如初。

徐云丽、林莉:福清女排姐妹花 闪耀里约

(来源:海峡都市报 2016-12-01)

● "老将"徐云丽,里约奥运会中国女排年纪最大的运动员,腿上有伤,她咬牙坚持

● "小将"林莉,首次打奥运会,克服压力,入选奥运会女排最佳阵容,获"最佳自由人"

● 她们说,女排精神不单是赢得冠军,还要在任何困境中都竭尽全力

奥运女排冠军徐云丽(左)、林莉

海都记者 陈锟 黄启鹏 文/图

感动理由

北京时间8月21日，无数中国人在同一时间流下了激动的眼泪。里约奥运赛场，中国女排在先失一局的情况下连扳三局，以3：1战胜塞尔维亚，时隔12年后重回世界之巅。

五星红旗在马拉卡纳体育馆缓缓升起，冠军领奖台上，女排姑娘笑靥如花。她们之中闪耀着两张闽人熟悉的面孔：徐云丽和林莉。这对福清女排"姐妹花"，作为队伍中的主力，为女排夺冠立下了汗马功劳。林莉还入选奥运会女排项目最佳阵容，拿下了本届奥运会女排项目"最佳自由人"的头衔。

而这场了不起的胜利背后，有"老将"徐云丽带着腿伤打完比赛的坚持，有"小将"林莉扛住压力的拼搏，还有一种信仰叫作"女排精神"。

这对"姐妹花"说，女排精神不单是赢得冠军，还要在任何困境中都竭尽全力。

徐云丽："最低潮时，女排精神一直支撑着我"

当记者在福清市体育馆排球场见到这对相差5岁的女排"姐妹花"时，她们各自在训练，中国女子排球联赛正在福清举行。

林莉是球队冷静的后防中坚。身高171厘米、皮肤白皙的她站在赛场上看起来格外"萌"，但每次发球，都切换到了"狠厉模式"。29岁的徐云丽比林莉大5岁，林莉总喊她丽姐，两人也是格外亲昵。因为之前腿伤的缘故，近期徐云丽进行的主要是恢复性训练。

进入国家队已经10年的徐云丽算是"老将"，是里约奥运会中国女排年纪最大的运动员，从小在福清市少体校、福建省体校练习排球，随后入选福建省排球队，10年前被陈忠和选入国家女排集训队之后，就一直是国家女排常客。

而今年夺冠之前，徐云丽连续受到伤病困扰。她膝盖积水，是打着止痛针上场的。"没有人认为我能拿到奥运金牌。在奥运会名单公布前，还有人担心我进不了奥运名单。最低潮时，女排精神一直支撑着我。"她说，奥运会时，每天都是在挑战自己，伤病的疼痛，心理的压力，比赛的压力，自己要想尽办法来克服。走上场后，就忘记了一切，所有注意力都集中在球上。随着比赛的深入，大家都会相互鼓励，化解压力。"奥运小组赛首场输给荷兰队，教练问我是不是后半段打不动了，我告诉教练，我能打满五局。"几乎没人注意到，里约奥运会她是仅次于朱婷，中国队的第二得分手。

林莉："夺冠的那一刻，所有的努力都值得了"

"小组赛我们打得并不好，但一场场我们都咬牙坚持下来了。"比起徐云丽，林莉似乎要"顺利"许多。她也是全队两个打满整个里约奥运会队员之一。灵活跑动，准确预判，盘活了中国队的攻防转换。

林莉17岁时就已经是福建女排的自由人了，曾经入选2010届国少队和2011届国青队。2015年年初，林莉被郎平看中，第一次入选国家队，2015年获世界杯冠军，2016年获大奖赛最佳自由人、里约奥运会冠军。

年轻、惊艳，这两个词围绕着她，但林莉告诉记者，自己是"受虐型运动员"。在进入中国女排之前，身为自由人的林莉在防守训练中都是接男教练的重扣。"有一次我手都被扣肿了，郎导看到就过来说，不能练得这么狠。"

"吐槽"归"吐槽"，两人却依旧难掩当时的兴奋。

林莉说："里约最难的是打巴西队，对手实力很强，大家咬牙坚持下来。得一分、丢一分，大家都会抱在一起，说一些鼓励的话，这是最有力量的时刻。夺冠的那一刻，觉得不可思议，一切都来得太快了，所有的努力都值得了。"

"当时最后一个球打下去后，先是愣了一会儿，确定有效后，整个脑子都蒙了。"徐云丽说，那感觉就是，全世界只有我们的存在，队员都在拥抱哭泣，嗨爆了。这几年承受了很大压力，面对很多困难，但大家一起一步一步扛过来，站在最高领奖台上，一切都释然了。

楚玉春：带着爸爸上学　她扛起一个家

（来源：海峡都市报　2016-12-6）

母亲病故后，20多岁的福建师大女生，把患癌症的父亲从河南接到福州贴身照顾，边读书边打工；8年的艰辛，她既还清了治病债务，又实现了父亲的遗愿。

为撑起一个家，楚玉春边读书边打工，开起花店、水果店，乐观面对厄运

父亲查出癌症后，楚玉春边求学边陪父亲看病（海都报此前报道所拍照片）

海都记者　夏雨晴/文　黄启鹏/图

感动理由

2016年父亲节，一部名为《扶郎花开》的公益电影，让人们记住了一个励志女孩——她从河南到福州读大学，家中却连遭厄运：先是母亲患尿毒症猝然

离世，随后父亲又查出癌症晚期。二十出头的她将父亲带到福州，一边照顾父亲一边完成学业；为筹医药费，还走上创业之路。

这位"励志女孩"的原型，名叫楚玉春，是福建师范大学的学生。两年前，楚玉春的父亲病逝，他最大的遗憾，就是没能看着女儿继续深造，成为家乡第一个研究生。

如今，为了父亲的遗愿，她背负伤痛与债务，咬牙重拾学业。如今，家中债务基本还清，再过半年，她便能向天国的父亲，捎去那个他等了许久的好消息……

曾经美好的人生规划　　在大一暑假戛然而止

"如果可以，我希望时间停留在大一那一年。那时候，爸爸妈妈都在，我在大学里无忧无虑。"在福建师范大学的图书馆里，海都记者见到了楚玉春。与周围的学生们比，一头短发的她，脸上少了很多稚气，多了几分坚毅。

楚玉春是河南驻马店人，2009年考上福建师范大学广播电视新闻学专业。心里装着"成为名记者"的梦想，她开始了福州的求学生涯。但美好的人生规划，却在大一暑假戛然而止：母亲被查出尿毒症。

从那以后，楚玉春没再向家里要过一分钱，一周做6天家教，每次往返4个小时。大二寒假回家前，她用勤工俭学攒下的一千多元钱，给母亲买了一台血糖仪。然而就在那个冬天，一场发烧让母亲病情恶化、猝然离世。

"命运残酷起来，连消沉的时间都不多给。"

只隔了一个学期，楚玉春的父亲又查出右肾溃烂，无法继续工作。"爸爸其实已经便血半年了，一直忍着没说，妈妈治病欠下的钱还要还，我没有时间哭，我必须扛起家。"

艰难创业　　一家人睡在水果店阁楼

父亲病倒后，楚玉春更加拼命地在课余打工，每月给在老家休养的父亲寄500元生活费。但春节回家，她推开门，父亲的憔悴狠狠揪住了她的心：没有了妈妈操持的家，地上满是烟头和方便面袋子。

"家里没人能照顾他，我必须让他跟在我身边。"楚玉春决定要将父亲接到福州,"但我知道他怕拖累我,我必须找个理由。开销也是很现实的问题。"面对一系列的问题,楚玉春走上创业路。

2012 年 3 月,楚玉春在师大文化街开了一家名叫"花意"的花店。一个月后,楚玉春又借钱在福州大学新校区附近开了一家水果店。她瞒着父亲,每天奔波在教室与店铺之间。"店铺稳定后,我对爸爸说,让他到福州帮我看店。他是个很要强的人,如果不是这样,他不会答应。"

之后,楚玉春还将在外打工的哥哥弟弟一起叫到福州,一家四口就挤在水果店的阁楼里。

陪父亲对抗病魔　给他"最好的余生"

谁知大三暑假前,厄运却再次降临。楚玉春带父亲去医院体检时,父亲被查出"中央型肺癌晚期"。听到那几个字,一直很坚强的楚玉春跌坐在医院走廊,痛哭流涕。

但随后,楚玉春又恢复坚强,带着父亲辗转河南和福州,进行放疗、化疗,很快花光家中积蓄。为让父亲安心治病,楚玉春只敢偷偷打电话向亲友借钱。父亲治疗期间,坚强的楚玉春拒绝了社会捐款,只接受了师大的一些贫困资助。除了店铺,一有空她便四处兼职打零工。

除了对抗病魔,她还希望陪父亲走过一个"最好的余生"——在父亲面前,她总是保持微笑;化疗期间,父亲胃口不好,她就学着煮饭,做父亲爱吃的菜,在河南老家时,她曾顶着风雪跑了好几条街,去给父亲买洋槐花馅的包子。

她一句善意谎言　成了父亲的遗愿

为照顾父亲,大学毕业那年,楚玉春没去找工作。为减轻父亲的愧疚,她撒了个谎,说自己不找工作,是为了考研,"我们村还没有研究生,我说要做第一个。"

这个善意的谎言被父亲记在了心上,一直催着楚玉春复习。为让父亲安心,楚玉春边陪父亲化疗,边蹲在医院里看书。"考完试后,爸爸比我还着急等结果,我一直笑他,说要 3 个月后才知道。可是他却没等到那一天……"

2014 年 1 月的一天,父亲突然咳嗽咳到大出血,医生抢救后表示回天乏术。

在回河南的面包车上,父亲最后一次睁开眼,但因为口中插着氧气管,一句话也没能留下。

"收到录取通知书的时候,我不知道该不该去。父亲治病也留下了一笔债务。"楚玉春说,刚回到校园时,她并不适应,"但一直告诉自己,这是爸爸最后的愿望,我必须做到。"如今,再有半年,她的研究生就将毕业,而且基本还清了债务。

"直面苦难,学会珍惜,不忘初心,奋力前行。"楚玉春说,这是她人生的感悟,真心与所有年轻人共勉。